INDONESIAN-ENGLISH
ENGLISH-INDONESIAN
DICTIONARY

Helen L. Johnson, Ph.D.
Rossall J. Johnson, Ph.D.

INDONESIAN-ENGLISH
ENGLISH-INDONESIAN
DICTIONARY

HIPPOCRENE BOOKS
New York

First Hippocrene Edition. 1990.

For information, address: Hippocrene Books, Inc.,
171 Madison Avenue, New York, NY 10016

ISBN 0-87052-810-6 (pbk.)

Printed in the United States by Hippocrene Books, Inc.

CONTENTS

ACKNOWLEDGEMENTS

THERE have been many individuals who have given helpful suggestions. We would particularly like to recognize the special efforts of Major Bobby Humberson (United States Embassy - Jakarta) who spent many hours reviewing the complete manuscript and made valuable suggestions. We would like to also thank Ms. Esther Zony and Mrs. Enny Rochmaeni for their aid in typing the manuscript and Mr. Sutiman for his contribution in assembling the manuscript.

Helen L. Johnson, Ph.D.
Rossall J. Johnson, Ph.D.

Part I
DICTIONARY
INDONESIAN — ENGLISH

PREFACE I

THIS is a dictionary for foreign business executives in Indonesia. Its purpose is to facilitate translations of everyday business and government documents: memorandums, letters and reports. Over a five year period words have been placed in this dictionary that have been found useful in the translation of these documents. The number of words has been purposely limited to the business and government areas that are pertinent to business.

This dictionary is unique in that it lists the same root word in alphabetical order according to the prefix. The prefix system of the Indonesian language precludes usage of dictionary in the usual way. For instance, the word **belajar,** which means 'to study', will not be listed in an Indonesian dictionary under the letter 'b'. It can only be located under the letter 'a' for **ajar** which is the root word. Unless one already knows the root of a verb or has studied the verb system of Bahasa Indonesia, the ordinary dictionary cannot be easily used. To emphasize this point the root word **ajar** is listed with the following prefixes and suffixes:

ajaran	teachings
ajaran	doctrine
belajar	study (to)
dipelajari	studied (to be, was)
mempelajari	study thoroughly (to)
mengajar	teach (to)
mengajari	train (to)
pelajar	student
pelajaran	studies
pengajar	teacher
pengajaran	education
terpelajar	educated
terpelajar	learned

or the root word **pinjam**

meminjam	borrow (to)
meminjami	lend out (to)

meminjamkan   lend (to)
pinjam   borrow (to)
pinjaman   loan (a)

Thus, in the above, if the word to be translated is **dipelajari,** the translator does not need to know that the root is **ajar** or with word **meminjamkan** the translator can make the translation without knowing that the root is **pinjam.**

The words in parenthesis ( ) should be translated to preceed the vocabulary word, thus 'study (to)' should translate as 'to study', 'teach (to)' should read 'to teach' etc.

Words in brackets [ ] are for clarification only thus the word **adat** means 'custom [tribal]' the word 'tribal' indicates what kind of custom or the word **adil** means 'fair [just]' the word 'just' indicates a decision or a situation is 'fair' as opposed to the word **pameran** which means a 'fair' or 'exhibition' or the word **pekan** which means a 'fair' or 'market'.

The appendix lists vocabularies for everyday use:
- Automobile words and phrases
- Household items
- At the restaurant
- Colors
- Numbers
- Days of week and months of year
- Family relationship
- Fruits
- Fish
- Meat
- Vegetables
- Spices
- Miscellaneous food

A

A.C. − air conditioning
abad − century
abang − big brother
abang − older brother
abdi rakyat − public servant
abu − ash
abu − dust
acara − schedule
acara − topic
acara − agenda
acara − procedure
acara − program
accu [*also* aki] − battery
ada − there (is, are)
ada − be (to)
ada − be in a place
ada − have
ada − present (to be)
ada apa? − what is it?
ada apa? − why?
ada apa? − matter (what is the)?
ada-ada saja − there's always something
adalah − was
adalah − were
adalah − am
adalah − are
adalah − be (to)
adalah − is
adanya − being
adanya − existence
adanya − presence
adapun − as for
adat − custom [i.e. tribal]
adat dan tradisi − custom and tradition
adat-istiadat − custom and tradition

adik − brother/sister [younger]
adik ipar perempuan − sister-in-law [younger]
adik laki-laki − little brother
adik perempuan − little sister
adil − even [fair]
adil − fair [just]
adil − just [fair]
administrasi negara − public administration
aduh! − goodness! (my)
aduh! − My!
aduk − stir, mix (to)
agak − quite
agak − rather
agak − somewhat
agama − religion
agama − religious
agama − faith
agar − so that
agar − that (so)
agar supaya − in order to/that
agresif − aggresive
agung − exalted
agung − great
agung − noble
ah! − oh no! [regret]
ahli − specialist
ahli − technician
ahli − expert
ahli ekonomi − economist
ahli tata buku − bookkeeper
ah tidak − not at all
air − water
air leding − water (piped)[running]
air sabun − soap-suds
air sabun − suds (soap)
ajak − ask along [invite]
ajaran − teachings
ajaran − doctrines

akal – idea
akal – mind
akan – shall [future]
akan – will [future]
akan – going to (be)[future]
akan tetapi – however
akar – root
akar kata – word (root)
akhir – end
akhir minggu – week end
akhir-akhir ini – recently
akhir-akhir ini – lately
akhirnya – end (in the)
akhirnya – finally
akibat – result
akibat – consequence
akibat – effect
akrab – close
akrab – intimate
aksep – promissary note
akseptor – user
aktif – current [up to date]
aktiva – assests
aku – I [colloq.]
aku – me
aku – my
akuntan – accountant
alam – natural
alam – nature
alamat – address
alas – foundation
alasan – reason
alasan – excuse
alat – apparatus
alat – implement
alat – means
alat – tool
alat pemanas – heater
alat pembayaran – means of payment [currency]
alat peraga – visual aids
alat-alat – tools

alat-alat – utensils
alat-alat – equipment
alat-alat – instruments
alat-alat rumah tangga – furniture
Aljazair – Algiers
Aljazairia – Algeria
almarhum – deceased (honored)
alokasi – allocation
amal baktinya – dedication (his)
aman – safe
aman – secure
aman – peaceful
amanat – speech
amanat – address
amanat – instruction
amanat – mandate
amanat – message
ambil – take
ambillah – please take it
ambruk [*also* **amberuk**] – collapse (to)
Amerika – America
Amerika Serikat – United States of America
ampas – dregs
amplop – envelope
anak – child
anak-isteri – family [children and wife]
anak laki-laki – son
anak laki-laki – boy
anak perempuan – daughter
anak perempuan – girl
anasir – element
anasir – factor
ancam – threaten (to)
ancaman – threat
anda [*also* **Anda**] – you
Anda punya – yours

andaikata – supposing that
aneh – strange
anggap – think
anggaran – estimate
anggaran belanja – budget
anggaran belanja (rencana) – budget plan
anggaran biaya – fiscal estimate
anggauta [*also* **anggota**] – member
angin – wind
angin kencang – strong wind
angin puting beliung – hurricane
angin topan – storm [*also* hurricane]
angka – rate(s)
angka – statistic
angka – figure(s)
angka – grade
angka – number
angkasa luar – outer space
angkat tangan – raise your hand
angkatan – generation
angkatan – level [i.e. civil service]
angkatan bersenjata – armed forces
angkatan darat – army
angkatan kepolisian – police forces
angkatan kerja – labor force
angkatan laut – navy
angkatan udara – air force
angkut – transport (to)
angkutan – transportation
angkutan – load
angsa – goose
angsuran – installment payment

angsuran tahunan – installment payment [yearly]
anjing – dog
anjuran – recommendation
antardaerah – inter-regional
antara – among
antara – between
antara lain – among other things
antara lain – among others
antaran – gift
antariksa – space (outer)
antariksa – outer space
antarkan – take (to) [people, things]
antarkan – take (to)[to some place]
apa – what [after verb]
apa – whether
apa bisa? – possible (would that be)?
apa boleh buat? – what can be done?
apa jawabnya? – what's the answer?
apa kabar? – how is —?
apa kabar? – how are you?
apa lagi? – what else?
apa maksud Saudara dengan —? – what do you mean by —?
apa maksud Saudara? – what do you mean?
apa saja – what all
apa saja – anything at all
apa sajalah – anything will do
apa sebabnya? – what is the reason?
apa-apa – something
apa-apa – anything
apa-apa sajalah – whatever there is will do

---

apa-apa sajalah — anything at all will do
apa-apa yang lain — anything else
apabila — when
apabila — if
apakah — whether
apakah — if
apalagi — all the more
apalagi — especially
apalagi — moreover
apalagi? — else? (what)
apapun juga — regardless of
apapun juga — whatsoever
apapun juga — at all
apapun juga — no matter what
api — fire
aplikasi — application
apotik — dispensary
apotik — drug store
arah — direction
arang — charcoal
arloji — watch
arsip — file [in office]
arsip — archive [file]
arti — sense
arti — meaning
arus — current [electric, ocean]
arus — flow
arwah — soul [of dead person]
asal — source
asal — birth
asal — origin
asal — originating from
asal — provided
asal — provided that
asal Anda? — where are you from?
asal kata — word (root)
asal saja — just so long as

asap — smoke
asas — base
asas — foundation
asas — principles
asing — foreign
asli — original
aslinya — original (its)
asrama — barracks
asrama — boarding-house
asrama — dormitory
asuransi — insurance
atap — roof
atas — upon
atas — upper
atas — above
atas — over
atas (di) — on
atas (di) — on top of
atas (ke) — upwards
atas bantuannya — assistance (for the)
atas bantuannya — help (for the)
atas dasar — based on
atas dasar — basis of (on the)
atas nama — behalf of (on)
atas nama — name of (in the)
atas perhatian — upon attention
atas pertanyaan — question (on being the)
atas pertanyaan — question (to the)
atas sekali — upper most
atas undangan — invitation of (at the)
atau — or
atur — arrange (to)
aturan — regulation
aturan — set-up
aturan — arrangement
aula — auditorium

aula − hall (a)
aula − meeting room (a)
awak − crew
awak kapal − shipcrew
awal − beginning
awal − early
awan − cloud
awas − watch out (to)
awas-awas − careful (be)
ayah − father
ayah kandung − father [real]
ayam − chicken
ayam − hen
ayo − come on
ayo deh − alright
ayo deh − alright I agree
ayo deh − come on
ayo deh − let
ayo dong − come on (oh) [be serious or hurry up]
ayo deh − alright [i.e. I agree]
ayolah − agree to that (I)
ayolah − alright [i.e. I agree]
ayolah − come on
ayolah − come on [to accompany]
azasi − basic

B

bab − chapters
babak − round
babak − stage [i.e. time, condition]
babak − phase
babi hutan − pig (wild)
babu − maid-servant
baca − read (to)
badan − agency

badan − board
badan − body [i.e. organization, person]
badan − council
badan − group
badan legislatif − legislative body
badan pers − press agency
badan tenaga atom − atomic energy commission
Badan Pemeriksa Keuangan − agency [finance investi.]
bagai − type
bagai − kind
bagaikan − as
bagaikan − as if
bagaikan − like [appearance]
bagaimana − what way (in)
bagaimana − how
bagaimana saja − whatever way
bagaimana, ya? − do (what shall I)?
bagaimana? − how about it?
bagaimana? − how are things?
bagaimana? − how is it?
bagi − to
bagi − divide (to)
bagi − for
bagian − section [i.e. of organization]
bagian − division [organization]
bagian − part
bagus − beautiful
bagus − fine
bagus − good
bagus − nice looking
bahagia − happy
bahagia − luck(y)
bahak − laughter (burst of)

bahan – material
bahan – matter
bahan antara – materials (intermediate)
bahan-bahan – materials
bahan bakar – fuel
bahan makanan – foodstuffs
bahan pokok – basic commodities
bahan pokok – basic goods
bahasa – language
bahasa Inggeris – English language
bahasa Inggris – English language
bahasa asing – foreign language
bahasa Indonesia – Indonesian language
bahasa pengantar – language of instruction
bahasa prokem – language (student, slang)
bahasan – commentary
bahasan – critique
bahasan – discussion
bahaya – danger
bahaya – peril
bahaya maut – deadly
bahkan – contrary (on the)
bahkan – even [though]
bahkan – indeed
bahu – shoulder
bahwa... – that...
baik – serviceable
baik – useful
baik – correct
baik – fine
baik – good
baik – nice
baik-baik – well
baik-baik – fine

baik-baik saja – fine [I'm just]
baik... maupun – as well as
baiklah – agree to that (I)
baja – steel
baju – clothes
bak – tub
bak tempat mandi – bathtub
bakar – burn (to)
bakteri – bacteria
baku – raw
bala bantuan – reinforcements
balai budaya – cultural hall
balai kota – city hall
balai sidang – convention hall
balasan – reply
balikkan – over (to turn)
balkon – balcony
balok – beam of wood
balok – block
balut – sanitary napkin
bambu – bamboo
banding – equal
banding – equivalent
bangga – proud
bangkit – rise up
bangku – bench
bangsa – race
bangsa – nation
bangsa – people
bangsa asing – foreigner
bangsawan – aristocrat
bangun – build (to)
bangun – wake up (to)
bangun – get up (to)
bangunan – building
bangunkan – wake someone up (to)
banjir – flood
bantal – pillow
banteng – wild buffalo
bantu – support (to)

bantu — aid (to)
bantu — assist (to)
bantu — help (to)
bantuan — support
bantuan — aid
bantuan — assistance
bantuan — help
banyak — lot (a)
banyak — many
banyak — much
banyak — often
banyaknya — number of
bapak — you [male]
bapak — father
bapak — older male
bapak mertua — father-in-law
barang — things
barang — goods
barang — luggage
barang antara — goods (intermediate)
barang-barang — things of various types
barang-barang kerajinan — handicraft goods
barang-barang kerajinan — industrial goods
barang-barang sisa kebakaran — things remaining from fire
barang-barang transito — goods (transit)
barang impor — goods (imported)
barangkali — maybe
barangkali — perhaps
barangkali — probably
barat — west
Barat — West
Barat — Western
barat daya — southwest
barat laut — northwest
barikade — barricade

baris — line
baris — row
barisan kehormatan — honor guard
baru — recently (just)
baru — just now
baru — new
baru — now (only so much up to)
baru ini — now (just)
baru saja — recently
baru saja — just now
baru saja — only (now)
baru-baru ini — recently
basah — wet
bata — brick
batalkan — cancel (to)
batang — stick
batang — log
batas daya — power limit
baterai — battery [dry cell]
batu — rock
batu — stone
batu bara — coal
bau — smell
bau yang tersisa — smell remains
baut — bolt
bawa — bring
bawah — below
bawah — down
bawah — lower
bawah (di) — under
bawah (ke) — downwards
bawahan — underlings
bayang — imagine
bayang — reflect (to)
bayang — shadow
bayar — pay (to)
bayar kontan — cash on the spot (pay)
bayaran — payment

bayi — baby
bea — tax
bea — excise
bea — fee
bea cukai — customs and duties
bea penerangan jalan umum — street light tax
beasiswa — scholarship
beaya — cost
beban — load
bebas — free
bebas — informal [i.e. dress]
bebas dan rapi — informal and neat [i.e. dress]
bebaskan — free (to set)
bebaskan — liberate (to)
bebek — duck
beberapa — several
beberapa — some
beberapa — few (a)
beberapa kali — several times
beberapa waktu yang lalu — sometime ago
beberkan — unfold (to)
beberkan — explain (to)
becak — pedicab
becek — muddy
beda — defer (to)
bedak — powder [i.e. talc, face]
begini — here (look) [or like this]
begini — like this
begitu — so
begitu — that (like)
begitu — is that so
begitu — like that
begitu — as
begitu jauh — so far
begitu saja — which way (it doesn't matter)

begitu saja — doing anything (I'm not)
begitu saja — that's the way it is
begitulah — that's life
begitulah — comes (to take it as it)
bekas — remains
bekas — traces
bekas — used
bekas — ex- [i.e. Former Minister]
bekas — former
bekas — leftover
bekerja — work (to)
bekerja sama — work together
bekerja sama — cooperate (to)
bela — defend (to)
bela — care for (to)
belah — split
belah — crack
belah — crevice
belajar — study (to)
belajar — learn (to)
belakang — rear
belakang — back (in)
belakang — back (the)
belakang — backside
belakang — behind
belakang (ke) — toilet (to the)
Belanda — Dutch
Belanda — Holland
belanja — shopping
belanja — expenditure
belanja — expense
belas — teen [numbers]
belasan — teens (by the)
belasan — teens of
beli — buy (to)
beli — purchase
belok — turn [left or right]
belok — curve (go in a)

belum — not yet
belum juga — still
belum juga — still not yet
belum juga — even now (not)
belum lagi — still not yet
belum pernah — never (yet)
belum selesai — finished (not yet)
belum tentu — not yet determined
belum tentu — depends (it)
benang — thread
benar — correct
benar — honest
benar — quite
benar — right [correct]
benar — true
benar-benar — really
benar-benar — seriously
benar-benar — truly
benar-benar — very
bencana — calamity
bencana — disaster
bencana alam — calamity (natural)
bendahara — treasurer
bendera — banner
bendera — flag
bengkak — swollen
bengkel — service shop [i.e. for cars]
bengkel — garage
bening — clear [i.e. water]
bensin — gasoline
bensin — petrol
benteng — fort
bentrok — clash (to)
bentrokan — clash
bentuk — shape
bentuk — form [i.e. structure]
benua — continent
bepergian — travel (to)

bepergian — go about [in city]
beracara — schedule (having a)
beracara — program (having a)
berada — to be in/at
berada — well-to-do
beragama — religion (of the)
beragama — faith (of the)
beragama — religious (to be)
berakhir — end (to)
berakhir pekan — weekend (to)
beralasan — reasonable
beranak — child (have a)
beranda — veranda
berangkat — depart (to)
berangkat — leave (to)
berangkat (ke) — leave for (to)
berangkat dari — depart from (to)
berani — shy (not)
berani — brave
berani — dare
berapa jam? — how many hours?
berapa umur...? — old are/is (how)?
berapa ya? — let me see how much?
berapa, ya? — how much was it?
berapa? — how many?
berapa? — how much?
berapa? — many (how)?
berarti — significant
berarti — signify (to)
berarti — mean (to)
berarti — meaning of (have the)
berarti — meaningful

beras — rice [hulled, uncooked]
beras eceran — rice (retail)
berasal (dari) — come from
berasal (dari) — originate from
berasal dari — originally from (to be)
berat — difficult [task]
berat — heavy [object or in weight]
beratus-ratus — hundreds of
berbagai — various
berbahasa — speak (to)
berbahasa — speaking
berbahasa — language (speak ...)
berbahaya — dangerous
berbakti — serve (to)
berbaring — lie down (to)
berbau — smelly (be) [usually bad]
berbau enak — smell good (to)
berbayang — reflected (to be)
berbeda — different
berbelanja — shopping
berbelanja — buy things
berbendera — flag (having a)
berbentuk — shape (to have the)
berbentuk — form (to have the)
berbentuk — formed of (be)
berbicara — speak (to)
berbicara — spoke
berbicara — talk (to)
berbuat — act (to)
berbuat — carry out (to)
berbuat — do (to)
berbunyi — read as follows (to)

berbunyi — sound (make a)
berbunyi — sound (to)
berburu — hunt (to)
bercakap — talk (to)
bercakap-cakap — chat (to)
bercerita — tell (to)
bercocok tanam — soil (till)
bercukur — shave oneself
bercuti — leave (to go on)
berdagang — trade (engage in)
berdagang — business (engage in)
berdagang — business (to be in)
berdarah — bleeding
berdasar — based on
berdasarkan — based on
berdebu — dusty
berdekatan — close to (to be)
berdekatan — near (to be)
berdemonstrasi — demonstrate (to)
berdiam — stay (to)
berdiam — live (to)
berdiri — stand (to)
berdiri — stand up (to)
berdiri — stood
berdiri — founded (to be)
berdoa — pray (to)
berdukacita — mourning
berebut-rebut — vie (to)
berebut-rebut — compete (to)
beredar — circulation (in)
berenang — swim (to)
beres — tidy [put in order]
beres — order (in)[tidy]
bereskan — tidy up (to)
berfaedah — useful
bergabung — united
bergabung — combined
bergabung — join up (to)
berganda — doubled

berganti — change
berganti pakaian — change clothing
bergantung — hang (to) [i.e. picture]
bergantung kepada — depend on (to)
bergaul — getting along [with people]
bergaul — socialize (to)
bergegas — hurry oneself
bergerak — move (to)
bergetar — vibrate (to)
bergetar — tremble (to)
berguna — useful (to be)
berhadapan — face (to)
berhadapan dengan — faced with (to be)
berharga — valuable
berharga — worthwhile
berhasil — succeed (to)
berhasil — successful (to be)
berhenti — quit
berhenti — stop (to)
berhimpun — assemble (to)
berhubung — connected
berhubung dengan — respect to (with)
berhubung dengan — connection with (in)
berhubung dengan — in view of
berhubungan — connect (to)
berhubungan — connecting
berhubungan — contact (to)
berhubungan dengan — touch with (keep in)
berhubungan dengan — in view of
berhubungan tetap — touch (keep in)
beri — give (to)

beri kabar — know (let someone)
beri tahu — tell (to)
beribu-ribu — thousands
beribut-ribut — noise (to make)
berikut — next
berikutnya — following (the)
berikutnya — next
berisi — contain (to)
berisi — containing
berisi — include
berisi (badan) — pregnant
berisik — noisy
beristeri [*also* **beristri**] — wife (take a)
beristri [*also* **beristeri**] — married (to be)
berita — report
berita — news
berjalan — walk (to)
berjalan-jalan — walk (to have a)
berjanji — agreement (to have an)
berjanji — promise (to)
berjejal-jejal — crowd (to)
berjejal-jejal — jam [crowded]
berjuang — struggle (to)
berjuang — fight (to)
berjudi — gamble (to)
berjudul — titled (was) (is)
berjudul — topic
berjumlah — totaling
berjumlah — amounting to
berjumlah — numbering
berjumpa — meet (to)
berkaitan dengan — connection with (have)
berkapasitas — capacity of (having a)
berkas — file [office]

berkasih-kasihan — love each other (to)
berkat — thanks to
berkat — blessing
berkata — say (to)
berkata — tell (to)
berkawan — friends (to be)
berkebangsaan — nationality (to have)
berkedudukan — stationed at (to be)
berkedudukan — status (having a)
berkedudukan — official place
berkedudukan — position (having a)
berkekuatan — strength (having)
berkekuatan — power (having)
berkelahi — fight (to)
berkeluarga — family (have a)
berkeluarga — married (to be)
berkenaan dengan — reference to (with)
berkenaan dengan — connection with (in)
berkenalan — acquainted with (become)
berkenalan — know (to)[i.e. a person]
berkenan — agree (to)
berkenan — pleasure of (to have the)
berkesan — impression (to leave an)
berkesan — impressive
berkirim-kiriman surat — write to each other (to)
berkobar — flare up (to)
berkorban — make a sacrifice (to)
berkualitas — high quality

berkuasa — charge (to be in)
berkuasa — power (be in)
berkuasa — powerful
berkumpul — gather (to) [by oneself]
berkumpul — gather together
berkumpul — get together (to)
berkunjung — visit (make a)
berkunjung — visit (to)[i.e. a person]
berkurang — decline (to)
berkurang — decrease
berkurang — less (become)
berkurang — lessen
berlabuh — anchor
berlabuh — dock (to)
berlaku — valid (to be)
berlaku — applicable
berlaku — effect (to be in)
berlaku — entitled
berlaku — place (to take)
berlambat — linger (to)
berlangsung — still going on
berlangsung — take(s) place
berlangsung — held (to be)
berlangsung — last until
berlari — ran
berlari — run (to)
bermacam-macam — variety (of great)
bermacam-macam — various
bermain — play (to)
bermain-main — play about (to)
bermain-main — play around
bermaksud — intend (to)
bermaksud — intention of (have the)
bermaksud — mean (to)
bermaksud — plan (to)
bermanfaat — useful (to be)

bermanfaat – beneficial (to be)

bermanfaat – benefit (to)

bermarkas besar – headquarters (having a)

berminat – interested (really)

berminat – interested in (to be)

bermobil sendiri – own car [i.e. to use]

bermuka dua (tidak jujur) – insincere (to be)

bermutu – quality (of)

bernilai – valuable [to have value]

bernilai – useful (to be)

berontak – rebel (to)

beroperasi – operate (to)

berpangkas – haircut (to get a)

berpegang pada – hold (to)

berpendapat – have opinion

berpendapat – opinion (of the)

berpengaruh – influence (to have)

berpengaruh – influential

berpenghasilan – earn money (to)

berperan – role playing

berperang – war (to be at)

berpesan – message (to leave)

berpesan – order (to)

berpidato – speech (make a)

berpindah-pindah – move from place to place

berpukul-pukulan – beat each other (to)[i.e. hit]

berpusat – centered in (to be)

berputar – rotate (to)

berputar-putar – turning something (keep)

bersahabat – friendly

bersahabat – friends (to be)

bersahabat – friends (to have)

bersaingan – compete (to)

bersaingan dengan – compete with (to)

bersalaman – shake hands (to)

bersalin – change clothes (to)

bersalin – maternity

bersama – together

bersama – common

bersama – joint

bersama ini – herewith

bersama-sama – together

bersama-sama – together with

bersama-sama – jointly

bersamaan dengan – same time as (at the)

bersamaan dengan – together with (to be)

bersamaan dengan – coincide with (to)

bersangkutan – concerned with (to be)

bersangkutan – involved with

bersangkutan (yang) – person concerned (the)

bersedia – ready (to be)

bersedia – willing (to be)

bersedia – available (to be)

bersekolah – school (to go to)

bersekolah – study

bersembahyang – pray (to)

bersenang-senang – enjoy oneself

bersetuju (untuk) – approve (to)

bersetuju untuk – agree (to)

bersiap-siap – ready (to get) [oneself]

bersidang – convene (to)

bersidang – hold a session
bersidang – meet
bersifat – quality (having the)
bersifat – characteristic of
bersifat – nature (of a)
bersih – clean
bersih – honest
bersikap – stance (having the)
bersikap – attitude (of an)
bersikap – posture (having the)
bersisir – comb (to)
bersumber – source [i.e. water, oil]
bertahan – resist (to)
bertahan – fight back (to)
bertahun-tahun – years (for many)
bertalian – connected with
bertamasya – excursion (to go on an)
bertambah – increased (to be)
bertambah – increasingly
bertambah – more (become)
bertambah – more and more
bertambahnya – increase (the)
bertambang – mine (to) [i.e. coal, oil]
bertamu – pay visit
bertanggung jawab – responsible (to be)
bertanya – question (to ask)
bertanya – ask (to)
bertanya-tanya – wonder (to)
bertanya-tanya – ask again and again (to)
berteduh – shelter (to take)
berteduh – shelter (to)
berteman – friends (be)
berteman – friends (to be)

bertembak-tembakan – shoot at each other (to)
bertempat di... – at
bertempat di... – in
bertempat di... – located at/in
bertempur – battle (to)
bertempur – fight (to)
bertemu – see somebody
bertemu – meet (to)
bertemu dengan – meet with (to)
bertenaga – forceful
bertentangan – conflict (in)
bertentangan – contradictory
berteriak – scream (to)
berteriak – shout (to)
berteriak-teriak – shouting (keep)
berterus terang – frank (to be)
bertindak – steps (to take)
bertindak – act (to)
bertindak – measures (to take)
bertingkat – stories (having)
bertingkat – floors (having)
bertingkat – level of (at the)
bertolak – depart (to)
bertolak – leave (to)
bertubuh kecil – small of body (to)
bertugas – task (having the)
bertugas – assignment (having the)
bertugas – duty (has the)
bertujuan – aim (has the)
bertujuan – goal (has the)
bertujuan – objective (has the)
bertukang [kayu] – carpentry (to do)
bertulis – inscribed

bertunangan − engaged
berturut-turut − row (in a)
berturut-turut − sequence (in)
berturut-turut − successively
berubah (*also* **berobah**) − alter
berubah − change (to)
berubah − change [appearance]
berubah − change [mind]
berubah − change [situation]
berumur − age (at the)
berumur − aged
berunding − confer (to)
berunding − consult (to)
berunding − discuss (to)
beruntung − lucky
berupa − such as
berupa − form of (to be in the)
berurusan − get in touch
berurusan (dengan) − get in touch with
berusaha − try (to)
berusaha − attempt (to)
berusaha − make efforts (to)
berusia − age (at the)
berusia − aged
berwajib − obliged (to be)
berwajib (yang) − authorities (the)
berwajib (yang) − responsible (the ones)
berwenang − jurisdiction
berwibawa − respected
berziarah − visit (to)[cemetary]
berziarah − make a visit (to)[sacred place]
besar − big
besar − great
besar − large

besarnya − size [i.e. shirt, of class]
besarnya [i.e. pungutan] − amount of [i.e. tax]
beserta − together with
beserta − along with
besi − iron [metal]
besok − tomorrow
besok − day (the following)
(b)esok harinya − next day (the)
besok ini − future (in the near)
betis − calf [of leg]
betul − quite
betul − really
betul − right [correct]
betul − true
betul − correct
betul-betul − really
betul-betul − truly
betul-betul − very
biar − so that
biar − that (so)
biar − although
biar − go (let it)
biar − mind (never)
biar − never mind
biar − order that (in)
biar deh − assent (yes, I give)
biar saja − be (let in)
biar saja − forget it [i.e. don't pay attention]
biar saja − never mind
biarkan saja − be (let it)
biarkan saja − mind (never)
biarlah − right (all)
biarlah − assent (yes, I give)
biarlah − give assent (yes, I)
biarlah − let it go
biarlah − mind (never)
biarpun − though (even)

biarpun — although
biarpun — even though
biasa — used to do
  (be)[something]
biasa — usual
biasa — accustomed
biasa — customary
biasa — manual
biasa — normal
biasa — usual
biasa saja — usual
biasa saja — common
biasa saja — ordinary
biasanya — usually
biasanya — customarily
biasanya — normally
biaya — budget
biaya — cost
biaya — expense
biaya — expenses
biaya — finance (to)
biaya hidup — cost-of-living
biaya tinggi — cost (high)
bibi — aunt
bicara — speak (to)
bicara — talk (to)
bicara-bicara — discuss
bicarakan — talk about (to)
bicarakan — discuss
bidang — sector
bidang — sphere
bidang — area
bidang — field [i.e. study, of
  work]
bijaksana — sensible
bijaksana — wise
bijaksana — prudent
bijih besi — iron [ore]
bikin — make (to) [in kitchen]
bikin gambar — take pictures
bikin gambar — pictures
  (take)

bikin keputusan — decision
  making
bila — when
bila — if
bilang — say (to)
bilik — room
bimbingan — guidance
bina — construction
binatang — animal
bingung — bewildered
bingung — confused (to be)
  (was)
bingung — loss at what to do
  (be at a)
bini — wife
bintang — star
biro — bureau
biro penerangan — information
  bureau
Biro Pusat Statistik — Central
  Bureau of Statistics
bis — bus
bisa— able to (to be)
bisa — can
bisa juga — too (it would be
  fine)
bisa juga — also be possible
  (will)
bisa juga — possible (will also
  be)
bisa saja — can be done
  (certainly it)
bisa saja — done (certainly it
  can be)
bisalah — right (it's all)
bisalah — agree (I)
bisalah — done (certainly it
  can be)
bocor — leak
bodoh — silly
bodoh — stupid
bola basket — basketball

bolak-balik — to and from
boleh — can [i.e. permission]
boleh — may
boleh juga — bad (not)
boleh saja — let it be
boleh saya bertanya? — may I ask a question?
boleh tanya, ya? — may I ask a question?
boleh tanya, ya? — question (may I ask a)?
boleh tanya, ya? — may I ask? [informal]
bolehlah — right (all)
bolehlah — right (that would be all)
bolehlah — agree (I)
bon — bill [i.e. shop, restaurant]
boneka — doll
boneka — puppet
bonnya — bill (the)[i.e. shop, restaurant]
boros — wastefull
bosan — bored
bosan — fed up
botak — bald-headed
botol — bottle
brankas — safe box
bruto (bto) — gross [i.e. product]
bu — ma'am
bu — mother
buah — counterword for inanimate things
buah — fruit
buah pinggang — kidney
buah-buahan — fruit (different kinds of)
buat — for
buat — make (to)
buat — order to (in)

buat apa — what for
buatan — thing made
buatan — brand
buatan — make
buatan — product
buaya darat — casanova [woman — chaser]
buaya darat — crook
bubar — dissolve (to)
bubuk — powder
budak — slave
bujang — single [unmarried]
buka — open (to be)
bukan — no
bukan — not [negating nouns or phrases]
bukan — not so (is it)
bukan main — very
bukan main — seriously
bukan main — extent (to a greet)
bukan main — extraordinary
bukan main cantiknya — how beautiful
bukan minyak — non-oil
bukti — evidence
bukti — proof
buku — book
buku tabungan — book (pass) [in a bank]
buku tabungan — passbook
bulan — month
bulan — moon
bulan depan — month (next)
bulanan — monthly
bulu — feather
bulu — fur
bulu tangkis — badminton
bumbu — spices
bumi — soil
bumi — earth [world not dirt]
bumi — globe

bundar — round
bundaran — circle
bunga — flower
bunga — interest [on money]
bunga tidak berganda —
  simple interest
bungkam — quiet
bungkam — silent
bungkus — pack (to)
bungkusan — package
bungkusan — parcel
bungsu — youngest
bunuh — murder (to)
bunyi — sound
bunyikan — ring (to)[bell]
bursa — exchange [i.e. stock]
buru — hunt (to)
buru-buru — hurry (in a)
buruh — labor (person)
buruh — laborer
buruk — ugly
buruk — bad
buruk — corrupt
burung — bird
busi — spark plug
busuk — rotten
busuk — corrupt
buta — blind
buta huruf — illiterate
butir — counterword for small
  round thing
butir — grain of (a)
butuh — need of (be in)

C

cabang — branch [tree or
  organiztion]
cabe — chili pepper
cabe — pepper [chili]
cacar — vaccination

cacat — disabled
cacat badan — handicapped
  (physical)
cahaya laser — laser beam
cakap — handsome [male]
calon — aspirant
calon — candidate
campur — mixed
campur tangan — interfere
campuran — mixture
candi — temple [Hindu]
candu — opium
cangkir — cup
cangkokan — transplant
cantik — beautiful [female]
cap — trademark
cap — brand
cap — label [trademark]
cap — mark
capai — reach (to)
capai — tired
capai — achieve (to)
capai — exhausted [i.e. tired]
cape [colloquial] — tired
cara — way
cara — habit
cara — manner
cara — method
cara bekerja — procedure
  (work)
Caraka Buana — universal
  envoy
cara menjalankan — procedure
cari — search
cari — look for
cari-cari — looking for
  (continue)
cat — paint
catatan — record [written]
catatan — record
catatan — recording
catatan — data
catatan — notation
catatan — notes
catur — chess
celaka — unlucky
celaka — accident

celaka — nasty
celana — trousers
celana — pants
celeng — wild pig
celeng — pig (wild)
celengan — bank (piggy)
celengan — piggy bank
cemara — pine-tree
cenderung — tend to (to)
cenderung — tendency
cenderung — inclined to (to be)
cepat — quick
cepat — rapid
cepat — fast
cepat-cepat — quick
cepat-cepat — fast (do)
cepat-cepat — hurry something up
cepat-cepat — hurry up
cerah — bright
cerah — clear
cerai — separate [divorce]
cerai-berai — dispersed
ceramah — lecture [not regular]
cerdik — smart
cerdik — clever
cerita — story
cerita — story telling
cermin — mirror
cerutu — cigar
Cina — Chinaman
cincin — ring
cinta — love
cinta segi tiga — love triangle
cita-cita — ideal
ciuman — kiss
coba — try (to)
coba — please (do)
coba tolong — favor (ask a)
coba tolong — help (ask for)
coba, saya lihat — see (let me)
cobakan — try on (to)
cocok — agree (to)
cocok — match (to)

colokan listrik — electric outlet
compang-camping — rags (in)
contoh — sample
contoh — example
contoh — model
cuaca — weather
cuci — wash (to)
cucian — wash (the)
cucu — grandchild or grandchildren
cukai — tax
cukai — duties
cukai — excise
cukup — sufficient
cukup — enough
cukur — shave (get a)
cuma — only
curi — steal (to)
cuti — holiday
cuti — leave
cuti besar — home leave

D

daerah — region
daerah — territory
daerah — area
daerah — district
daerah Anda aman — safe (your area is)
daftar — register (to)
daftar — roll
daftar — list
daftar masuk — wait listed
daftar riwayat hidup — life history
daftar saldo — balance sheet
daftar tunggu — wait listed
dagang — trade
dagang — commerce
dagangan — sale [things for]
daging — meat
dahulu — formerly

dahulu — previously
dakwaan — charge
dakwaan — accusation
dalam — within
dalam — deep
dalam — in
dalam — inside
dalam (dari) — out of
dalam (dari) — outwards
dalam (ke) — into
dalam negeri — domestic
dalam negeri — internal
dalam pada itu — same time (at the)
dalam pada itu — meanwhile
dalam rangka — as part of
dalam rangka — course of (in the)
dalam rangka — framework of (in the)
dalam waktu dekat — shortly
dalam waktu dekat — near future (in)
damai — peace
damai — peaceful
dan — and
dan lain-lain [dll.] — etc.
dan sebagainya — and so forth
dan sebagainya — and so on
dan sebagainya [dsb.] — etc., etc.
dana — funds
danau — lake
dangkal — shallow
dapat — able to (to be)
dapat — can
dapat — get (to)
dapat — obtain
dapat diterima — acceptable
dapur — kitchen
darah — blood
dari — than

dari — from
dari — of
dari... sampai... lagi — from... until... again
dari biasa — than usual
dari kecil jadi besar — going from small to large
dari luar negeri — abroad (from)
dari mana — which (of)
dari mana — where [from]
daripada — rather than
daripada — than
daripada — from
daripada — of
daripadanya — it (from)
darurat — emergency
dasar — base
dasar — bottom
dasar — foundation
dasar — fundamentals
dasi — tie
dasi — necktie
data — data
datang — come (to)
datang-datang — come frequently (to)
datar — level [for land]
Datoe — title [for man]
daun — leaf
daya angkut — transport capacity
debu — dust
deflator — deflator
dekat — close
dekat — near
dekat-dekat — closely
delegasi — delegation
demam — fever(ish)
demikian — so
demikian — such
demikian — thus

demikian — way (in that)
demikianlah — so
demikianlah — so is
demikianlah — thus
demonstran — demonstrator
demonstrasi — demonstration
denah — blueprint
denah — plan (ground)
denda — fine [i.e. by the court]
dengan — with
dengan — by
dengan — by means of
dengan baik — well
dengan baik — fine
dengan baik — nicely
dengan demikian — so
dengan demikian — therefore
dengan demikian — thus
dengan demikian — with this
dengan demikian — by that way
dengan demikian — by this
dengan diam-diam — quietly
dengan gigih — stubbornly
dengan gigih — tenaciously
dengan ini — herewith
dengan jalan — way of (by)
dengan jalan — by
dengan jalan — means of (by)
dengan keras — severely
dengan keras — sternly
dengan keras — forcefully
dengan keras — harshly
dengan menumpang — riding on (by)
dengan menumpang — via
dengan menumpang — by
dengan menumpang — means of (by)
dengan mudah — easily
dengan nyenyaknya — soundly

dengan resminya — officially
dengan selamat — safely
dengan sendirinya — automatically
dengan sengaja — intentionally
dengan sengaja — on purpose
dengan siapa — with whom
dengan suara bulat — unanimously
dengan tepat — precisely
dengan tepat — precision (with)
dengan tertib — orderly way (in an)
dengar — hear (to)
dengar — listen (to)
dengar dulu — liisten well
dentuman — boom
dentuman — booming
dentuman meriam [21 kali] — gun salute [i.e. 21]
depan — ahead
depan — front
depan — front of (in)
depan — next
derajat — status [position]
derajat — degree [temperature]
derajat — prestige
derita — suffer (to)
desa — rural area
desa — village
desa — area (rural)
desa — country
desa minyak — oil rig
detik — second
devisa — foreign exchange currency
dewan direksi — board of directors
dewan pimpinan pusat — central leadership council

dewasa — adult
dewasa — mature
dewasa ini — this time (at)
dewasa ini — nowadays
dewasa ini — present (at)
dewasa ini — presently
di — at
di — in
di — on
di-TC-kan — put thru Training Center
dia — she
dia — he
dia — her
dia — him
diadakan — brought into being (to be, was)
diadakan — carried out (to be, was)
diadakan — created (to be, was)
diadakan — held (to be, was)
diadakan — made (to be, was)
diadakannya — setting up of
diadakannya — carrying out
diadakannya — creating of (the)
diadakannya — holding
diadakannya — making
diajak — urged
diajak — invited (to be, was)
diajukan — submitted (to be, was)
diajukan — filed (to be, was)
diajukan — offered (to be, was)
diajukan — presented (to be, was)
diakhiri — terminated (to be, was)
diakhiri — concluded (to be, was)

diakhiri — ended (to be, was)
diakibatkan — result of (to be a, was a)
diakibatkan — caused by (to be, was)
diakui — recognized (to be, was)
diakui — admitted (to be, was)
diakui — confessed (to be, was)
dialami — undergone
dialami — experienced (to be, was)
diam — quiet
diam-diam — secretly
diambil — removed (to be, was)
diambil — taken (to be, was)
diambil alih — taken over (to be, was)
diamlah — quiet (be)
diancam — threatened (to be, was)
dianggap — regarded (to be, was)
dianggap — believed (to be, was)
dianggap — considered (to be, was)
diangkat — raised (to be, was)
diangkat — appointed (to be, was)
diangkat — carried (to be, was)
diangkat — picked up (to be, was)
diangkut — transported (to be, was)
dianjurkan — recommended (to be, was)

diantar – accompanied (to be, was)

diantar – escorted (to be, was)

di antara – among

di antara – amongst

di antara – between

di antara kami – among us

di antara kami – between us

di antaranya – among them

diantarkan – seen off (to be, was)

diantarkan – taken (to be, was)

diantarkan – accompanied (to be, was)

diantarkan – escorted (to be, was)

diasingkan – exiled (to be, was)

diasingkan – isolated (to be, was)

di atas – top (on)

di atas – up

di atas – above

di atas – on top

di atas – over

diatasi – surmounted (to be, was)

diatasi – overcome (to be, was)

diatur – arranged (to be, was)

diatur (dapat/bisa) – arranged (it can be)

dibagi – distributed (to be, was)

dibagi – divided (to be, was)

dibahas – debated (to be, was)

dibahas – discussed (to be, was)

dibakar/dipanggang – grilled (to be, was) [cooked]

dibakar – burned (to be, was)

dibalik – changed (to be, was)

dibalik – reversed (to be, was)

dibalikkan – turn upside down

dibanding – compared (to be, was)

dibanding – equal (to be, was)

dibangun – built (to be, was)

dibangun – constructed (to be, was)

dibantah – contradicted (to be, was)

dibantah – denied (to be, was)

dibantu – aided (to be, was)

dibantu – assisted (to be, was)

dibantu – helped (to be, was)

dibatalkan – cancelled (to be, was)

dibawa – taken (to be, was)

dibawa – brought (to be, was)

dibawa – carried (to be, was)

di bawah – underneath

di bawah – below

di bawah – down

di bawah – downstrairs

dibawakan – presented (to be, was)

dibayar – paid (to be, was)

dibebaskan – released (to be, was)

dibebaskan – freed (to be, was)

dibebaskan — liberated (to be, was)

di belakang — back (in the)

dibeli — bought (to be, was)

dibeli — purchased (to be, was)

dibentuk — set up (to be, was)

dibentuk — shaped (to be, was)

dibentuk — established (to be, was)

dibentuk — formed (to be, was)

diberangkatkan — sent (to be, was)

diberangkatkan — dispatched (to be, was)

dibereskan — tidied (to be, was)

dibereskan — order (be put in, was)

diberi — given (to be, was)

diberikan — sent (to be, was)

diberikan — given (to be, was)

diberi tahu — told (to be, was)

diberi tahu — informed (to be, was)

diberitakan — reported (to be, was)

diberitakan — announced (to be, was)

dibersihkan — cleaned (to be, was)

dibersihkan — mopped up (to be) [military usage]

dibesarkan — raised, reared (to be, was) [i.e. child]

dibesarkan — enlarged (to be, was)

dibetulkan — repaired (to be, was)

dibicarakan — talked about (to be, was)

dibicarakan — discussed (to be, was)

dibolehkannya — allowing

dibolehkannya — permitting (the)

dibom — bombed (to be, was)

dibongkar — disassembled (to be, was)

dibongkar — dismantled (to be, was)

dibuat — done (to be, was)

dibuat — made (to be, was)

dibuatkan (oleh) — made by (to be, was)

dibubarkan — dispersed (to be, was)

dibubarkan — dissolved (to be, was)

dibuka — opened (to be, was)

dibukanya — opening of (the)

dibuktikan — evident (to be, was)

dibuktikan — proved (to be, was)

dibungkus — wrapped (to be, was)

dibunuh — killed (to be, was)

dibutuhkan — needed (to be, was)

dicap — stamped (to be, was)

dicapai — reached (to be, was)

dicapai — achieved (to be, was)

dicapai — attained (to be, was)

dicari — sought (to be, was)

dicari – looked for (to be, was)

dicatat – registered (to be, was)

dicatat – noted down (to be, was)

diceritakan – told (to be, was)

diciutkan – thinned out (to be, was)

diciutkan – narrowed down (to be, was)

dicoba – tried (to be, was)

dicoba – attempted (to be, was)

dicukur – shaved (to be, was)

dicuri – stolen (to be, was)

didahului – preceded by (to be, was)

di dalam – within

di dalam – in

di dalam – inside

didampingi – accompanied by (to be)

didampingi – flanked by (to be, was)

didampingi – have at one's side

didapat – gotten (to be, was)

didapat – obtained (to be, was)

di dekat – close to

di dekat – near

di dekat – next to

didekorasi – decorated (to be, was)

didengar – heard by (to be, was)

di depan – before [i.e. in front]

di depan – front of (in)

di depan umum – in public

didirikan – built (to be, was)

didirikan – erected (to be, was)

didirikan – founded (to be, was)

didiskusikan – discussed (to be, was)

didorong – stimulated (to be, was)

didorong – given incentive (to be, was)

diduduki – occupied by (to be, was)

diduga – suspected (to be, was)

diduga – thought (to be, was)

diduga – assumed (to be, was)

diduga – believed (to be, was)

diduga – expected (to be, was)

didukung – supported (to be, was)

didukung – backed (to be, was)

diedarkan – circulated (to be, was)

diedarkan – distributed (to be, was)

diedarkan – passed out/ around (to be, was)

digambarkan – described (to be, was)

diganggu – disturbed (to be, was)

diganti – replaced (to be, was)

diganti – changed (to be, was)

digantikan – replaced by

digantikan – changed (to be, was)

digarap – worked on/at (to be, was)

digaris – overlined [like underlined]

digeser – removed (to be, was)[from office]

digigit – bitten (to be, was)

digunakan – used (to be, was)

digunakan – utilized (to be, was)

dihadapi – confronted by (to be, was)

dihadapi – faced (to be, was)

dihadiri – attended by (to be, was)

diharapkan – expected (to be, was)

diharapkan – hoped (to be, was)

dihargai – respected (to be, was)

dihargai – valued (to be, was)

dihargai – appreciated (to be, was)

dihasilkan – produced (to be, was)

dihitung – calculated (to be, was)

dihitung – counted (to be, was)

dihormati – respected (to be, was)

dihormati – honored (to be, was)

dihubungkan – connected (to be, was)

dihubungkan – linked (to be, was)

diikuti – followed (to be, was)

diikuti – participated (to be, was)

diimpor – imported (to be, was)

diisi – filled (to be, was)

dijaga – watched (to be, was)

dijaga – guarded (to be, was)

dijajaki – sounded out (to be, was)

dijajaki – measured for depth (to be, was)

dijalankan – carried out (to be, was)

dijalankan – done (to be, was)

dijalankan – performed (to be, was)

dijanjikan – agreed to (to be, was)

dijanjikan – promised (to be)

dijatuhi hukuman – sentenced (to be, was)

dijatuhi hukuman – punished (to be, was)

dijatuhkan – dropped (to be, was)

dijawab – answered (to be, was)

dijelaskan – stated (to be, was)

dijelaskan – clarified (to be, was)

dijelaskan – explained (to be, was)

dijemput – picked up (to be, was) (will be)

dijual – sale (be on)

dijual – sold (to be, was)

dijungkirkan – tumbled (to be, was)

dijungkirkan — upset (to be, was)

dikabarkan — reported (to be, was)

dikabarkan — announced (to be, was)

dikalahkan — beaten (to be, was)

dikalahkan — defeated (to be, was)

dikasih tahu — told (to be, was)

dikatakan — said (to be, was)

dikatakan — stated (to be, was)

dikatakan — told (to be, was)

dikawatkan — telegraphed (to be, was)

dikawatkan — cabled (to be, was)

dikebumikan — buried (to be, was)

dikehendaki — wished (to be, was)

dikehendaki — demanded (to be, was)

dikehendaki — desired (to be, was)

dikehendaki — intended (to be, was)

dikeluarkan — removed (to be, was)

dikeluarkan — dismissed (to be, was)

dikeluarkan — expelled (to be, was)

dikeluarkan — fired (to be, was)[i.e. from job]

dikeluarkan — issued (to be, was)

dikeluarkan — leave from (to)

dikeluarkan — out (to be, was put)

dikeluarkan — out (to be, was taken)

dikembalikan — returned (to be, was)

dikembangkan — developed (to be, was)

dikemudikan — driven (to be, was)

dikemukakan — suggested (to be, was)

dikemukakan — brought up (to be, was)

dikemukakan — presented (to be, was)

dikemukakan — put forth (to be, was)

dikenal — acquainted with (to be, was)

dikenal — known (to be, was)

dikendalikan — controlled (to be, was)

dikendalikan — directed (to be, was)

dikendalikan — managed (to be, was)

dikerjakan — done (to be, was)

diketahui — known (to be, was)

diketemukan — discovered (to be, was)

diketemukan — found (to be, was)

diketik — typed (to be, was)[i.e. letter]

diketuai — chaired (to be, was)

diketuai — headed (to be, was)

diketuai — presided over by (to be, was)

dikirakan — estimated (to be, was)

dikirim — sent (to be, was)

dikirim — shipped (to be, was)

dikirimkan — sent (to be, was)

dikirimkan — shipped (to be, was)

dikoordinir — coordinated (to be, was)

dikosongkan — emptied (to be, was)

dikte — dictate (to)

dikuasai — controlled by (to be, was)

dikumpulkan — collected (to be, was)

dikumpulkan — gathered (to be, was)

dikunjungi — visited (to be, was)

dikutip — quoted (to be, was)

dilahirkan — born (to be, was)

dilaksanakan — carried out (to be, was)

dilaksanakan — done (to be, was)

dilaksanakan — implemented (to be, was)

dilakukan — undertaken (to be, was)

dilakukan — carried out (to be, was)

dilakukan — done (to be, was)

dilakukan — executed of (to be, was) [i.e. an order]

dilakukannya — carrying out of

dilakukannya — execution of (the)

dilakukannya — performing of

dilancarkan — carried out (to be, was)

dilancarkan — expedited (to be, was)

dilancarkan — launched (to be, was)

dilanda — struck by (to be, was)

dilanda — hit by (to be, was)

dilangsungkan — carried out (to be, was)

dilangsungkan — held (to be, was)

dilangsungkan — performed (to be, was)

dilanjutkan — continued (to be, was)

dilantik — installed in office (to be, was)

dilap — dusted (to be, was)

dilaporkan — reported (to be, was)

dilarang — banned (to be, was)

dilarang — forbidden (to be, was)

dilarang — prohibited (to be, was)

dilepas — seen off (to be, was)

dilepaskan — released (to be, was)

dilepaskan — freed (to be, was)

dilepaskan — given up (to be, was)

dilihat — seen (to be, was)

dilihat — viewed (to be, was)
dilihat — looked at (to be, was)
dilindas — run over by (to be, was)
dilindas — knocked down by (to be, was)
di lingkungan — within [i.e. organization]
di luar — outside
dimainkan — played (to be, was)
dimakan — eaten (to be, was)
dimaksud — intended (to be, was)
dimaksud — meant (to be, was)
dimaksudkan — referred to (to be, was)
dimaksudkan — intended (to be, was)
dimaksudkan — meant (to be, was)
dimaksudkan untuk — intended for
dimaksudkan untuk — meant for
di mana — where [at]
di mana-mana — wherever
di mana-mana — anywhere
di mana-mana — everywhere
di masa depan — future (in the)
di masa yang lalu — past (in the)
dimasukkan — included (to be, was)
dimasukkan — inserted (to be, was)
dimasukkan — inside (to be, was put)

dimasukkan — put in (to be, was)
dimatangkan — allowed to ripen (to be)
dimatikan — dead (to be, was)
dimatikan — off (to be, was turned)
dimenangkan — won by (to be, was)
dimiliki — owned (to be, was)
diminum — drunk (to be, was)[i.e. water]
dimuatkan — contained in (to be, was)
dimuatkan — loaded (to be, was)
dimuat — published (to be, was)
di muka — before [i.e. in front]
di muka — front of (in)
di muka umum — public (in)
dimulai — started (to be, was)
dimulai — begun (to be, was)
dimulai (akan) — begin (will)
dimulainya — starting of (the)
dimulainya — beginning of (the)
dimungkinkan — possible (to be, was)
dinaikkan — promoted (to be, was)
dinantikan — waited for (to be, was)
dinantikan — awaited (to be, was)
dinantikan — expected (to be, was)
dinas — service
dinas — agency
dinas — official

dinas (sedang) – duty (to be on)

dinas kesehatan – health service

dinasionalisir – nationalization

dinding – wall

dingin – cold

dingin – cool

dinihari – earlier

dinihari – early

dinilai – rated (to be, was)

dinilai – valued (to be, was)

dinilai – appreciated (to be, was)

dinyalakan – turned on (to be, was)

dipakai – used (to be, was)

dipakai – worn (to be, was)

dipaksa – forced/compelled (to be,.was)

dipandang – seen (to be, was)

dipanggil – summoned (to be, was)

dipanggil – called (to be, was)

dipasang – fixed (to be, was)

dipecat – discharged (to be, was)

dipecat – dismissed [i.e. fired]

dipecat – fired (to be, was)[i.e. from job]

dipelajari – studied (to be, was)

dipelopori – way cleared by (have the)

dipelopori – led by (to be, was)

dipenuhi – filled (to be, was)

dipenuhi – fulfilled (to be, was)

diperam – made more ripe

diperbagus – beautified (to be, was)

diperbaiki – repaired (to be, was)

diperbantukan – service (to give)

diperbesar – enlarged (to be, was)

diperbincangkan – talked about (to be, was)

diperbincangkan – discussed (to be, was)

dipercaya – reliable (to be, was)

dipercaya – relied on (to be, was)

dipercaya – trusted (to be, was)

dipercaya – believed (to be, was)

diperdalam – deepened (to be, was)

dipergunakan – used (to be, was)

dipergunakan – utilized (to be, was)

diperhatikan – watched carefully (to be, was)

diperhatikan – paid attention (to be, was)

diperiksa – checked (to be, was)

diperiksa – examined (to be, was)

diperingati – commemorated (to be, was)

diperintahkan – commanded (to be, was)

diperintahkan – ordered (to be, was)

diperkecil – made smaller (to be, was)

diperkirakan — estimated (to be, was)

diperkuat — strengthened (to be, was)

diperlebar — widened (to be, was, will be)

diperlebar — broadened (to be, was)

diperlihatkan — showed (to be, was)

diperluas — spread (to be, was)

diperluas — broadened (to be, was)

diperluas — expanded (to be, was)

diperluas — extended (to be, was)

diperlukan — required (to be, was)

diperlukan — needed (to be, was)

diperoleh — gotten (to be, was)

diperoleh — obtained (to be, was)

diperpanjang — extended (to be, was)

dipersalahkan — accused (to be, was)

dipersalahkan — blamed (to be, was)

dipersalahkan — charged with (to be, was)

dipersatukan — united (to be, was)

dipertahankan — defended (to be, was)

dipertahankan — maintained (to be, was)

dipertanggungjawabkan — answered for, by (to be, was)

dipertanggungjawabkan — justified by (to be, was)

dipertimbangkan — taken under consideration (to be)

dipertimbangkan — considered (to be, was)

dipertunjukkan — performed (to be, was)

dipesan — ordered (to be, was)

dipilih — selected (to be, was)

dipilih — chosen (to be, was)

dipilih — elected (to be, was)

dipimpin — headed by (to be, was)

dipimpin — led (to be, was)

dipindahkan — shifted (to be, was)

dipindahkan — transferred (to be, was)

dipindahkan — moved (to be, was)

dipulihkannya — restoration of (the)

dipunyai — had by (to be, was)

dipunyai — owned (to be, was)

dipunyai — possessed (to be, was)

diputuskan — decided (to be, was)

dirahasiakan — kept secret (to be, was)

diramalkan — forecast (to be, was)

diramalkan — predicted (to be, was)

dirasa — felt (to be, was)

dirayakan — celebrated

direbut — seized (to be, was)

direbut — won (to be, was)

direkam — recorded (to be, was)

direkam — taped (to be, was)

direktorat — directorate

direktorat jenderal — directorate-general

direktur — director

direksi — director

direktur jenderal — director general

direktur utama — director-in-chief

direncanakan — scheduled (to be, was)

direncanakan — planned (to be, was)

diresmikan — dedicated (to be, was)

diresmikan — inaugurated (to be, was)

diresmikan — made official (to be, was)

diri — self

diri sendiri — yourself

dirintis — pioneered by (to be, was)

dirinya — himself

dirinya — itself

dirubah — changed (to be, was)

disaksikan — seen with one's own eyes (to be, was)

disaksikan — watched (to be, was)

disaksikan — witnessed (to be, was)

disalurkan — channeled (to be, was)

disambut — received (to be, was)

disambut — welcomed (to be, was)

disambut — greeted (to be, was)

disampaikan — conveyed (to be, was)

disampaikan — delivered (to be, was)

disampaikan — passed on (to be, was)

di samping — side of (to be, was)

di samping — addition to (in)

di samping — beside

di samping — besides

di samping — next to

di sana — there

di sana sini — here and there

disayangkan — regretted (to be, was)

disebabkan — brought about by (to be)

disebabkan — caused by (to be, was)

di sebelah — side (on the)

di sebelah — beside

disebut — referred to (to be, was)

disebut — stated (to be, was)

disebut — called (to be, was)

disebut — mentioned (to be, was)

disebut — named (to be, was)

disebut-sebut — referred to (to be, was)[repeatedly]

disebut-sebut — stated (to be, was)[repeatedly]

disebut-sebut — mentioned [repeatedly]

disebutkan — referred to (to be, was)

disebutkan — stated (to be, was)

disebutkan − called (to be, was)

disebutkan − mentioned (to be, was)

disebutkan − named (to be, was)

disediakan − supplied (to be, was)

disediakan − made ready (to be, was)

disediakan − prepared (to be, was)

disediakan − provided (to be, was)

di sekeliling − around

di sekitar − around

diselenggarakan − sponsored by (to be, was)

diselenggarakan − arranged (to be, was)

diselenggarakan − carried out (to be, was)

diselenggarakan − held (to be, was)

diselenggarakan − organized (to be, was)

diselesaikan − settled (to be, was)

diselesaikan − solved (to be, was)

diselesaikan − completed (to be, was)

diselesaikan − ended (to be, was)

diselesaikan − finished (to be, was)

diselidiki − studied (to be, was)

diselidiki − examined (to be, was)

diselidiki − investigated (to be, was)

diselundupkan − smuggled in (to be, was)

di seluruh − throughout

di seluruh − all of (in)

di seluruh − over (all)

disepakati − agreed to (to be, was)

diserang − assaulted (to be, was)

diserang − attacked (to be, was)

disertai − accompanied by (to be, was)

disertai − participated in (to be, was)

diserukan − appealed for (to be, was)

diserukan − called out (to be, was)

diseterika − ironed (to be, was)

disetujui − ratified (to be, was)

disetujui − agreed (to be, was)

disetujui − approved by (to be, was)

disiapkan − made ready (to be, was)

disiapkan − prepared (to be, was)

disiarkan − broadcast (to be, was)

disiarkan − published (to be, was)

disimpan − stored (was)

disimpan sudah lama [keju] − ripe [cheese]

disinggung-singgung − touched on (to be, was)

di sini − here (at)

di sini di sana — here and there

di sisi — beside

di situ — there

diskusi — discussion

disponsori — sponsored (to be, was)

disumbangkan — contributed (to be, was)

disumbangkan — donated (to be, was)

disurvei — surveyed (to be, was)

disusul — followed (to be, was)

disusun — arranged by (to be, was)

disusun — compiled (to be, was)

disusun — drafted (to be, was)

disusun — organized (to be, was)

ditahan — arrested (to be, was)

ditahan — detained (to be, was)

ditahan — endured (to be, was)

ditahan — held up (to be, was)

ditambah — supplemented (to be, was)

ditambah — added (to be, was)

ditambah — increased (to be, was)

ditambahkan — added (to be, was)

ditandatangani — signed (to be, was)

ditanggung/dijamin — guaranteed

ditangkap — arrested (to be, was)

ditangkap — captured (to be, was)

ditangkap — caught (to be, was)

ditangkapnya — arresting of (the)

ditangkapnya — catching of (the)

ditanya — asked (to be, was)

ditanyakan — questioned about (to be, was)

ditanyakan — asked (to be, was)

ditarik — withdrawn (to be, was)

ditarik — pulled out/back (to be, was)

ditegaskan — stated (to be, was)

ditegaskan — affirmed (to be, was)

ditegaskan — confirmed (to be, was)

ditegaskan — explained (to be, was)

ditekankan — stressed (to be, was)

ditekankan — emphasized (to be, was)

ditelevisikan — televised (to be, was)

ditembak — shot (to be, was)

ditembaki — shot at (to be, .was).

ditembaki — fired at (to be, was)[i.e. by gun]

ditempatkan — stationed (to be, was)

ditempatkan — placed (to be, was)

ditempatkan — positioned (to be, was)

ditemui — found (to be, was)

ditemui — met with (to be, was)

ditemukan — discovered (to be, was)

ditemukan — found (to be, was)

ditentang — opposed by (to be, was)

ditentukan — decided on (to be, was)

ditentukan — determined (to be, was)

diterangkan — stated (to be, was)

diterangkan — explained (to be, was)

diterbitkan — published (to be, was)

diterima — received (to be, was)

diterima — accepted (to be, was)

diteruskan — continued (to be, was)

diteruskan — passed on to (to be, was)

ditetapkan — settled (to be, was)

ditetapkan — decided (to be, was)(on)

ditetapkan — determined (to be, was)

ditetapkan — fixed (to be, was)

ditewaskan — killed (to be, was)

ditolak — refused (to be, was)

ditolak — rejected (to be, was)

dituduh — accused (to be, was)

dituduh — charged with (to be, was)

ditukar — exchanged (to be, was)

ditulis — written (to be, was)

ditunda-tunda — put off time and again (to be, was)

ditundukkan — conquered (to be, was)

ditunggu — waited for (to be, was)

ditunggu — awaited (to be, was)

ditunggu — expected (to be, was)

ditunggu kedatangannya — arrival is awaited (his)

ditunggu kedatangannya — arrival is expected (his)

ditunjuk — selected (to be, was)

ditunjuk — appointed (to be, was)

ditunjukkan — shown (to be, was)

ditunjukkan — demonstrated (to be, was)

ditunjukkan — pointed out (to be, was)

dituntut — claimed (to be, was)

dituntut — demanded (to be, was)

diturunkan — reduced (to be, was)

diturunkan — taken down (to be, was)

diturunkan — dropped (to be, was)

diturunkan — lowered (to be, was)

ditutup — shut (to be, was)

ditutup — closed (to be, was)

diucapkan — stated (to be, was)

diucapkan — uttered (to be, was)

diucapkan — expressed (to be, was)

diucapkan — pronounced (to be, was)

diumpamakan — supposed (to be, was)

diumumkan — announced (to be, was)

diundang — invited (to be, was)

diungkapkan — revealed (to be, was)

diungkapkan — stated (to be, was)

diungkapkan — divulged (to be, was)

diusahakan — striven for (to be, was)

diusahakan — cultivated (to be, was)

diusahakan — organized (to be, was)

diusir — expelled (to be, was)

diusulkan — proposed (to be, was)

diwakili — represented (to be, was)

dll. (dan lain-lain) — etc.

do'a[also doa] — prayer

doa restu (anda) — blessing (your)

dokter — doctor [medical]

dokter gigi — dentist

dokter hewan — veterinarian

doktor — degree [Ph.D]

doktorandus — degree [intermediate]

domba — sheep

dompet — wallet

dorong — push

dorongan — stimulus

dorongan — impetus

dorongan — incentive

dua belas kaki — two feet [not measurement]

dua belas kaki — two legs

dua setengah — two and a half

dua setengah — half (two and a)

dua-dua — two by two

dua-dua — two's (by)

dua-dua — by two's

duduk — sit down (to)

duduki — occupy (to)

duka — grief

dukacita [i.e. rumah] — grief [i.e. house of]

dukungan — support

dukungan — support [i.e. endorsement]

dulu — second (do for a)

dulu — while (for a)

dulu — before [i.e. sequence]

dulu — beforehand

dulu — earlier

dulu — first

dulu — formerly

dulu — minute (for a)

dulu — previously

dulu ada, pernah ada — used to be

dulu kita muda — used to be young

dunia — world

duri — thorn

duri dalam daging — thorn in the flesh
duta — envoy
duta besar — ambassador

E

eceran — retail
edar — circulate (to)
efisien — efficient
efisiensi — efficiency
ekonomi (ilmu) — economics
ekonomi — economy
ekonomis — economic
ekor — tail
ekor — counterword for animals
eksogen — exogenous
ekspor — export
EKUIN (Ekonomi, Keuangan, dan Industri) — economy, finance and industry
elok — beautiful
emas — gold
ember — bucket
empuk — soft [for meat]
empuk — tender [food]
enak — senses [pleasant to the senses]
enak — tasty
enak — delicious
enak — good (smells)
enak — good (tastes)
enak — nice
enak — pleasant
enak kedengarannya — good in sound
encer — thin [used with tea]
encer — weak [i.e. tea]
engkau — you
entah — really know (I don't)

entah — know (I don't)
entah ya — know (I don't)
entahlah — really know (I don't)
entahlah — who knows!
entahlah — know (I don't)
enyah — "scram" (to)
enyah — get out (to)
erat — strong
erat — close
es — ice
es batu — ice cube
es krim — ice cream
esok — tomorrow
esok harinya — day (the following)
esok harinya — following day (the)
esoknya — next morning (the)

F

fakir miskin — poor and needy (the)
fakultas — school of
fakultas — faculty
fihak — side
fikir — think (to)
file — file (to)[i.e. office]
film cerita — film story
firma — firm [i.e. company]
formulasi (mem) — formulate (to)
formulir — form [i.e. blank]
fraksi — faction [i.e. political group]
fungsi — function

G

gabungan — combination
gabungan — federation

gabungan — union
gabungan — joint
gadis — young girl
gagah — handsome [male]
gagah — strong
gagal — fail
gagasan — concept
gagasan — idea
gaji — salary
galangan kapal — shipyard
gambar — figure [i.e. graph]
gambar — picture
gampang — easy
gandum — wheat
gandum — grain
ganggu — bother
gangguan — disturbance
ganja — marijuana
ganti — alter
ganti — change (to)[i.e. substitute, replace]
ganti — replace
ganti — substitute
ganti-ganti — changing (keep)
gantung — suspend
gantungan baju — clothes hanger
gantungkan — hang (to)
garap (meng) — work on/at (to)
garasi — garage
garis — line
garis lintang sejajar — parallel
garpu — fork
garuda — eagle
gatal — itchy
gawat — critical
gawat — dangerous
gayung — dipper (water)
gayung — water dipper
gedung — building

gedung putih — white house
gegep — pliers
gejala — sign
gejala — symptom
gejala — indication
gelang — bracelet
gelap — dark
gelap — underground [i.e. secret]
gelap — illegal
gelar — degree
gelar — title
gelas — drinking glass
gelas — glass
gelas — glass [drinking]
geleng — shake
gelincir (ter) — slip
gelombang — wave
gembira — glad
gembira — happy
gemetar — tremble (to)
gempa — quake
gempa bumi — earth quake
gempur — batter (to)
gempur (meng) — pound (to)
gemuk — fat
genap — complete
gencar — continued
gencar — sustained
genderang — drum
gerak badan — exercise (to) [i.e. physical]
gerakan — movement
gerbang utama — main entrance
gerbang utama — main gate
gereja — church
gerhana — eclipse [i.e. sun]
gerilya — guerrilla
gerilyawan — guerrilla
gerimis — drizzle
gerimis — rain [drizzle]

gerobak dorong — push-cart
giat — active
giat — energetic
gigi — tooth
gigit — bite
giliran — turn [my]
girang — cheerful
girang — glad
gizi — nutrition
golongan — category
golongan — classification
golongan — group
goreng — fry (to)
goreng — roast in a frying pan
gorong — canal
gosok — polish
gosok — rub against
gosok — rub on
gosok-gosok — rubbing (keep)
goyang — shake
goyang — unsteady
gua — cave
gua — grotto [cave]
gubernur — governor
gudang — storage room
gudang — warehouse
gugup — nervous
gugurnya — heroic death in battle (the)
gula — sugar
gula aren — palmsugar
gula pasir — refined sugar
guna — for [i.e. use]
guna — use
guna — order to (in)
gunakan — use [imperative]
gunanya — use (its)
gunting — scissors
guntingan — clipping
guntingan pers — press clipping
gunung — mountain

gunung api — volcano
guru — teacher

H

habis — all gone
habis — completely
habis — depleted
habis — exhausted [i.e. supply, finished]
habis — finished
habis — used up
habis — gone (all)
habis — more (no)
habis — nothing (is)[i.e. left]
habis tenaga — exhausted [i.e. tired]
habis terpukul — knocked out (to be)
hadap — front (side)
hadiah — award
hadiah — gift
hadiah — present
hadiah — prize
hadir — present (to be)
hadirin — those present
hai — hey [attract attention]
haji — title [pilgrimage to Mecca]
hak — right (a)
hak — privilege
hak cipta — copyright
hakim — judge
hal — case [situation]
hal — fact
hal — state [situation, condition]
hal — thing
hal — matter
hal (itu) — matter (that)
hal mana — fact which (a)

hal mana — thing which (a)
hal mana — matter which (a)
halal — allowed (i.e. to eat food)
halaman — yard
halaman — page
halaman terakhir — last page
halus — delicate
halus — fine [i.e. fabric]
halus — thin
halus — gentle
hampir — almost
hampir — close [vicinity]
hampir — nearly
hampir saja — almost [something unpleasant]
hampir sama dengan — similar to
hancur — destroyed
hangat — warm
hangat — hot [discussion]
hangat — hot [emotional]
hangus — overcooked, scorched
hantam — clash (to)
hantam — hit hard (to)
hanya — just
hanya — merely
hanya — only
hanya saya saja — just me
hanya saya saja — only me
hapus — erase (to)
hapus — wipe out (to)
hapus — revoke
harap — hope (to)
harap jangan sentuh — please don't touch
harap perhatikan — please pay attention
harap tenang — please be quiet
harapan — expectation

harapan — hope (a)
harga — cost
harga — value
harga — price
harga mati — fixed price
harga mati — price (fixed)
harga pasti — price (fixed)
harga tetap — fixed price
harga tetap — price (fixed)
harga yang tinggi — cost (high)
harganya — cost
hari — day
hari esoknya — next day (the)
hari ini — today
hari kemerdekaan — Independence Day
hari kelahiran — birthday
hari libur — holiday
Hari Natal — Christmas
Hari Paskah — Easter Day
hari pembebasan — liberation day
hari ulang tahun — anniversary
hari ulang tahun — birthday
hari-hari terakhir ini — last days (these)
harian — daily
harian — daily paper
harimau — tiger
harta — wealth
harta — property
harus — should
harus — to (have)
harus — have to
harus — must
harus — ought to
hasil — crop
hasil — result
hasil — success
hasil — yield

hasil – proceeds
hasil – product
hasil-hasil produksi – produce
hasil-hasil produksi –
  produced goods
hasilkan – produce (to)
hasrat – desire
hati – heart
hati – interest
hati – liver
hati – mind
hati-hati – careful (be)
hati-hati – cautious (be)
hati-hati – watch out
haturkan – present (to)
haus – thirsty
hawa – climate
hayat – life
hebat – dreadful
hebat – enormous
hebat – sensational
hebat – tremendous
hebat – violent
hebat – wonderful
hebat – impressive
hebat – nice (very)
hektar – hectare
helai – slice
helai – sheet [i.e. paper]
hemat – economical
hendak – want (to)
hendak – willing (to)(be)
hendak – wish (to)
hendak – intend to
hendaknya – should
heran – surprised (to be)
hewan – animal
hibur (meng) – amuse (to)
hiburan – amusement
hiburan – consolation
hiburan – entertainment
hidang – serve (to)

hidangan – dish (of food)
hidung – nose
hidup – alive (to be)
hidup – life
hidup – live (to)
hidup – living
hidup – long live —!
hilang – disappear (to)
hilang – gone
hilang – lose something (to)
hilang – lost (be)
hilang – missing
himpunan – collection
hingga – so that
hingga – until
hingga – up to
hingga – point that (to the)
hingga saat ini – up to now
hinggap – perch
hirup – sip
hitung – add up
hitung – calculate (to)
hitung – count (to)
hitungan – calculation
hitungan – count
hormat – respect
hotel – hotel
hubung [*root*] – connect
hubungan – connection
hubungan – contact
hubungan – relations
hubungan – relationship
hubungan masyarakat –
  public relations
hubungan udara – air
  connections
hubungkan – connect (to)
hubungkan – contact (to)
hujan – rain (to)
hujan debu – rain dust
hujan lebat – rain (heavy)
hukum – law

hukuman — sentence [i.e. death]
huruf — character [i.e. letter]
huruf — letter [i.e. characters]
huruf — letter [of alphabet]
huruf besar — capital letter
huruf besar — letters [capital]
hutan — forest
hutan — woods
hutan — jungle
hutang — debt (s)
hutang — liabilities

I

ia — he/she/it
ialah — are
ialah — is
ialah — namely
ibu — you [female]
ibu — your [female adult]
ibu — ma'am
ibu — mother [may mean wife]
ibu — older woman
ibu-bapak — parents
ibu jari — thumb
ibu mertua — mother-in-law
ibu kota — capital city
ide — idea
ideal — ideal
idem — ditto
ijazah — certificate
ijazah — diploma
ijin — allow (to)
ijin — licence
ijin — permission
ijin — permit (to)
ikan — fish
ikan asin — salted fish

ikan hiu — shark
ikan paus — whale
iklan — advertisement
ikut — along (go)
ikut — come along (to)
ikut — come with (to)
ikut — take part in (to)
ikut — go along (to)
ikut — go with (to)
ikut — join with (to)
ikut serta — take part in (to)
ikut serta — participate (to)
ikuti — follow (to)
ilmiah — scientific
ilmu alam — physics
ilmu kedokteran — medical science
ilmu pengetahuan — science
ilmu pengetahuan — knowledge
ilmu politik — political science
imbangan — balance
impor — import (to)
indah — beautiful
industri — industry
ingat — remember (to)
ingatkan — remind (to)
Inggeris — England
Inggeris — English
Inggris — England
Inggris — English
ingin — desire (to)
ingin — want (to)
ingin — wish
ini — these
ini — this
ini — here
ini dia — this is it
ini dia — here it is
insinyur — engineer
inspeksi — inspection
instansi — agency

instansi — apparatus
instansi — organ
intan — diamond
inti — core
inti — kernel
inti — nucleous
inti sari — essence
intip — peep (to)
inventaris — inventory
ipar — in-law
Irian Barat/Jaya — West Irian
irigasi — irrigation
iring(kan) — accompany (to)
iring-iringan — convoy
iring-iringan — flotilla
irit — economical
isi — contents
isi rumah — households
istana — court
istana — palace
istana merdeka — freedom
  palace
istana olahraga — sports
  palace
isteri — wife
istimewa — especial
istirahat — break (a)
istirahat — recess
istirahat — relax
istirahat — rest (to)
istri — wife
itik — duck
itu — that
itu — those
itu — just mentioned (the
  one)
itu dia — that is it
itu dia — that's him
itulah sebabnya — that is why
izin — licence
izin — permission
izin — permit

J

jabatan — function
jabatan — job
jabatan — office [i.e.
  manager]
jabatan — position
jabatan — post
jadi — be (to)
jadi — become
jadi — consequently
jadi — so
jadi — therefore
jadi — thus
jadi — will do
jadi — makes it (that)
jadwal — schedule
jadwal perjalanan — schedule
  (travel)
jaga — guard (to)
jago — cock
jago — good
jago — leader
jagoan [formal] — champion
jagoan [use in jest] — head of
  (class)
jagung — corn
jagung — maize
jahat — wicked
jahit — sew (to)
Jakarta Raya — Greater
  Jakarta
jaket — jacket
jaksa — public prosecutor
Jaksa Agung — Attorney-
  General
jala — net
jalan — avenue
jalan — rd., st., ave., blvd.
jalan — road
jalan — street

jalan — way
jalan — go (to)
jalan — means
jalan — method [with what]
jalan — path
jalan keluar — way out (a)
jalan raya — boulevard
jalan raya — highway
jalan raya — main road
jalan-jalan — walk (go for a)
jalan-jalan — leisurely walk
jalanan — road
jalanan — path
jalannya — course of (the)
jalannya — functioning of (the)
jalannya — operation of (the)
jalannya — performance
jam — clock
jam — watch
jam — hour
jam — o'clock
jam berapa — what time
jam berapa? — time (what)?
jam malam — curfew
jam setengah [8, dsb.] — half an hour before [8 etc.]
jam tangan — watch
jamaah/jemaah — Muslim community
jaman — era
jaman — period [of time]
jaman sekarang — nowadays
jaminan — guarantee
jamrud — emerald
jamu — dried herbs [medicine]
jamuan makan — banquet
jangan — do not
jangan — don't
jangan bikin sibuk — don't bother youself

jangan ganggu anak itu — bother that child (don't)
jangan gitu dong — do that (don't)
jangan gitu dong — say that (don't)
jangan jauh-jauh — far (don't go too)
jangan kuatir — don't worry
jangan lagi — longer (don't do it any)
jangan lama-lama — time (don't take too much)
jangan ngebut — hurry (don't be in a)
jangan sentuh — don't touch
jangan-jangan — most probably
jangan-jangan — perhaps
janganlah — do not
janganlah kita — let us not
janggut — beard
jangka waktu — duration
jangka — period [of time]
jangka lama — long term
jangka lama — long-range
jangka panjang — long term
jangka waktu — time period
jangka waktu — period of time
janji — appointment
janji — promise (to)
jantung — heart
jantung (serangan) — heart attack
jantung cangkokan — heart-transplant
jantung hati — sweetheart
jarak — distance
jarang — rarely
jarang — seldom
jari — finger

jari – toe
jaringan – network
jarum – needle
jas – coat
jasmani – physical
jatah (tahunan) – quota (annual)
jatuh – drop (to)
jatuh – fall (to)
jatuh tidak keruan – fall in a heap
jatuh tidak keruan – heap (fall in a)
jatuhnya – drop (the)
jatuhnya – fall (the) (slang)
jauh – distant
jauh – far
Jawa – Java
Jawa Barat – West Java
Jawa Tengah – Central Java
Jawa Timur – East Java
jawab – answer (to)
jawaban – answer (an)
jawaban – reply
jawatan – agency
jawatan – bureau
jawatan – department
jawatan – office [physical space]
jelas – clear
jelas – plain
jelas-jelas – clearly
jelasnya – clarification [slang]
jelek – bad
jelek – ugly
jemaah haji – group of haji pilgrims
jembatan – bridge
jempol – thumb
jemput – pick up (to)
jenazah – body [corpse]
jenazah – corpse

jenazah – mortal remains
jendela – window
Jenderal – General
jenggot – beard
jenis – breed
jenis – classification
jenis – type
jenis – genus
jenis – kind
Jepang – Japan
jerami – straw
Jerman Barat – West Germany
jernih – clear [liquids only]
jeruk – citrus fruit
jeruk bali – pomelo
jika – when
jika – if
jinak – tame
jual – sale (on)
jualan – sale [things for]
juara – champion
juara dunia – world champion
juga – also
juga – anyway
juga – even
juga – quite
juga – too
juga bisa – too (so-and-so is O.K.)
juga bisa – possible (will also be)
jujur – sincere
jujur – honest
jumlah – amount of (the)
jumlah – quantity
jumlah – sum
jumlah – total
jumlah – number
jumpa – meet (to)
jungkirkan – tumble (to)

jungkirkan — overturn (to)
juru — skilled worker
juru — trained worker
juru masak — cook
juru tik — typist
juru bicara — spokesman
juru rawat — nurse
jurusan — direction
jurusan — field [academic]
jurusan — major field [i.e. of study]
justru — exactly
justru — fact (in)
justru — precisely
juta — million
jutaan — millions (by the)
jutaan — million (of)

K

kabar — report
kabar — news
kabar angin — rumor
kabar baik — fine (I'm)
kabarnya — reported (it is)
kabarnya — reportedly
kabarnya — say (they)
kabupaten — district
kabupaten — regency
kabut — fog
kaca — glass
kaca — mirror
kaca — pane
kaca jendela — window pane
kacamata [*also* **kaca mata**] — eyeglasses
kadang-kadang — sometimes
kagum — awe-struck
kagum — startled
kain — cloth
kain — cloth material

kain keset — door mat
kaisar — emperor
kakak — older brother
kakak — older sibling
kakak — older sister
kakak ipar perempuan — sister-in-law (older)
kakek — grandfather
kaki — foot [person's]
kaki — leg
kaki — foot [measurement]
kakus — toilet
kala — time
kalah — defeated
kalah — lose (to)
kalangan — circle of people
kalangan pemerintah — circle (government)
kalau — as for
kalau — for (as)
kalau — when [i.e. when you have...]
kalau — if
kalau begitu — case (in that)
kalau begitu — that is the case (if)
kalau begitu — if so
kalau mungkin — possible (if)
kalau-kalau — just in case [slang]
kali — canal
kali — river
kali — times [occurences]
kali — times [multiplication]
kali — maybe [slang]
kali — perhaps [slang]
kali — probably [slang]
Kalimantan — Kalimantan [Borneo]
kalimat — sentence [grammatical]
kamar — room

kamar dagang – chamber of commerce
kamar kecil – restroom
kamar kecil – room (rest)[toilet]
kamar kecil – toilet
kamar mandi – bathroom
kamar tidur – bedroom
kami – us [exclude person addressed]
kami – we [exclude person addressed]
kami – our [exclusive of audience]
kampung – town (home)
kampung – village
kamu – you
kamus – dictionary
kan – so (it is)
kan – is it? [really]
kan – isn't it? [really]
kan – isn't? (it) [slang]
kan? – aren't?
kanak-kanak – children
kanan – right [direction]
kandang – stable [i.e. horse]
kandang – cage [i.e. dog]
kandil – lamp
kandung – contain (to)
kantong – pocket
kantor – office [physical space]
kantor berita – news agency
kantor pos – office (post)
kantor pos – postoffice
kap – hood [auto]
kapal – boat
kapal – ship
kapal penggempur – destroyer
kapal perusak – destroyer
kapal penjelajah – cruiser
kapal perang – warship

kapal rumah sakit – hospital ship
kapal selam – submarine
kapal terbang – airplane
kapan – when [question, repeated action]
kapan lagi – when else
kapas – cotton plant
karang – compose (to)
karang – write (to)
karangan – article
karangan – composition [i.e. writing]
karangan – essay
karcis – ticket
karena – because
karena – reason
karet – rubber
karet gelang – rubber band
kartu – card
kartu kuning – identification card (yellow)
kartu pos – card (post)
karya – creative work
karya – works [i.e. works of art]
karya – opus
karya satya – merit award
karya siswa – student [who is an official]
karyawan – worker [creative]
karyawan – officials
kas – cash
kasar – coarse
kasar – crude
kasar – rough
kasar – rude
kasi tangan – shake hands (to)
kasih – give (to)
kasih sayang – affection
kasih sayang – love

kasih tahu — tell (to)
kasih tahu — inform (to)
kasih tahu — know (let someone)
kasih tahu — let know
kasihan — pity (to have)
kasir — cashier
kasus — case [i.e. business]
kasus — event
kata — say (to)
kata — word
kata kerja — verb
kata orang — say (they)
kata orang — they say
kata pengantar — preface
katak — frog
katakan — say (to)
katakan — state [to utter]
katakan — tell (to)
katanya — said (he/she)
katanya — said (it is)
katanya — they say
katanya — people say
katun — cotton
kau — you [informal usage]
kaum — class [ethnic]
kaum — group
kaum buruh — labor class
kaus — socks
kaus — stockings
kawan — companion
kawan — friend
kawat — cable
kawat — telegram
kawat — wire
kawat berduri — barbed wire
kawat dengan duri — barbed wire
kawin — married (to be)
kawin — marry (to)
kaya — rich
kaya — wealthy

kaya gitu — that (like) [slang]
kaya gitu — like that [slang]
ke — to [a place]
ke — to [going]
ke + (nomor) — forms ordinals [2nd, 3rd, etc.]
keadaan — condition
keadaan — situation
keadaan — status [i.e. of project]
keadaan panik — state of panic
keadilan — justice
keahlian — expertise
keahlian — major
keamanan — safety
keamanan — security
keamanan — peace
keangkasaan luar — outer space
ke arah — direction of (in the)
ke arah — towards
ke atas — top of (to the)
ke atas — over [i.e. age 60]
kebakaran — conflagration
kebakaran — fire
kebangsaan — nationality
kebanyakan — greater part (the)
kebanyakan — majority (the)
kebanyakan — most (the)
kebanyakan — most part (for the)
kebebasan — freedom
kebebasan — liberty
ke belakang — bathroom (to go to the)
kebenaran — correctness
kebenaran — truth
kebenaran — honesty
keberatan — object (to)

keberatan — objection
kebersihan — cleanliness
kebetulan — accidentally
kebetulan — chance (by)
kebetulan — coincidentally
kebetulan — so happens that (it)
kebetulan — happens that (it)
kebiasaan — custom
kebiasaan — habit
kebiasaan — habitually
kebijaksanaan [*also* kebijakan] — policy
kebijaksanaan umum — policy (public)
kebrutalan — brutality
kebudayaan — culture
kebun — garden
kebun — plantation
kebun binatang — zoo
kebusukan — corruption
kebutuhan — needs
kebutuhan hidup sehari-hari — daily essentials
kecamatan — sub-district
kecantikan — beauty
kecelakaan — accident
kecelakaan — crash
kecelakaan — misfortune
kecenderungan — tendency
kecewa — disappointed (to be)
kecil — small
kecil — little
kecil-kecilan — scale (on a small)
kecil-kecilan — small scale (on a)
kecoa — cockroach
kecuali — besides
kecuali — except for
kedatangan — arrival
kedatangan — coming

kedengaran — audible
kedengaran — heard (can be)
kedengarannya — apparently
kedesaan — rural
kediaman — abode
kediaman — residence
kedinasan — service
kedua — both
kedua — second
kedua — two (the)
kedua-duanya — both
keduanya — both [of them]
kedudukan — status
kedudukan — position
kedutaan — embassy
kedutaan — legation
kedutaan besar — embassy
keempat — four (the)
keempat — fourth
keesokan hari — day (the following)
keesokan hari — following day (the)
kegiatan — activity
kegiatan sosial — social activities
kegiatan-kegiatan — activities
kegunting — scissors (be accidentally cut by)
kehabisan — run out of something (to)
kehadiran — attendance
kehadiran — presence
kehakiman — justice
kehendak — desire
kehidupan — life
kehilangan — disappearance
kehilangan — lose (to)
kehilangan — loss
kehilangan akal — desperate (to be)
kehormatan — honor

keikutsertaan – participation
keindahan – beauty
keinginan – desire (a)
keinginan – wish (a)
kejadian – event
kejadian – incident
kejaksaan – public prosecutor's office
kejuaraan – championship
kejujuran – forthrightness
kejujuran – honesty
kejuruan – vocational
kekacauan – chaos
kekacauan – confusion
kekacauan – disorder
kekacauan – disturbance
kekacauan – riot
kekaguman – admiration
kekaguman – amazement
kekaguman – wonder
kekayaan – wealth
ke kebun – garden (to the)
kekeluargaan – family spirit
kekerasan – firmness
kekerasan – force
kekerasan – violence
kekerasan – harshness
kekhilafan – error
kekhilafan – slip
kekhilafan – mistake
kekuasaan – authority
kekuasaan – control
kekuasaan – power
kekuatan – strength
kekuatan – power
kekurangan – deficiency
kekurangan – deficit
kekurangan – shortage
kekurangan – lack (to)
kelainan – deviation
kelakuan – behavior
kelambu – mosquito net

kelambu – net [mosquito]
kelanjutan – continuation
kelanjutan – extension
kelapa – coconut
kelas – class
kelas – grade in school
kelas berat – heavyweight class
kelebihan – majority
kelebihan – surplus/excess
kelihatan – apparently
kelihatan – appear (to)
kelihatan – (appearance)
kelihatan – seems
kelihatan – seen (it can be)
kelihatan – seen (to be)
kelihatan – visible
kelihatan – look (to)
kelihatan – looks like
kelihatannya – appearance
kelihatannya – seems (it)
keliling – around
keliling – tour (to)
keliling – go around (to)
keliru tulis – error (clerical)
kelola [*root* – manage (to)
kelompok – band
kelompok – groups
kelonggaran – easement
kelonggaran – room for play
ke luar – go out (to)
keluar – out (come)
ke luar kota – out of town
ke luar negeri – abroad (to go)
ke luar negeri – foreign
keluarga – family
keluarga – household
keluarga berencana – family planning
keluarkan – take out (to)
keluhan – complaint

kemajuan – progress
kemakmuran – prosperity
kemampuan – ability
kemampuan – capability
ke mana – where [to]
ke mana-mana – anywhere (to)
ke mana-mana – everywhere (to)
ke mana-mana – wherever (to)
kemari – come here
kemari – here (come)
kemarin – yesterday
kemarin dulu – day before yesterday (the)
kemarin malam – night (last)
kematian – death (a)
kembali – back
kembali – back (to go)
kembali – come back
kembali – re [i.e. retype]
kembali – return (to)
kembali – welcome (you're)
kembalinya – change for a large bill
kembang – flower
kembar – twin(s) [match]
kemeja – shirt
kemelut – crisis
kemenakan – nephew
kemenakan – niece
kemenangan – superiority
kemenangan – victory
kementerian – ministry
kementerian luar negeri – foreign ministry
kemerahan-merahan – reddish
kemerdekaan – freedom
kemerdekaan – independence
kempis – flat (tire)
kemudi – rudder

kemudi – steering wheel
kemudi – helm
kemudian – afterwards
kemudian – then
kemudian – later (on)
ke muka – forward
ke muka – front of (to the)
kemukakan – put forward (to)
kemungkinan – potentiality
kemungkinan – possibility
kemungkinan besar – probably
kemurahan – cheapness
kena – affected
kena – come in contact with (to)
kena – struck by
kena – hit by
kena kerugian – struck by loss
kena mata pisau – cut by a knife blade tip (be)
kenaikan – raise
kenaikan – increase
kenal – recognize
kenal – introduce (to)
kenal – know someone
kenalan – acquaintance
kenamaan – famous
kenamaan – well-known
kenapa – why
kenapa sih? – matter (what is the) [slang]
kendaraan – vehicle
kendaraan bermotor – motor vehicle
kemewahan – luxury
kental – heavy [thick sauce or liquid]
kenyataan – fact
kepada – to [a person]

kepada — toward [a person]
kepada pers — journalist (to the)
kepala — chief
kepala — head
kepala — leader
kepala negara — chief of state
kepala sekolah — principal [i.e. of school]
kepala staf — chief of staff
Kepala Staf Angkatan Laut — Navy Chief of Staff
kepariwisataan — tourism
kepastian — certainty
kepastian — cinch
kepastian — sure (for)
kepastian — sure thing (a)
kepemudaan — youth affairs
kependudukan — population [affairs]
kepentingan — importance
kepentingan — interest [self]
kepentingan — stake
kepergian — travel
kepergian — trip
keperluan — demand
keperluan — necessity
keperluan — need
keperluan — purpose
kepingin — want (to)
kepingin — wish
kepolisian — police (the)
kepulauan — archipelago
kepulauan — islands
kepunyaan — possession
kepunyaan — property
keputusan — decision
keputusan — decree
keputusan bersama — consensus
keputusan bersama — decision (joint)

keputusan bersama — joint decision
kera — monkey
keragaman — unanimity
kerajaan — empire
kerajaan — royal
kerajaan — kingdom
kerajinan — diligence
kerajinan tangan — handicraft
kerajinan — industry (small)
kerajinan rakyat — handicrafts
keran — faucet
kerang — shell [i.e. sea]
keranjang — basket
keras — serious
keras — severe
keras — stern
keras — hard
keras — harsh
keras — loud
kerekan — crane [construction]
kereta — carriage
kereta — cart
kereta — train [i.e. railroad]
kereta api — train [i.e. railroad]
kereta api bawah tanah — subway
kereta api cepat — express train
keributan — disturbance
keributan — riot
keributan — fuss
keributan — hubbub
keributan — noise
kering — dry
kerja — do (to)
kerja — does
kerja — doing (be)
kerja — done (thing being)
kerja — work

kerja — work (to)
kerja — job
kerja lembur — overtime work
kerja paksa — forced labor
kerjaan — do (things to)
kerjaan — work
kerjakan — do (to)
kerjakan juga — also do it
kerjasama [*also* kerja sama] — cooperation
kertas — paper
kertas koran — newsprint [paper]
kerugian — loss [financial]
keruntung — piggy bank
kerusakan — damage
kerusakan — injury
kerusuhan — disturbance
kerusuhan — riot
kerusuhan ras — race riot
kesakitan — pain [suffer]
kesal — annoyed
kesan — impression
ke sana — there (to)
kesasar — way (lose one's)
kesasar — lose one's way
kesatuan — unit
kesatuan — unitary
kesebelasan — team [11 men]
kesediaan — available
kesediaan — willingness
kesegaran — health
kesehatan — health
kesehatan baik — health (good)
kesejahteraan — safety
kesejahteraan — welfare
kesejahteraan — well-being
kesejahteraan — prosperity
keselamatan — safety
keseluruhan — budget (entire)
keseluruhan — entirety
keseluruhan — totality
keseluruhan — wholly
keseluruhan — over-all
kesempatan — chance
kesempatan — occasion
kesempatan — opportunity
kesemuanya — all of it
kesemuanya — altogether
kesemutan/sebar — going to sleep [i.e. arms]
kesengsaraan — misery
kesenian — art
kesenian — arts (the)
kesepakatan — agreement
kesetiaan — faithfulness
kesetiaan — loyalty
kesimpulan — conclusion
ke sini — here (come)
ke sini — here (to)
kesukaran — difficulty
kesulitan — complication
kesulitan — difficulty
kesulitan — problem
ketahui — detect
ketahui — find out (to)
ketahui— know (to)
ketakutan — fear
ketawa — laugh (to)
ketegangan — strain
ketegangan — tension
ketemu — meet (to)
ketemukan — find (to)
keterangan — explanation
keterangan — statement
keterangan — information [to inform]
keterangan — proof
ketertiban — discipline
ketertiban — law and order
ketertiban — orderliness
ketetapan — decision
ketiak — arm pit

ketidakmampuan — imbalanced
ketiga — third
ketiga — three (the)
ketiga belas — thirteenth
ketik (mengetik) — type (to)
ketika — when
ketinggalan — leave behind [accidently]
ketinggalan — miss [i.e. the train]
ketok [*also* **ketuk**] — knock (to)
ketrampilan — skill
ketua — chairman
ketua — head
ketua — leader
ketuhanan — divinity
ketuk — knock (to)
keuangan — finances
keuangan — financial
keuntungan — advantage
keuntungan — interest [on money]
keuntungan — profit
kewajiban — obligation
kewiraswastaan — entrepreneurship
keyakinan — certainty
keyakinan — conviction
keyakinan — firm belief
khasiat — value [i.e. medical]
khawatir — fear (to)
khawatir — worry (to)
khawatirkan — concerned about (be)
khawatirkan — fear
khawatirkan — worry about (to)
khusus — special
khusus — particular
khususnya — especially

kikir — stingy
kilap — shine (to)
kilap — glitter (to)
kilo — kilogram
kilogram — kilogram
kilometer — kilometer
kilowatt — kilowatt
kimiawi — chemical
kini — now
kini — present (at)
kira — suppose (to)
kira — think (to)
kira — guess (to)
kira-kira — about
kira-kira — approximately
kiranya — maybe
kiranya — perhaps
kiranya — possibly
kiranya — probably
kiri — left [direction]
kirim — send (to)
kiriman — package
kirimkan — send (to)
kita — us [include person addressed]
kita — we [include person addressed]
kita — our [all included]
kita coba — let us try
kocok — shake (to)
kodak — camera
kok — not so [what you think is]
koki — cook [person]
kolam — pond
kolam — pool [i.e. swimming]
kolom — column [i.e. printed]
kolonel — colonel
komando — command
komentar — commentary
komentar — point of view
kompor — stove

kompor – oven
komputer – computer
kondisi – condition
konperensi – conference
konperensi tingkat menteri – ministerial-level conference
konsep – draft (rough)
konsul jenderal – consul-general
konsultan – consultant
konsumen – consumer
konsumsi – consumption
kontrak – contract
koor – choir
kopi – coffee
kopor – suitcase
koran – newspaper
korban – casualty
korban – sacrifice
korban – victim
korban-korban manusia – casualties
korban-korban manusia – loss of life [i.e. in war]
korek – scrape (to)
korek api – match [for fire]
korporasi – corporation
korsi [also kursi] – chair
korup – corrupt
korupsi – corruption
kosong – empty
kosong – vacant
kota – city
Kota – old city of Jakarta
kota – town
kota tujuan – city (destination)
kota tujuan – place called [i.e. telephone]
kotak – box
kotapraja – municipality
kotor – dirty

kotor – gross [of income, profits]
krim – cream
ku – I
ku – me
ku – my
kuantitatif – quantitative
kuku – nail [i.e. finger]
kuasa usaha – charge d'affairs
kuasa usaha – proxy
kuat – forceful
kuat – strong
kuatir – anxious
kuatir – concerned (to be)
kuatir – worry
kubu beton – concrete bunker
kuburan – grave [i.e. burial]
kubus – cube
kucing – cat
kuda – horse
kue – cake
kue kecil – cookie
kue mangkok – cupcake
kuitansi – bill [i.e. electric, drug store]
kuitansi – receipt [for payment]
kuliah – lecture (attend)
kuliah – lecture [regular]
kuliah – lecture (university)
kulit – animal hide
kulit – cover of book
kulit – skin
kulit – hide [animal]
kulit – leather
kulit – peel (the)
kulit berbulu – fur
kulit berduri – thorny skin
kumis – moustache
kumis – mustache
kumpulan – collection
kumpulkan – collect (to)

kumpulkan — gather (to)
kunci — key
kunci — lock
kunci inggris — monkey wrench
kunjungan — visit (a)
kunjungan kehormatan — courtesy call or visit
kunjungan kehormatan — polite call
kunjungan kehormatan — polite visit
kunjungan perkenalan — courtesy call
kunjungan perkenalan — get-acquainted visit
kunjungan persahabatan — friendly call
kunjungan persahabatan — friendly visit
kunjungi [i.e. a person]— visit (to)
kuno — ancient
kuno — old
kupas — peel (to)
kurang — insufficient
kurang — lack
kurang — less
kurang — minus
kurang — not
kurang — not enough
kurang baik — not good
kurang lebih — approximately
kurang lebih — more or less
kurangi makan — diet (to)
kurangi makan — eat less
kurangi makan tertentu — special diet
kurangnya— decline (the)
kurangnya — decrease (the)
kurangnya — lack
kurangnya — lessening (the)

kursi — chair
kursi malas — easy chair
kursi roda — wheelchair
kursus — academic course of study
kursus — course
kutang — bra
kutipan — quotation
kwantitatif — quantitative
kwitansi — bill [i.e. electric, drug store]
kwitansi — receipt [for payment]

L

laci — drawer
ladang — field [non-irrigated]
ladang — irrigated field (non)
lagi — addition (in)
lagi — again
lagi — further
lagi — longer
lagi — longer (any)
lagi — more
lagi pula — furthermore
lagi pula — moreover
lagu — song
lagu — tune
lagu rakyat — folk song
lah — suffix (stress)
lahan — land
lahir — born (to be)
lain — another
lain — different
lain — other
lain (yang) — other (the)
lain [i.e. hotel] — different [i.e. hotel]
lain kali — another time
lain kali — time (next)

lain kali — next time
laki bini — husband and wife
laki-laki — male
laki-laki (orang) — man
laksamana — admiral
Laksamana Laut — Navy Admiral
Laksamana Muda — Rear Admiral
laksana — as
laksana (*root*) — carry out [i.e. program]
laksana (*root*) — like [resemble]
lakukan — do it (to)
lalat — fly [insect]
lalu — ago
lalu — by (pass)
lalu — then
lalu — last
lalu — pass (to)
lalu — pass by (to)
lalu — pass thru
lalu — past [i.e. last week]
lalu lintas — traffic
lama — long (for time)
lama — old [i.e. time]
lama-kelamaan — in the long run
lama-lama — long time (for a)
lamanya — long (for...)
lama — apply for (to)
lamaran — application [i.e. job]
lambat — wave (to)[goodbye]
lambang keluarga — coat of arms [family]
lambang negara — coat of arm [national]
lambat — slow
lambat — late
lambat (lebih) — later

lampiran — attachment
lampiran — enclosure
lampu — lamp
lampu — light [electric]
lampu lalu lintas — traffic signal
lampu listrik — electric lamp
lampu senter — flashlight
lampu sorot — spot light
lancar — fluent
lancar — smooth
lancar (dengan) — fluently
landasan — airstrip
landasan — anvil
langganan — customers
langgar — violate (to)
langit — sky
langit-langit — ceiling
langkah — act
langkah — step
langkah — measure
langsung — direct [telephone line]
langsung — immediately
langsung pada — direct [to a person]
lanjutkan — continue (to)
lantai — floor
lantai berapa? — floor (what)?
lapang — spacious
lapang — wide
lapangan — area
lapangan — field
lapangan — field of study
lapangan — space
lapangan tenis — tennis court
lapangan terbang — airport
lapangan udara — airport
lapar — hungry
lapor — report (to)
laporan — report

laporan bulanan — monthly report
larang — forbid (to)
larang — prohibit (to)
larangan — prohibition
lari — run (to)
lari — run away (to)
laris — demand (in)
laris — popular
laskar — soldier
laskar — troops
lasykar — soldier
lasykar — troops
lat — late
latihan — exercise [i.e. written]
latihan — training
laut — sea
laut (angkatan) — navy
Laut Tengah — Mediterranean Sea
lawan — against
lawan — foe
lawan — opponent
lawan [i.e. kata] — opposite [i.e. word]
layak — decent
layak — fitting
layak — suitable
layak — proper
layang — drift (to)
layang — float (to)
layar — sail
layar — movie screen
layar lebar — broad-screen
lebah — honey bee
lebar — wide
lebat — dense
lebat — thick
lebat — heavy [i.e. tree with fruit]
lebat [hujan] — hard [rain]

lebih — more
lebih baik — better
lebik baik — superior [value]
lebih banyak — more (much)
lebih besar — bigger
lebih dahulu — advance (in)
lebih dahulu — before [i.e. sequence]
lebih dahulu — beforehand
lebih dahulu — earlier
lebih dahulu — first
lebih dahulu — previously
lebih dari — besides
lebih dari — more than
lebih dingin — colder
lebih kecil — smaller
lebih kurang — approximately
lebih kurang — more or less
lebih lagi — more (even)
lebih lanjut — further
lebih lanjut — more detailed
lebih suka — prefer
lebih tua — older
lebih-lebih — especially
ledak — explode (to)
ledakan — explosion
leher — neck
lekas — early
lekas — quickly
lekas-lekas — fast (do)
lekas-lekas — quick; quickly
lekas-lekas — hurry something up
lelah — tired
lelaki — male
lelaki — man
lelang — auction
lelang — sale
lelucon — joke
lemah — weak [person]
lemari — cupboard
lemari — dresser

lemari — wardrobe [cabinet]
lembaga — institute
lembaga — institution
Lembaga Administrasi Negara — National Administration Institute
Lembaga Pariwisata Nasional — National Tourism Institute
Lembaga Pertahanan Nasional — National Defence Institute
lembar — counter [flat, thin objects]
lembar — sheet
lembar — page
lembur — overtime
lempar — throw
lemparan — throwing (the)
lengan — arm
lengan — sleeve
lengkap — complete
lengkap — comprehensive
lengkap — equipped
lengkap — full
lensa — lens
lepas — free
lepas — loose
lepas pantai — shore (off)
letak — position
letak [*root only*] — stated
letakkan — put something down (to)
letakkan — lay down something (to)
letakkan — set something down (to)
letaknya — location (its)
letih — fatigued
letih — tired
Letnan Jenderal — Lieutenant-General
letus — explode (to)
letusan — explosion

leveransir — supplier
lewat — ago
lewat — via
lewat — go via
lewat — last
lewat — pass (to)
lewat — pass by (to)
lewat — pass thru (to)
lewat — passing
lewat — past
lezat — delicious
liar — illegal
libur tanpa gaji — leave without pay
liburan — vacation
liburan — holidays
licin — slippery
lidah — tongue
lift — elevator
lihat — see (to)
lilin — candle
lilin — wax
limaan — group of five
lima belasan — fiften (costing)
lima puluhan — fifty (costing)
lin — line
lindungi — protect (to)
lindungi diri — self protection
lingkungan — circle
lingkungan — environment
lipat — fold
lipat (jangan) — fold (don't)
lisan — oral
listrik — electric
listrik — electricity
loba — greedy
lobang — hole
logam — metal
loket — window [ticket, teller]
lolos — escape (to)
lompat — leap (to)
loncat — jump (to)

lowongan — vacancy
luar — out
luar — outer
luar — outside
luar biasa — extraordinary
luar biasa — unusual
luar negeri — foreign
luas — area
luas — broad
luas — extensive
luasnya — extent
luas — spacious
luas — vast
luas — large
luas [tanah] — large [land]
lubang — hole
lucu — entertaining [something]
lucu — fun (lots of)
lucu — funny
lucu-lucunya (sedang) — cute [i.e. small child]
lucunya — funny thing is (the)
luka — hurt
luka (yang) — wounded
luka-luka — wound
luka-luka — hurt
luka-luka — injury
luka-luka (yang) — wounded [plural]
luka-luka bakar — burns
luka parah — injury (serious)
lukisan — art painting
lukisan — painting
lulus — pass (to)[an exam]
lumayan — fair [equitable]
lumayan — soft
lunak — tender [for meat]
lupa — forget (to)
lurah — chief (village)
lurah — village chief
lurus — straight

lusa — day after tomorrow (the)
lusin — dozen
lutut — knee
lutut (ber) — kneel (to)

M

maaf — excuse me
maaf — sorry (I'm)
maaf saja — please excuse it [sarcastic]
maafkan — excuse [me, someone, something]
mabuk — drunk
macam — sort of (a)
macam — type of
macam — kind of
macam-macam — various
macam-macam — kinds of
macan — tiger
macet — jam [i.e. traffic]
macetnya — clogging up (the)
macetnya — jamming up
madu — co-wife
madu — honey [from hèes]
magang — apprentice
mahal — expensive
mahasiswa — college student
mahasiswa — student [at university/college]
mahasiswa — university student
mahkamah — court of justice
mahkamah — justice (court of)
mahkamah agung — supreme court
mahkamah pengadilan — court room

mahkamah pengadilan — room (court)
main — play (to)
main peran — role playing
main-main — play around
mainan — toy
majalah — magazine
majelis — assembly
majelis — chamber
majelis — council
majelis rendah — lower house
majikan — boss
majikan — employer
maju — advance (to)
maju — advanced (to be)
maju — go forward (to)
maju — move forward
maju — progress (to)
maju — progressive
maka — accordingly
maka — so
maka — then
maka — therefore
maka — thus
maka itulah — why (that is)
makalah — essay
makam — cemetary
makam — grave
makam — graveyard
makan — eat (to)
makan pagi — breakfast
makan waktu — time (it takes)
makanan — food
makanan — meal
makannya — eating (way of)
makannya — way of eating
makanya — that is why
makin — increasingly
makin — more (all the)
makin... makin... — more... the more... (the)

makin kuat — getting strong
makin lama — getting older
maklum — understand
maklum — informed
maklumi — know (to)
makmur — prosperous
maksud — intent
maksud — intention
maksud — meaning
maksud — purpose
malahan — contrary (on the)
malahan — eventhough
malahan — indeed
malam — evening
malam — night
malam — night (late at)
malam (lebih) — night (later at)
malam hari — night-time
malam harinya — evening (the)
malam harinya — night of that day
malam ini — tonight
malas — idle
malas — lazy
malih — change into something else
malu — ashamed (to be)
malu — embarrassed
malu — shy
malu-malu — bashful
Maluku — Moluccas (the)
mampir — drop in (to)
mampu — able [i.e. a person is]
mampu — afford to (can)
mampu — can afford
mampu — capable of
mana — where
mana — which
mana ah! — that cannot be so

mana bisa? − how is it possible?

mana saja − anyone will do

mana-mana − anywhere at all

manakala − whenever

mana pun juga − whatsoever

mana pun juga − wherever

mancing − fishing

mandataris − mandataris [title in government]

mandi − bath (to have a)

mandi − bath (to take a)

mandi − bathe

mandiri − independent [i.e. person]

mangkok − cup

manis − sweet

mantu perempuan − daughter-in-law

mantu laki-laki − son-in-law

manusia − human being

manusia − man

manusia − mankind

map − portfolio

map gantung − file [i.e., older office]

marah − angry

mari − come here

mari − come on

mari − come on, let's

marinir − marine(s)

markas besar − headquarters

Markas Besar Angkatan Laut − Navy Headquarters

Marsekal Udara − Air Mahshall

mas − gold

mas − term to call waiter

masa − time

masa − period

masa depan − future

masa itu − at that time

masa remajanya − adolescence

masa tuanya − old age

masa tugas − duty (tour of)

masa! − possible (how is it)!

masa? − how is it possible?

masaalah − matter

masak − cook (to)

masak − ripe [fruit]

masakan − food (cooked)

masakan − cuisine

masakannya − cuisine (its)

masalah − question

masalah − issue

masalah − matter

masalah − problem

masih − still

masih − yet

masih capek − still tired

masing-masing − each

masing-masing − respective goals [each to their]

masing-masing − respectively

massa − mass [large amount]

masuk − come in (to)

masuk − enter (to)

masuk − go in (to)

masuk − in (come)

masuk akal − sense (to make)

masuk ke dalam − indent [i.e. 5 spaces)

masyarakat − community

masyarakat − society

masyarakat − people (the)

masyhur − famous

mata − eye

mata kaki − ankle

mata pelajaran − subject

mata pelajaran − subject of instruction

mata pelajaran − instruction [subject of]

mata pencaharian − livelihood (means of)
mata pisau − blade (knife)
mata pisau − knife blade
mata uang − coin
mata uang − currency
matahari − sun (the)
mati − dead
mati − die (to)[i.e. animal]
matikan − kill (to)
matikan − turn off
matikan − murder (to)
mau − want (to)
mau − will
mau − wish (to)
mau − like to (would)
mau saja − course I want (of)
maunya − desire (your, his, her, its)
maupun (baik...) − both
maupun (baik... maupun)− as well as
mayat − corpse
mebel − furniture
medali − medal
medan − field
medan pertempuran − battle field
meja − table
meja makan − dining table
meja tulis − desk
meja tulis − writing table
melahirkan − baby (to deliver a)
melahirkan − bear a child (to)
melahirkan − birth (to give)
melahirkan − deliver a baby
melahirkan − give birth to (to)
melaksanakan − carry out (to)
melaksanakan − implement

melaksanakan kerja sama − set up cooperation (to)
melakukan − carry out (to)
melakukan − do (to)
melakukan − execute (to)[i.e. a job]
melakukan (lakukan) − undertake (to)
melakukan infiltrasi− infiltrate (to)
melakukan keributan − trouble (to make)
melakukan keributan − fuss (to make a)
melakukan konsesi − concessions (to make)
melakukan kunjungan − visit (to make a)
melakukan pemboman − bomb (to)
melakukan pemogokan − strike (to carry out a)[labor]
melakukan perundingan − conference (to hold a)
melakukan perundingan − negotiations (to carry out)
melalui − via (to go)
melalui − go by (to)
melalui − go thru (to)
melalui − pass (to)
melamar − apply for a job (to)
melambai − wave (to)[goodbye]
melampirkan − appendix
melampirkan − attach (to)
melampirkan − enclose (to)
melancarkan − carry out (to)
melancarkan − expedite (to) [i.e. a process]
melancarkan − launch (to)
melanda − destroy (to)

melanda — strike (to) [something]

melanggar — break (to) [i.e. a law]

melanggar — collide with (to)

melanggar — violate (to)

melangsungkan — carry out (to)

melangsungkan — hold (to)

melangsungkan — perform (to)

melanjutkan — continue (to)

melanjutkan pelayaran — continue a voyage (to)

melantik — install in office (to)

melaporkan — report (to)

melarang — ban (to)

melarang — forbid (to)

melarang — prohibit (to)

melatih — train (to)[teach]

melawan — against (to be)

melawan — oppose (to)

melawat — trip (to take a)

melayang — drift (to)

melayang — float (to)

meledak — explode (to)[i.e. bomb]

melempar — throw (to)

melengkapi — complete (to)

melengkapi — equip (to)

melengkapi — supply (to)

melepas — see off (to)

melepaskan — fire (to) [someone]

melepaskan — release (to)

melepaskan — set free (to)

melepaskan — give up (to)

melepaskan — liberate (to)

melepaskan anjing — set the dog free (to)

meletakkan — place (to)

meletakkan — put (to)

meletakkan jabatan — resign from office

meletus — erupt (to)

meletus — explode (to)[i.e. gun shot]

melihat — see (to)

melihat — look (to)

melihat [i.e. see a person] — visit (to)

melihat-lihat — around (look)

melihat-lihat — look around (to)

melindungi — protect (to)

melintasi — cross (to)

melintasi — cross over (to)

melintasi — flash by (to)

melipat — fold (to)

meliputi — cover (to)

meliputi — include (to)

meloloskan — free (to) [someone/something]

meloloskan diri — escape (to)

meloloskan diri — flee (to)

melompat — jump (to)

meloncat — jump (to)

melonjak — jump up (to)

melonjak — leap up (to)

melukiskan — portray (to)

melumpuhkan — paralyze (to)

meluruskan — straighten up (to)

memaafkan — forgive (to)

memacetkan — clog up (to)

memacetkan — jam up (to)

memadamkan — turn off (to)[i.e. light]

memakai — use (to)

memakai — using

memakai — wear (to)

memaksakan — compel (to)

memaksakan — force (to)
memalukan (malu) — embarrassed
memamerkan — display (to)
memamerkan — exhibit (to)
memancar — spray (to)
memancar — transmit (to) [i.e. radio]
memancing — entice (to)
memancing — fish (to)
memandang — gaze at (to)
memandang — look at (to)
memang — yes, that is so
memang — indeed
memang betul — so (that is)
memang betul — indeed, that is true
memang demikian — certainly, that is so
memanggil — call (to)
memanggil — summon (to)
memangkas rambut — hair (to cut)
memangkas rambut — grass (to cut)
memanjat pohon — climb a tree (to)
memar — bruise
memasak — bake (to)
memasak — boil (to)
memasak — cook (to)
memasang — assemble (to)
memasang — switch on (to)
memasang — turn on (to)[i.e. light]
memasuki — enter into (to)
memasuki — maddle (to)
memasukkan — include (to)
memasukkan — insert (to)
memasukkan — put in (to)
mematikan — extinguish (to)
mematikan — kill (to)

mematuhi — obey (to)
membaca — read (to)
membagi — divide (to)
membagi-bagikan — distribute (to)
membagikan — allocate (to)
membagikan — distribute (to)
membahas — discuss [to]
membajak — hijack (to)
membajak — plough (to)
membakar — bake (to)
membakar — burn (to)
membalas — answer (to)[letter]
membalas — respond (to)
membalas dendam — revenge (to take)
membalut — bandage (to)
membalut — dress [a wound]
membangun — build (to)[i.e. a building]
membangun — construct (to)
membangun — develop (to)
membangunkan — wake (to) [someone]
membantah — contradict (to)
membantah — deny (to)
membantah — refute (to)
membantu — aid (to)
membantu — assist (to)
membantu — support (to)
membantu — help (to)
membatalkan — cancel (to)
membatalkan — rescind (to)
membatalkan — revoke (to)
membatasi — restrict (to)
membatasi — limit (to)
membawa — bring (to)
membawa — take (to)
membawa — take along
membawa — took

membayangkan — fantasize (to)

membayangkan — imagine (to)

membayar — pay (to)

membebaskan — free (to)

membebaskan — release (to)

membebaskan — liberate (to)

membedakan — distinction (to make a)

membelai — caress (to)

membeli — buy (to)

membeli — purchase (to)

membeli-beli — shopping (to do)

membenarkan — approve (to)

membenarkan — confirm (to)

membengkak (bengkak) — swell (to)

membereskan — put in order

memberi — give (to)

memberi — give to somebody

memberi isyarat dengan tangan — give gesture with hand (to)

memberikan — give (to)

memberikan — give away

memberikan — give something

memberikan — hand over something

memberikan ceramah — give a lecture (to)

memberitahukan — inform (to)

memberitahukan — notify (to)

memberontak — rebel (to)

membersihkan — clean something (to)

membersihkan (bersihkan) — clean (to)

membesarkan — enlarge (to)

membesarkan — making bigger [i.e. raising child]

membetulkan — correct (to)

membetulkan — repair (to)

membiayai — finance (to)

membicarakan — discuss (to)

membicarakan — talk about (to)

membikin — make (to)

membina — build (to)

membolehkan — allow (to)

membom — bomb (to)

membongkar — disassemble (to)

membongkar — dismantle (to)

membual — boast (to)

membuat — build (to)

membuat — do (to)

membuat — make (to)

membuat — prepare (to)

membuat pemimpin — make leader

membubarkan — disperse (to)

membubarkan — dissolve (to)

membuka — open (to)

membuktikan — prove (to)

membungkuk — bow (to)

membungkus — wrap (to)

membungkuskan — wrap up for somebody

membunuh (bunuh) — kill (to)

memburu — chase (to)

memburu — hunt (to)

memburuk — worse (to get)

memburukkan — worsen (to)

membusukkan — corrupt (to)

membutuhkan — need (to)

membutuhkan — need of (be in)

memecahkan — break (to)

memecahkan — solve (to)

memecat – discharge (to)[from job]

memegang – keep (to)

memegang (pegang) – hold (to)

memelihara – breed (to)

memelihara – care for (to)[i.e. geese]

memelihara – raise (to)

memelihara – keep (to)

memelihara – look after (to)[i.e. children]

memelihara (merawat) – maintain (to)[building]

memenangkan – beat (to)

memenangkan – defeat (to)

memendekkan – short (make)

mementaskan – present (to) [i.e. to stage]

mementaskan – present (to)

memenuhi – fill up [something]

memenuhi – fulfill (to)

memenuhi – fill (to)[i.e. tank, form]

memenuhi undangan – fulfill an invitation (to)

memeriksa – check (to)[for errors]

memeriksa – examine (to)

memeriksa – inspect (to)

memeriksa – look into matter

memeriksa – proofread (to)

memerintah (perintah) – govern (to)

memerintah(kan) – command (to)

memerintahkan – give order

memerintahkan – order (give an)

memerintahkan – order (to)

memerlukan – require (to)

memerlukan – need (to)

memerlukan – need of (be in)

memerlukan waktu – require time (to)

memerlukan waktu – need time (to)

memesan – order (to)[i.e. food, ticket]

memesan tempat – reserve a place (to)

memijit – massage (to)

memikirkan – think about

memilih – elect (to)

memilih – select (to)

memilih (pilih) – choose (to)

memiliki – appropriate (to)

memiliki – own (to)

memiliki – possess (to)

memimpin – direct (to)

memimpin – guide (to)

memimpin – lead (to)

memindahkan (pindah) – transfer (to) [something]

meminjam – borrow (to)

meminjami – lend out (to)

meminjamkan – lend (to)

meminta – demand (to)

meminta – require (to)

memisah – separate (to)

menjemput – pick up (to)[i.e. with a car]

memotong – cut (to)

memotong rambut – hair (to cut)

memotong rumput – grass (to cut)

memparkir – park (to)

mempelai – bride at bridegroom

mempelajari – study thoroughly (to)

memperbagus – beautify (to)

memperbaiki — repair (to)
memperbarui — renew (to)
memperbesar — enlarge (to)
memperbuat — make (to)
memperdalam — deepen (to)
memperdulikan — bother
about (to)
memperebutkan — seize (to)
memperebutkan — vie for (to)
memperebutkan — win (to)
mempergunakan — use (to)
mempergunakan — utilize (to)
mempergunakan — make use
(to)
memperhatikan — attention
(pay)
memperhatikan — watch
carefully (to)
memperhatikan — note (to)
memperhatikan — notice (to)
memperhatikan — observe (to)
memperhatikan — pay
attention (to)
memperhatikan — pay heed
(to)
memperhebat — intensify (to)
memperingati — commemorate
(to)
memperkecil — diminish (to)
memperkecil — reduce (to)
memperkecil — smaller (to
make)
memperkecil — lessen (to)
memperkembangkan — develop
(to)
memperkenalkan — introduce
(to)[a person]
memperkuat — strengthen (to)
memperlambatkan — slower
(to make)
memperlambatkan — postpone
(to)

memperlambatkan — put off
indefinitely (to)
memperlancar — facilitate (to)
memperlancar — speed up
(to)
memperlancar — promote (to)
memperlebar — broaden (to)
memperlebar — widen (to)
memperlihatkan — show (to)
memperoleh — get (to)
memperoleh — obtain (to)
memperpanjang — extend
(to)
memperpanjang — lengthen
(to)
memperpanjang — prolong
(to)
mempersalahkan — blame (to)
mempersatukan — unite (to)
mempersembahkan — present
(to)
mempersiapkan — ready (to
make)
mempersiapkan — prepare
(to)
mempersoalkan — argue
(to)[i.e. a point]
mempersoalkan — issue of (to
make an)
mempersulit — complicate (to)
mempersulit — difficult (to
make)
mempertahankan — defend
(to)[i.e. opinion, country]
mempertahankan — maintain
(to)
mempertimbangkan — consider
(to)
mempertimbangkan — consid-
eration (to take under)
mempertunjukkan — show
(to)

mempertunjukkan – perform (to)

mempertunjukkan – present (to)

memproduksi – produce (to)

memprotes – protest

mempunyai – have (to)

mempunyai – own (to)

mempunyai – possess (to)

memuaskan – satisfactory

memuaskan – satisfy (to)

memuaskan – satisfying

memuaskan (puas) – satisfactorily

memuat – contain (to)

memuat – hold (to)

memuat – load (to)

memuat – publish (to)

memuati – load (to)[i.e. a truck]

memudahkan – easier (to make)

memudahkan – facilitate (to)

memujikan – recommend (to)

memukul – beat (to)

memukul – hit (to)

memulai – begin (to)

memulai – start (to)

memungkinkan – enable (to)

memungkinkan – possible (to make)

memuntahkan – vomit up (to)

memutar – turn on (to)

memutar – turning something (keep)

memutuskan, memisahkan – sever (to)

memutuskan (putus) – decide (to)

menabung – save money

menabung – money (to)(save)

menafsirkan – interpret (to)

menahan – arrest (to)

menahan – detain (to)

menahan – withstand (to)

menahan – hold up (to)

menaiki – climb (to)

menaiki – ride on/in (to)

menaiki – up on to (get)

menaiki – get up on to

menaiki – go up to something

menaiki – mount (to)

menaiki tangga – climb stairs

menaikkan – raise (to)

menaikkan – up (cause to go)

menaikkan – go up (cause to)

menaikkan bendera – raise flag

menaksir – estimate (to)

menakuti – frighten (to)

menambah(kan) – increase (to)

menambahkan – add (to)

menampung – accomodation

menanam – grow (to)

menanam – plant (to)

menanam kol (ia) – grows cabbage (he)

menanami – plant (to)

menandatangani – sign (to)

menang – win (to)[i.e. a game]

menangani (tangan) – handle (to)

menanggapi – consider (to)

menanggapi – react to (to)

menanggung – responsible (to be)

menanggung – guarantee (to)

menangis (tangis) – cry (to)

menangkap – arrest (to)

menangkap – capture (to)

menangkap [tangkap] – catch (to)[i.e. a bird, a ball]

menanti — wait (to)
menantikan — wait
menantu laki-laki — son-in-law
menantu perempuan — daughter-in-law
menanyakan — ask (something)
menanyakan — ask about (to)
menanyakan — question (to)
menarik — attract
menarik — attractive
menarik — draw (to) [i.e. pull]
menarik — withdraw
menarik — interesting
menarik — pull out/back (to)
menarik hati — interesting (very)
menarik sekali — very interesting [used more]
menaruh — put (to)
menaruh — put down
menasihatkan — advise (to)
menawarkan — bid (to)
menawarkan — offer (to)
mencakar — claw (to)
mencakar — scratch (to)[by animals]
mencakup — dredge up (to)
mencakup — scoop up (to)
mencalonkan — propose as a candidate
mencampur — mix (to)
mencap — stamp (to)
mencapai — achieve (to)
mencapai — attain (to)
mencapai — reach (to)
mencari — search (to)
mencari — seek (to)
mencari (cari) — look for (to)
mencarikan — find for someone

mencatat — register (to)
mencatat — note (to)(make a)
mencegah — prevent
menceritakan — relate (to)
menceritakan — tell (to)
menceritakan — tell a story (to)
menceritakan — tell about
menceritakan — narrate (to)
mencetak — print (to)
mencintai — love (to)
menciptakan — create (to)
mencit — mouse
mencium — kiss (to)
mencium (cium) — smell(to)[with nose]
mencoba — attempt (to)
mencoba — try (to)
mencuci — wash (to)
mencuci (film) — developing (film)
mencukur — cut hair
mencukur — cut someone's hair
mencukur — shave [someone]
mencukur (cukur) — shave (to)
mencukur rambut — hair (to cut)
mencurahkan perhatian — devote attention to (to)
mencuri (curi) — steal (to)
mendadak — suddenly
mendaftarkan — list (to)
mendaftarkan — register (to)[in school]
mendahului — overtake (to) [i.e. pass a car]
mendaki — climb (to)[i.e. mountain]
mendakwa — accuse someone

mendakwa – bring a case to the court

mendampingi – flank (to)

mendampingi – side of (to be at the)

mendapat – find (to)

mendapat – get (to)

mendapat – obtain (to)

mendapat kembali – retrieve (to)

mendapat penghargaan – receive an award (to)

mendapat potongan – discount [to get a]

mendapatkan – find (to)

mendapatkan – get (to)

mendapatkan – obtain (to)

mendapatkan keuntungan – advantage (to get an)

mendapatkan keuntungan – gain the benefit of (to)

mendarat – land (to)

mendatang – come suddenly (to)

mendatang – coming

mendatang – next

mendatangkan – ship in

mendatangkan – import (to)

mendekati – approach (to)

mendekati – close to (come)

mendengar – hear (to)

mendengarkan – listen to (to)

menderita – suffer (to)

mendesak – urge (to)

mendesak – pressure (to)

mendetil – detail (in)

mendidik – educate (to)

mendirikan – build (to)

mendirikan – erect (to)

mendirikan – establish (to)

mendirikan – found (to)

mendiskusikan – discuss [to]

mendoa – pray (to)

mendoakan – pray for (to)

mendorong – push (to)

menduduki (duduk) – occupy (to)

mendukung – back (to)

mendukung – support (to)

mendung – cloudy

menebang – fell (to)

menegaskan – affirm (to)

menegaskan – confirm (to)

menegaskan – explain (to)

menegaskan – state (to)

menegur – address (to)

menejer – manager

menekan – stress (to)

menelan – swallow (to)

menelan biaya – cost (to)

menelpon [*also* **menelepon**] – phone (call on the)

menelpon kembali – call back (to)[telephone]

menemani – accompany (to)

menembak – shoot (to)

menembaki – discharge (to)[i.e. gun]

menembaki – fire (to)[i.e. gun]

menembaki – shoot (to)

menempatkan – station (to)

menempatkan – position (to)

menempatkan (tempat) – place (to)

menemui – meet with (to)

menemukan – discover (to)

menemukan – find (to)

menengah – middle

menentang – oppose (to)

menentukan – decide on (to)

menentukan – determine (to)

menerangi – illuminate (to)

menerangi – light (provide with)

menerangi – provide with light

menerangkan – clear (to make)

menerangkan – explain (to)

menerangkan – state (to)

menerangkan – inform (to)

menerangkan pelajaran – explain a lesson (to)

menerbitkan – publish (to)

meneriakkan – shout out (to)

meneriakkan – yell out (to)

menerima – accept (to)

menerima – receive (to)

menerima – get (to)

menerima dengan baik – accept (to)

menerobos – break thru (to)

menerobos – penetrate (to)

meneruskan – continue (to)

meneruskan – pass on to (to)

menetapkan – decide on (to)

menetapkan – decree (to)

menetapkan – determine (to)

menetapkan – fix (to)

menetapkan – settle (to)

menewaskan – kill (to)

mengabarkan – announce (to)

mengabarkan – report (to)

mengabdi kepada – dedicate to (to)

mengacuhkan – care about (to)

mengacuhkan – heed (to)

mengacuhkan – pay attention to (to)

mengacuhkan – pay note (to)

mengadakan – arrange (to)

mengadakan – bring into being (to)

mengadakan – carry out (to)

mengadakan – create (to)

mengadakan – hold (to) [a meeting, party]

mengadakan – make (to)

mengadakan acara – give a program (to)

mengadakan acara – make a agenda (to)

mengadakan apel – hold a roll-call ceremony (to)

mengadakan hubungan – establish relations (to)

mengadakan hubungan – make contact (to)

mengadakan kunjungan – make a visit (to)

mengadakan latihan – give training (to)

mengadakan pembaruan – carry out innovations (to)

mengadakan pembaruan – renew (to)

mengadakan pembicaraan – hold discussions (to)

mengadakan pembicaraan – hold talks (to)

mengadakan peninjauan – carry out observation (to)

mengadakan perjalanan – make a trip (to)

mengadakan pertemuan – meeting (to hold a)

mengadakan perundingan – conduct negotiations (to)

mengadakan perundingan – conference (to hold a)

mengadakan referendum – referendum (to hold a)

mengadakan tindakan – measures (to take)

mengadakan wawancara — hold an interview
mengaduk — mix (to)
mengairi — irrigate (to)
mengajak — ask [someone to go some place]
mengajak — urge (to)
mengajak — invite (to)
mengajar — teach (to)
mengajari — train (to)[i.e. teach]
mengajukan — file (to)
mengajukan — submit (to)
mengajukan — suggest (to)
mengajukan — present (to)
mengajukan permintaan — submit a request (to)
mengakhiri — conclude (to)
mengakhiri — end (to)
mengakibatkan — cause (to)
mengakibatkan — consequence of (to have the)
mengakibatkan — result in (to)
mengaku — admit (to)
mengaku — claim to be (to)
mengaku — confess (to)
mengakui — acknowledge (to)
mengakui — admit (to)
mengakui — confess (to)
mengakui — recognize (to)
mengakui (aku) — admit (to)[i.e. guilt]
mengalahkan — beat (to)
mengalahkan — defeat (to)
mengalami — experience (to)
mengalami — undergo (to)
mengalami kerusakan — suffer damage (to)
mengambil — remove (to)
mengambil — take (to)
mengambil — took

mengambil — get (to)
mengambil alih — take over (to)
mengambil keputusan — decision (to make a)
mengambil tempat — place (to take)
mengancam — threaten (to)
mengandung — contain (to)
mengandung — hold involvement (to)
mengandung — include (to)
mengandung — pregnant
menganggap — believe (to)
menganggap — consider (to)
menganggap — deem something to be
menganggap — regard (to)
menganggap — think (to)
mengangguk — nod (to)
mengangkat — appoint (to)
mengangkat — take (to)
mengangkat (angkat) — lift (to)
mengangkut — transport (to)
menganjurkan — encourage (to)
menganjurkan — recommend (to)
mengantar — accompany (to)
mengantar — bring (to)
mengantar — deliver (to)
mengantar — take there
mengantar — give (to)
mengantar ke sini — bring here
mengantarkan — accompany (to)
mengantarkan — deliver (to)
mengantarkan — escort (to)
mengantarkan — see off (to)

mengantarkan — take something for someone

mengantarkan — introduce (to)[i.e. a speaker]

mengantuk — sleepy

menganyam — weave

mengapa — why

mengapa pusing-pusing — why bother

mengapung — floating [i.e. currency]

mengapur — whitewash (to)

mengarang — compose (to)

mengarang — write (to)

mengasihi — love (to)

mengatakan — say (to)

mengatakan — state (to)

mengatakan — tell (to)

mengatasi — surmount (to)

mengatasi — overcome (to)

mengatur — arrange (to)

mengcover [also meliput] — cover a news-story (to)

mengecat — paint (to)

mengecewakan — disappoint (to)

mengecewakan — disappointing

mengedarkan — circulate (to)

mengedarkan — distribute (to)

mengedarkan — pass around (to)

mengelola — manage (to)

mengeluarkan — fire (to)[i.e. from job]

mengeluarkan — put out (to)

mengeluarkan — remove (to)

mengeluarkan — spend (to)

mengeluarkan — take out (to)

mengeluarkan — issue (to)

mengeluarkan — out (to take)

mengeluh — complain (to)

mengembangkan — develop (to)

mengemukakan — bring up (to)

mengemukakan — forth (to put)

mengemukakan — forward (bring)

mengemukakan — forward (to put)

mengemukakan — suggest (to)

mengemukakan — present (to)

mengenai — about

mengenai — concerning

mengenai — hit

mengenakan — put on

mengenakan — put on clothing

mengenal (kenal) — acquainted with (to be)

mengenalkan — introduce (to)[a person]

mengendali — control (to)

mengendalikan diri — control oneself (to)

mengendarai — drive (to)

mengepak — pack (to)

mengepul — billow (to)

mengeritik — criticize (to)

mengerjakan — carry out (to)

mengerjakan — do (to)

mengerjakan sesuatu — do something

mengerti — understand (to)

mengerutkan kening — frown (to)

mengerutkan kening — furrow the brow (to)

mengesankan — impress (to)

mengesankan — impressive

mengetahui — aware of (to be)

mengetahui — find out (to)

mengetahui — realize (to)
mengetahui — know (to)
mengetik — type (to)
mengetuai — chair (to)
mengetuai — head (to)
mengetuai — lead (to)
mengetuai — preside over (to)
mengetuk — knock (to)
menggali — dig
menggambar — draw (to)
mengganggu — disturb (to)
mengganggu — molest
mengganggu sebentar — bother a moment
mengganti — change (to)
mengganti — replace (to)
menggantikan — change (to)
menggantikan — replace (to)
menggantungkan — hang (to)
menggantungkan — hang something up (to)
menggarap — work on/at (to)
menggaruk — scratch (to)
menggelincirkan — derail (to)
menggempur — batter (to)
menggempur — destroy (to)
menggempur — pound (to)
menggendong — arms [i.e. carry a child in the]
menggendong — carry on the back
menggetar — vibrate (to)
menggigit (gigit) — bite (to)
menggoda — lure (to)
menggolongkan — rank
menggondol — carry off (to)
menggondol — walk off with (to)
menggondol — win (to)
menggoreng — pan (cook in a frying)
menggosok — brush (to)

menggosok — polish (to)
menggosok-gosokkan — rubbing something on something (keep)
menggubah — compose (to)
menggulingkan — roll up (to)
menggulingkan — overthrow
menggulingkan — overturn (to)
menggunakan — use (to)
menggunakan — use of (make)
menggunakan — utilize (to)
menggunakan — make use of
menggunting — cut with scissors (to)
menggunting — scissors (cut with)
menghadapi — confront (to)
menghadapi — face (to)
menghadapi — face a fact (to)
menghadapi — face something (to)
menghadiahkan — present (to)
menghadiri — attend (to)
menghadirinya — attend it (to)
menghafal — memorize (to)
menghapal — memorize (to)
menghampiri — approach (to)
menghantam — clash with (to)
menghantam — hit hard (to)
menghapuskan — revoke (to)
menghapuskan (hapus) — abolish (to)
mengharapkan — expect (to)
mengharapkan — express the hope (to)
mengharapkan — hope for (to)
menghargai — appreciate (to)
menghargai — respect (to)

menghargai — value (to)
menghargai — value of (know the)
mengharuskan — require
menghasilkan — produce (to)
menghaturkan terima kasih — express thanks (to)
menghemat — save (to)
menghembus — blow (to)[i.e. by mouth]
menghendaki — demand (to)
menghendaki — desire (to)
menghendaki — want (to)
menghendaki — wish (to)
menghendaki — intend (to)
menghentikan — quit (to)
menghentikan — stop (to)
menghiasi — decorate (to)
menghibur — entertain (to)
menghidangkan — serve (to)
menghilang — disappear (to)
menghilangkan — lose something (to)
menghina — insult (to)
menghindarkan — avoid (to)
menghindarkan — evade (to)
menghindarkan — prevent (to)
menghinggapi — alight on
menghinggapi — perch on
menghirup — breathe in
menghirup — suck in
menghitung — count (to)
menghormati — respect (to)
menghormati — honor (to)
menghubungi — communicate with (to)
menghubungi — contact (to)[i.e. via tel.]
menghubungkan — link (to)
menghubungkan (hubung) — connect (to)
mengijinkan — permit (to)

mengikuti — along (go)
mengikuti — attend (to)
mengikuti — follow (to)
mengikuti — take part in (to)[i.e. test]
mengikuti — participate (to)
menginap — spend the night
menginap — stay overnight
menginap — night (spend the)
menginap — overnight (to stay)
mengingat — remember (to)
mengingatkan — caution (to)
mengingatkan — remind (to)
mengingatkan — warn (to)
menginginkan — desire (to)
menginginkan — want (to)
menginginkan — wish (to)
menginjak — step on
mengintegrasikan — integrate (to)
mengintip — peep (to)
mengira — diagnose
mengira — suppose
mengira — think (to)
mengirim — send (to)
mengirim — ship (to)
mengirim kawat — send a cable (to)
mengirimkan — send (to)
mengirimkan — send off
mengirimkan — ship (to)
mengiringi — accompany (to)
mengisap — inhale (to)
mengisi — fill container (to)
mengisi — fill up (to)[i.e. tank]
mengisi (isi) — fill up (to)
mengizinkan — allow (to)
mengizinkan — permit (to)
mengkilap — shine (to)
mengkilap — glitter (to)

mengoreksi [*also*
  mengoreksi] — correct (to)
mengobarkan — foment (to)
mengobarkan — stir up (to)
mengobarkan — incite (to)
mengobrol — chat (to)
mengobrol — talk (to)
mengocok — shake (to)
mengoperasi — operate (to)
mengorek — scrape (to)
menguap — yawn (to)
menguap — steam, evaporate
  (to)
menguasai — control (to)
menguasai — dominate (to)
menguasai — power over (to
  have)
mengubah — change
  something
mengucapkan — deliver (to)
  [orally]
mengucapkan — express (to)
mengucapkan — state (to)
mengucapkan — utter
mengucapkan — pronounce
  (to)
mengucapkan pidato — make
  a speech (to)
mengudara — air (in the) [fly]
menguji — test (to)
mengukir — carve (to)
mengukur — measure (to)
mengulang — repeat (to)
mengulangi — repeat (to)
mengulangi — review (to)
mengulur-ulur waktu — bide
  one's time
mengulur-ulur waktu — extend
  the time (to)
mengulur-ulur waktu — stretch
  out the time (to)

mengumpulkan — assemble
  (to)
mengumpulkan — collect (to)
mengumpulkan — save (to)
mengumpulkan — gather (to)
mengumumkan — announce
  (to)
mengundang — invite (to)
mengundurkan — retire
  (to)[i.e. from job]
mengundurkan (undur) —
  postpone (to)
mengungkapkan — divulge
  (to)
mengungkapkan — reveal (to)
mengungkapkan — state (to)
mengunjungi — visit (a place)
  (to)
mengunjungi [i.e. a person] —
  visit (to)
mengupas — analyze (to)
mengupas — explain (to)
mengupas — peel (to)
mengurangi — reduce (to)
mengurangi — lessen (to)
menguruskan — arrange (to)
mengusahakan — cultivate (to)
mengusahakan — effort (to
  make an)
mengusahakan — strive for
  (to)
mengusahakan — make efforts
  (to)
mengusahakan — organize (to)
mengusir — chase out (to)
mengusir (usir) — expel (to)
mengusulkan — suggest (to)
mengusulkan — propose (to)
mengutamakan — emphasize
  (to)
mengutuk — condemn (to)
mengutuk — curse (to)

mengutuk — denounce (to)
menikah — married (to get)
menikah (tak) — unmarried
menikmati — enjoy (to)
menilai — evaluate (to)
menimbang — weigh (to)
menimpa — strike (to)
menimpa — hit (to)
meninggal — away (pass)
meninggal — die (to)[person]
meninggal dunia — died
meninggalkan — abandon (to)
meninggalkan — depart (to)
meninggalkan — leave (to)
meninggalkan — leave behind (to)
meningkat — climb (to)[i.e. production]
meningkat — rise (to)
meningkat — grow (to)
meningkat — increase (to)
meningkat — increasing
meningkatkan — escalate (to)
meningkatkan — improve (to)
meningkatkan — increase (to)
meninjau — inspect (to)
meninjau — observe/watch (to)
meniru — imitate (to)
menit — minute
meniup — blow (to)[i.e. by mouth]
menjabat — hold office (to)
menjadi — be (to)
menjadi — become (to)
menjadi — serve as (to)
menjadi basah — wet (become)
menjadi soal — problem (be a)
menjaga — guard (to)
menjahit — sew (to)

menjajah — dominate (to)
menjajah — colonize (to)
menjalankan — carry out (to)
menjalankan — do (to)
menjalankan — drive (to)
menjalankan — execute (to) [i.e. an order]
menjalankan — perform (to)
menjalankan tugas — carry out one's duty (to)
menjamin — responsible (to)
menjamin — guarantee (to)
menjanjikan — agree to (to)
menjanjikan — promise (to)
menjatuhkan — drop (to)
menjatuhkan hukuman — sentence (to)
menjatuhkan hukuman — passed [for judgement to be]
menjatuhkan hukuman — punish (to)
menjawab — answer (to)[telephone]
menjawab — reply (to)
menjelang — around (approaching)
menjelang — before (imminent)
menjelang — prior (to)
menjelaskan — clarify
menjelaskan — clear (to make)
menjelaskan — explain
menjelaskan — state
menjemput — pick up (to)
menjerit — scream (to)
menjerit-jerit — screaming (keep)
menjual — sell (to)
menjumlahkan — add up
menjumlahkan — total up (to)
menjungkirkan — tumble (to)

menjungkirkan — upset (to)
menolak — refuse (to)
menolak — reject (to)
menolak — repel something (to)
menolong (tolong) — help (to)
menonton — watch (to)
menopang — support (to)
mensukseskan — make a success of (to)
mentah — raw [i.e. food]
menteri — minister
menteri koordinator — coordinating minister
menternakkan — breed (to)
menuduh — accuse (to)
menuduh — charge (to)
menuju — aim (to)
menuju — set out for (to)
menuju — towards
menuju — head for (to)
menuju — heading for
menuju — leading to
menukar — change (to)[i.e. money, clothes]
menukar — exchange (to)
menukik — dive (to)
menulis — write (to)
menunaikan — fulfill (to)
menunaikan — pay cash (to)
menunda — delay (to)
menunda — postpone (to)
menundukkan — conquer (to)
menundukkan — subdue (to)
menunggu — expect (to)
menunggu — wait (to)
menunggu — wait for (to)
menunjuk — appoint (to)
menunjuk — point at (to)
menunjukkan — show (to)
menunjukkan — indicate (to)
menunjukkan — point out (to)

menuntut — claim (to)
menuntut — claim to (to lay)
menuntut — demand (to)
menuntut — sue for (to)
menurun — decline (to)
menurun — descend (to)
menurun — drop (to)
menurun — go down (to)
menurunkan — reduce (to)
menurunkan — take down (to)
menurunkan — lessen (to)
menurunkan — lower (to)
menurut — according to
menurut rencana — according to plan
menurut rencana — according to schedule
menutup — close (to)[i.e. door]
menutup — shut off (to)[i.e. gas]
menutupi — cover something (to)
menyajikan — present (to)
menyajikan — serve (to) [i.e. waiter]
menyajikan — testify (to)
menyaksikan — watch (to)
menyaksikan — witness (to)
menyaksikan diri — see with one's own eyes (to)
menyala — flame (to)
menyala — flare up (to)
menyalakan — light (to)
menyalakan — turn on (to)
menyambung — connect (to)
menyambut — receive (to)
menyambut — welcome (to)
menyambut — greet (to)
menyampaikan — convey (to)
menyampaikan — extend (to)
menyampaikan — pass on (to)

menyampaikan salam — regards (to give)

menyanggupkan — promise (to)

menyangkut — concerns something (as)

menyanyi — sing (to)

menyapu — sweep (to)

menyapu — wipe (to)

menyarankan — recommend (to)

menyatakan — declare (to)

menyatakan — explain (to)

menyatakan — express (to)

menyatakan — state (to)

menyebabkan — bring about (to)

menyebabkan — cause (to)

menyebar-luaskan — spread widely (to)

menyeberang — cross (to)[street]

menyeberang — side (go to the other)

menyeberang — other side (go to the)

menyeberangi — cross (to)[street]

menyebut — call (to)

menyebut — refer to (to)

menyebut — state (to)

menyebut — mention (to)

menyebut — name (to)

menyebut-nyebut — refer to (to)[repeatedly]

menyebut-nyebut — state (to)[over and over]

menyebut-nyebut — mention (to)[over and over]

menyebutkan — call (to)

menyebutkan — refer to (to)

menyebutkan — state (to)

menyebutkan — mention (to)

menyebutkan — name (to)

menyediakan — ready (to make)

menyediakan — supply (to)

menyediakan — prepare (to)

menyediakan — provide (to)

menyelenggarakan — arrange (to)

menyelenggarakan — carry out (to)

menyelenggarakan — sponsor (to)

menyelenggarakan — organize (to)

menyelesaikan — complete (to)

menyelesaikan — finish (to)

menyelesaikan — resolve (to)

menyelesaikan — settle (to)

menyelesaikan — solve (to)

menyelidiki — examine (to)

menyelidiki — study (to)

menyelidiki — investigate (to)

menyematkan — fasten (to)

menyematkan — pin (to)

menyembunyikan — hide (to)

menyempurnakan — complete (to)

menyempurnakan — round out (to)

menyempurnakan — perfect (to)

menyenangkan — pleasant

menyenangkan — please (to)

menyepakati — agree (to)

menyerah — surrender (to)

menyerah — give up/in (to)

menyerang — assault (to)

menyerang — attack (to)

menyertai — accompany (to)

menyertai — take part in (to)

menyertai — go along (to)
menyertai — participate (to)
menyerukan — appeal for (to)
menyerukan — call out (to)
menyerupai — resemble (to)
menyerupai — look like (to)
menyerut — crush (to)
menyesalkan — regret (to)
menyesalkan — sorry about (to be)
menyeterika — iron (to)
menyetor — deposit (to)
menyetor — pay (to)
menyetujui — agree to (to)
menyetujui — approve of (to)
menyetujui — ratify (to)
menyewa — rent (to)
menyewa — hire (to)
menyewakan — rent out (to)
menyiapkan — ready (to get) [something]
menyiapkan — make ready (to)
menyiapkan — prepare (to)
menyimpan — away (put)
menyimpan — store (to)
menyimpan — keep (to)
menyimpan — put away
menyinggahi — stop in (to)
menyinggahi — stop off at (to)
menyingkap — reveal (to)
menyingkat — abbreviate (to)
menyingkirkan — remove (to)
menyiram — spray (to)
menyiram — sprinkle (to)
menyisir — comb (to)
menyulam — embroider
menyumbang — contribute (to)
menyumbangkan — contribute (to)

menyumbangkan — donate (to)
menyuruh — do something (tell someone to)
menyuruh — tell to do something
menyuruh — instruct (to)
menyuruh — order (to)[instruction]
menyusahkan — bother (to)
menyusahkan — difficulties (make)
menyusul — come afterwards (to)
menyusul — follow (to)
menyusun — arrange (to)
menyusun — compile (to)
menyusun — draft (to)
menyusun — form (to)
menyusun — organize (to)
merah — red
merah muda — pink
merangkap — double as (to)
merangkul — embrace (to)
merangkul — hug (to)
merapat — approach (to)
merapat — dock (to)
merapat — draw near (to)
merapat — moor (to)
merasa — believe (to)
merasa — feel (to)
merasa — taste (to)
merasa — think (to)
merasa dingin — feel cold
merasa panas — feel hot
merasa sakit — feel sick
meratakan — level (to)
meratakan jalan — smooth the way (to)
meratakan jalan — pave the way

merawat — treat (to) [care for]

merawat — nurse (to)

merayakan — celebrate (to)

merdeka — constraint (free from)

merdeka — free [from constraint]

merdeka — freedom

merdeka — independent

merdu — sound (good)

merdu — sweet (voice)

merebut — seize (to)

merebut — vie for (to)

merebut — win (to)

merebut — won [i.e. I won]

merebut kejuaraan — win the championship (to)

merek — brand

merek — label [trademark]

merek — mark

merek [*also* **merk**] — trademark

merek terdaftar — trademark (registered)

mereka — their

mereka — them

mereka — they

mereka tidak muda lagi — they are no longer young

merencanakan — schedule (to)

merencanakan — plan (to)

merendamkan — immerse in water (to)

mereorganisir — reorganize (to)

meresmikan — dedicate (to)

meresmikan — inaugurate (to)

meresmikan — make official (to)

meriam — cannon

meriam — field-piece

meringkaskan — summarize (to)

merokok — smoke (to)

merosot — decline (to)

mertua — parents-in-law

merubah — alter (to)

merubah — change (to)

merupakan — resemble (to)

merupakan — constitute (to)

merupakan — form (to)

merupakan — formed of (be)

merupakan — represent (to)

merupakan — take the form of (to)

merupakan — like something [appearance]

merusakkan — damage (to)

mesin — machine

mesin cetak — printing machine

mesin pengering rambut — hair dryer

mesin tik — typewriter

mesin tulis — typewriter

Mesir — Egypt

mesjid — mosque

meskipun — although

meskipun — even if

meskipun — even though

meskipun — spite of (in)

meskipun demikian — nevertheless

mesti — be (should probably)

mesti — have to

mesti — must

mesti — should be

mewah — luxurious

mewakili — represent (to)

mewawancarai — interview (to)

milik — possession

milik — property

milik − have (to) [own]
milyar − billion
minat − interest
minggu − week
minggu depan − week (next)
minggu depan − next week
mingguan − weekly
minta − ask for (to)
minta − request (to)
minta − plead (to)
minum − drink (to)
minuman − drink (a)
minyak − oil
minyak bakar − fuel oil
minyak bumi − petroleum
minyak goreng − cooking fat
minyak goreng − cooking oil
minyak goreng − frying oil
minyak mentah − oil (crude)
minyak tanah − kerosene
minyak tanah − petroleum
miring (gambar itu) − sloping
  [that picture is]
mirip − resemble (to)
misal − example
misalnya − e.g.
misalnya − example (for)
misalnya − for example
misalnya − supposing
misalnya − i.e.
miskin − poor
missi (misi) − mission
mobil − automobil
mobil − motor-car
modal − assets
modal − capital [money]
model − style
model pendek − style (short)
mogok − break down (to)
mogok − stall (to)
mogok − strike (to)
mohon − request (to)

montir − mechanic
monyet − monkey
moril − moral
mosi tidak percaya − motion
  of non-confidence
mu [kamu] − your [familiar]
Muangthai [Muang Thai] −
  Thailand [Thai]
muat − contain (to)
muat − load (to)
muatan − cargo
muatan − load
muda − unripe
muda − young
mudah − easy
mudah saja − very easy
mudah-mudahan − hope
  that... (let's)
mudah-mudahan − hopefully
mudah-mudahan − may...
  [wish]
muhibah − good will
muka − face
muka − front
mula-mula − beginning (in
  the very)
mula-mula − beginning (in
  the)
mula-mula − first (doing
  something)
mulai − begin
mulut − mouth
Munchen − Munich
muncul − appear (to)
muncul − emerge (to)
muncul − surface (to)
mundar-mandir [also mondar-
  mandir] − walk about to
  and from (to)
mundur − decline (to)
mundur − retreat (to)
mundur − reverse (to)

mungkin – maybe
mungkin – perhaps
mungkin – possible
mungkin – possibly
mungkin – probably
mur – nut [for bolt]
murah – cheap
murah – inexpensive
murid – student
murid – pupil
murni – pure [i.e. metal]
musibah – sad event
musikus – musician
musim – season
musim hujan – monsoon
musim panas – summer season
musim panas – hot season
musti – have to
musti – must
musuh – enemy
musyawarah – consultation
musyawarah – deliberation
musyawarah – discussion
musyawarah – talk
musyawarah – jointly
mutlak – absolute
mutlak – essential
mutlak – unconditional
mutu – quality
mutunya – quality (the)

N

nabi – prophet [i.e. David]
nafas – breath
nah – well
naik – ascend (to)
naik – board a vehicle (to)
naik – climb (to)

naik – ride in (to).
naik – rise (to)
naik – up (go)
naik – go by (to)[means of i.e. bus]
naik – go onto (to)
naik – go up (to)
naik becak – ride on pedicab
nama – name
nama – name (his)
namanya – name (the)
namanya satire – called satire (it's)
namanya sindiran – called satire (it's)
nampaknya – apparently
nampaknya – appearance (in)
nampaknya – evidently
nampaknya – seems (it)
nampaknya – obviously
namun – still
namun – yet
namun – however
namun – nevertheless
namun (demikian) – anyhow
nanti – afternoon (this)
nanti – by and by
nanti – later [time]
nanti malam – evening (this)
nanti malam – this evening
nanti malam – tonight (later on)
nanti saja – later (just make it)
nanti sore – this afternoon [future]
napas – breath
nasehat (nasihat) – advice
nasehat (nasihat) – counsel
nasi – rice [cooked]
nasi goreng – rice (fried)
nasib – destiny

nasib – fate
nasib – lot in life
naskah – document
naskah – draft
naskah – manuscript
negara – country
negara – state [i.e. of a country]
negara – nation
negara bagian – state [within a country]
negara yang paling didahulukan – most-favored nation
negeri – country
negeri – state [i.e. part of a country]
nelayan – fisherman [livelihood]
nenek – grandmother
neraca – scale [for weighing]
neraca keuangan – financial statement
neraca keuangan – balance sheet
netral – neutral
netto – net
ngopi – coffee (drink)
niaga – trade
nih – this
nilai – value
nilainya – value
nomor – number
nona – Miss
normal – normal
nuklir – nuclear
nusa – island
nya – the
nya – their
nya – them
nya – your [possessive ending]

nya – her
nya – hers
nya – him
nya – his
nya – it
nya – its
nyalakan – turn on
nyamuk – mosquito
nyata – certain
nyata – evident
nyawa – soul
nyawa – life
nyenyak – sound asleep (be)
nyonya – lady
nyonya – ma'am
nyonya – madam
nyonya – Mrs.

O

o, begitu – that so (is)
o, begitu – that's the way it is
obat – medicine
obat nyamuk – musquito repellent
obat serangga – insecticide
obeng – screwdriver
obeng bintang – screwdriver (Phillips)
obor – torch
obyektif – objective
olah – way of doing things
olahraga – sports
oleh – by [a person]
oleh karena – because (of)
oleh karena – reason of (by)
oleh-oleh – souvenir
oleh-oleh – present [small gift]
ombak – breaker [in sea]
ombak – wave [in sea]
omong kosong – nonsense

omzet – salė
omzet – turnover
ongkos – cost
ongkos – costs
ongkos – expense
ongkos – fare
operasi – operation
operasional – operational
optimal – optimum
orang – counterword for people
orang – human being
orang – man
orang – people
orang – person
orang Jerman – German
orang Amerika – American [person]
orang asing – foreigner
orang Belanda – Dutchman
orang lain – other people
orang peminta-minta – beggar
orang tua – old person
orang tua – parents
orang yang tamat belajar – alumni
organisasi – organization
otak – brain
otomatis – automatic

P

pabean – customs [office]
pabean – office(import)
pabrik – factory
pabrik – plant (i.e. mfg]
pada – at
pada – by
pada – during
pada – with
pada – in

pada – on
pada permulaan – beginning (in the)
pada pokoknya – main point is (the)
pada saat – moment (at the)
pada saat ini – time (at this)
pada sekitar – around (all)
pada suatu hari – once upon a time
pada umumnya – general (in)
pada umumnya – generally
pada waktu ini – time (at this)
pada waktu ini – present (at)
paduan – unification
paduan – fusion
paduan suara – choir
pagar – fence
pagi – morning
pagi (lebih) – morning (earlier in the)
pagi buta – morning (very early in the)
pagi tadi – morning (this)
pagi-pagi – early in the morning
pagi-pagi benar – early in the morning (very)
pagi-pagi benar – morning (very early in the)
pagi-pagi sekali – very early in the morning
paginya – morning
paha – thigh
paham – concept
paham – ideology
paham – insight
paham – notion
pahit – bitter [taste]
pahlawan – hero
pajak – duty (levy)

pajak — tax
pajak harta — property tax
pajak penghasilan — income tax
pajak penjualan — sales tax
pak — dad
pak — title [of respect for a man]
pak — Mr. [older male]
pakai — use (to)
pakai — wear (to)
pakaian — clothes
pakaian — dress
pakaian bebas dan rapih — dress (neat and informal)
pakaian dalam — underwear
paksa — forced
paksa [kerja] — forced labor
paku — nail [to hammer]
pala (perkebunan) — nutmeg plantation
pala (pohon) — nutmeg tree
palang merah — red cross
paling — best
paling — most
paling banyak — most (the)
paling cepat — soonest
paling kecil — smallest
paling kecil — youngest
paling lama — latest
paling mahal — most expensive
paling muda — youngest
paling murah — cheapest
paling (te)lat — latest
paling tinggi — highest (at the)
paling tua — eldest
palu, martil — hammer
paman — uncle
pameran — display
pameran — exhibit

pameran — fair [exhibition]
pameran — show
pamong praja — civil service
panas — warm
panas — hot
panas terik — hot [stifling]
panas-panas — hot
panca sila — five pillars
pancasila — five principles
pancaran — emission
pancaran — jet (a)
pancuran — shower [bath]
pandai — clever
pandai — do something (know how to)
pandai — intelligent
pandai — know [how to do something]
pandai bergaul — mixer (good social)
pandang — gaze at
pandang — look at
pangan — food
pangeran — prince
panggang — toasted
panggang — grilled, roasted
panggilan — call
panggilan — summons
panggung — stage [i.e. platform]
pangkal lengan — upper half of arm
pangkalan militer — military base
pangkalan udara — airbase
pangkas — section (to) [i.e. of a fruit]
pangkas rambut — haircut (get a)
panglima — commander
Panglima Angkatan Darat — Commander of the Army

Panglima Angkatan Kepolisian — Commander of Police Forces
Panglima Angkatan Laut — Commander of the Navy
Panglima Angkatan Udara — Commander of the Air Force
Panglima Daerah Militer — Military District Commander
panitia [also **panitya**] — committee
panjang — long
panjang akal — shrewd
panjang lebar — elaborate
panjang lebar (dengan) — elaborately
pantai — beach
pantai — coast
pantai — seashore
pantat — bottom
pantat — buttocks
panti — institution
papan — board [i.e. wood]
papan — plank
para — group
para — plural [to make noun]
parah — serious illness
parah — serious wound
parah — worst [for wound]
parang — sword [short], knife
parit — ditch
parit — trench
pariwisata — tourism
parlementer — parliamentary
partai — political party
partikelir — private
paru-paru — lung(s)
pasang — install (to)
pasang — turn on [i.e. light]
pasangan — fiancée, fiancé, spouse
pasar — market

pasar bursa — stock market
pasar gelap — blackmarket
pasar malam — night market
pasaran — market
pasien — patient [sick person]
pasir — sand
paspor — passport
pasta gigi — tooth paste
pasti — certain
pasti — definite
pasti — fixed
pasti — sure
pasukan — troops
patah — broken [something long, slender]
patuh — obedient
patuh — obey (to)
patung — statue
paus — pope
payung — umbrella
pecah — broken [i.e. glass]
pecah — broken into pieces
pedagang — businessman
pedagang — trader
pedagang — merchant
pedesaan — district
pedesaan — rural
pegang — touch
pegang — hold something (to)
pegang (jangan) — touch (don't)
pegawai — clerk
pegawai — employee [in an office]
pegawai — personnel
pegawai (para) — staff
pegawai negeri — civil servant
pegawai pos — clerk (post office)
pegawai pos — office clerk (post)
pegawai pos — postoffice clerk

pegunungan — mountain area
pejabat (penjabat) — officer [higher officials]
pejabat (penjabat) — official (high)
pejabat (penjabat) — official (senior)
pejabat (penjabat) tinggi — high official
pekan — fair
pekan — week
pekan raya — grand fair
pekarangan — yard
pekerja — worker
pekerjaan — assignment [work]
pekerjaan — work
pekerjaan — job
pekerjaan — performance
pekerjaan rumah — .housework
pekerjaan untuk sebagian waktu — part time job
pel [*also* **pil**] — pill [medicine]
pelabuhan — harbor
pelabuhan — port
pelajar — student
pelajaran — lesson [studies]
pelaksana — implementor
pelaksana — organizer
pelaksanaan — carrying out
pelaksanaan — execution (i.e. an order]
pelaksanaan — implementation of
pelamar — applicant [for job]
pelan — slow
pelan-pelan — slowly
pelancong — tourist
pelantikan — installation
pelantikan (lantik) — inauguration

pelarangan — ban
pelarangan — prohibition
pelaut — sailor
pelayan — servant
pelayan — waiter
pelayan — waitress
pelayanan — service
pelayanan kesehatan — health service
pelayaran — voyage
pelayaran — navigation
pelbagai — various
pelbagai — kinds (several)
pelihara — maintain
pelita (5 tahun) — development (5 year)
pelita — light
pelukis — artist
pelukis — painter
pelupa — forgetful
peluru — bullet
pemabuk — drunkard (a)
pemain — actor
pemain — player
pemakai — user(s)
pemakaian — application
pemakaian — usage
pemakaian — use
pemakaman — cemetary
pemalas — idler (an)
pemalas — lazy person (a)
pemandangan — scenery
pembaca — reader
pembagian — allotment
pembagian — distribution
pembagian — division
pembaharuan [*also* **pembaruan**] — remodeling
pembaharuan — renewal
pembaharuan — renovation
pembajakan — hijacking (a)
pembakaran — burning (the)

pembangunan — building
pembangunan — construction
pembangunan — development
pembantu — assistant
pembantu — servant
pembantu — helper
pembantu — house maid
pembantu — maid
pembayaran — payment
pembebasan — freeing
pembebasan — release
pembebasan — liberation
pembedahan — surgery
pembedahan — operation
pembeli — buyer
pembeli — purchaser
pembelian — buying
pembentukan — establishment
pembentukan — formation
pembentukan — setting up
  (the)
pemberangkatan — departure
pemberangkatan — despatching
pemberangkatan — sending
pemberhentian buruh — work
  stoppage
pemberian — gift
pemberian — giving (the)
pemberian — present (a)
pemberontak — rebel
pemberontakan — rebellion
pemberontakan — revolt
pemberontakan [*also*
  revolusi] — revolution
pembersihan — cleaning (the)
pembesar — vip
pembesar — high official (a)
pembesar — official [high
  official]
pembiayaan — budgeting
pembiayaan — financing
pembiayaan — spending

pembiayaannya — expenses
pembicaraan — discussion
pembicaraan — talk(s) (the)
pembimbing — adviser [for
  student]
pembina — builder
pembina — founder (the)
pembinaan — creation (the)
pembinaan — maintenance
pemboman — bombing (the)
pembuat — maker
pembuat film — film producer
pembuatan — production
pembukaan — opening (the)
pembunuh — murderer (the)
pembunuhan — assassination
  (the)
pembunuhan — killing (the)
pembunuhan — murder (the)
pemburu — hunter
pemegang — holder
pemeliharaan — maintenance
pemerataan — widespread
pemeriksaan — inspection
pemeriksaan — investigation
pemerintah — government
pemerintahan — administration
  (government)
pemerintahan — government
  administration
pemikiran — thinking (the)
pemikiran — thought (the)
pemilihan — election
pemilihan jenis ini — election
  (this type of)
pemilihan pendahuluan —
  primary election
pemilihan umum — general
  election
pemilik — owner
pemilik — possessor

pemilu [acronym] — general election
pemimpin — guide
pemimpin — leader
pemimpin redaksi — chief editor
peminat — enthusiast
peminat — fan
peminat — interested person (really)
pemisahan — division
pemogok — striker
pemogokan — labor strike
pemohon — applicant [i.e. for visa]
pemondokan — boarding-house
pemondokan — house (boarding)
pemrakarsa — initiator
pemuda — young man (a)
pemuda — young person
pemuda — youth (a)
pemuda — person [young]
pemulangan — return home
pemulangan — homecoming
pemungutan suara — balloting (the)
pemungutan suara — poll (the)
pemungutan suara — polling
penahanan — arrest
penahanan — detention
penakut — coward (a)
penambahan — adding to (the)
penambahan — increas or raise (the)
penanaman modal (tanam) — investment (the)
penanaman modal asing — investment (foreign) (the)

penandatanganan — signing (the)
penanganan — handling (the)
penangguhan — cancellation
penangguhan — delay
penangguhan — postponement
penanggung jawab — person who is responsible
penangkapan — arrest
penangkapan — capture
penangkapan — catch [of fish]
penanya — interrogator
penarikan — withdrawal
penasehat [*also* **penasihat**] — adviser
penatausahaan — administration
penataan — system
pencacah — census-taker
pencacah — statistician
pencacahan — census-taking (the)
pencaharian — search
pencaharian — livelihood
pencaharian — living
pencarian — livelihood
pencalonan — candidacy
pencalonan — nomination
pencampur — mixer [i.e. one who mixes]
pencangkokan — transplantation
pencatat — recorder [person]
pencatat — registrar
pencatat — note-taker
pencatatan — registration
pencatatan — note-taking
pencegahan — avoidance
pencegahan — prevention
pencemaran — pollution
pencinta — lover
penciutan — thinning out of

penciutan – narrowing down of

pencopet – pickpoket

pencuci – washer [person]

pencuri – thief

pendahuluan – introduction

pendahuluan – preliminary

pendanaan – funds (allocated)

pendapat – belief

pendapat – idea

pendapat – opinion

pendapatan – revenue

pendapatan – income

pendarahan – hemmorage

pendatang – immigrant

pendek – short

pendekatan – approach (approximation)

pendengar – listener

penderita – sufferer

penderitaan – suffering (the)

pendidikan – education

pendidikan – training

pendidikan dasar – basic education

pendidikan dasar – basic training

pendirian – opinion

penduduk – resident

penduduk – inhabitant

penduduknya – people there (the)

penduduk – population

pendudukan – occupation

penelitian – deep study of

penelitian – explanation

penelitian – research

penelitian – research [activity]

penembak – shooter

penemuan – innovation

penentuan – decision

penentuan – determination

penentuan nasib sendiri – self-determination [of fate]

penerangan – explanation

penerangan – statement

penerangan – illumination

penerangan – information

penerbang – pilot

penerbangan – aviation

penerbangan – flight

penerbit – publisher

penerbitan – edition

penerima – acceptor

penerima – receiver

penerima – recipient

penerimaan – acceptance

penerimaan – receiving (the)

penerimaan – reception

penetapan – regulation

penetapan presiden – presidential decree

pengabdian (abdi) – dedication

pengacara – solicitor

pengadilan – court (law)

pengadilan – trial (court)

pengadilan – trial

pengairan – irrigation

pengajar – teacher

pengajaran – education

pengajaran – teaching (the)

pengakuan – admittance

pengakuan – confession

pengakuan – recognition

pengalaman (alam) – experience

pengalaman kerja – work experience

pengamat – watcher [observer]

pengamat waktu – clock watcher

pengamatan – observation

pengambil keputusan — decision making

pengambilalihan — taking over of (the)

penganan — snacks

pengangguran — lay-off [i.e. work]

pengangguran — unemployment

pengangkatan — appointment [to an office]

pengangkatan — commission

pengangkatan — raising (the)

pengangkatan — lifting (the)

pengangkutan — transportation

pengantar — introduction

pengapalan — shipping (the)

pengarah — steering

pengarahan — guidance

pengarang — author

pengarang — writer

pengaruh — effect

pengaruh — influence

pengaruhnya — influence

pengaturan — coordination

pengawal — guard

pengawal istana — palace guard

pengawas — supervisor

pengawasan — close watch over (the)

pengawasan — control

pengawasan — supervision

pengawasan mutu — quality control

pengawasan produksi — production control

pengelola — manager

pengelolaan — management

pengelompokan — grouping [i.e. separate]

pengeluaran — expenditure

pengeluaran — firing (the) [i.e. from job]

pengeluaran — putting out (the)

pengeluaran — spending (the)

pengeluaran — taking out (the)

pengeluaran — issuance

pengeluaran — outgo

pengembangan — development

pengemis — beggar

pengemudi — driver

pengemudi — manager

pengenal — recognition

pengendali — controller

pengendali — manager

pengendalian — control

pengendara — driver

pengertian — understanding

pengetahuan — knowledge

pengganti — replacement

pengganti — substitute

penggolongan — classification

penggunaan — usage

penggunaan — use

penggunaan — using (the)

penggunaan — utilization

penghabisan — last [thing]

penghargaan — appreciation

penghargaan — esteem

penghargaan — valuation

penghargaan — respect

penghasilan — yield [i.e. financial]

penghasilan — earnings

penghasilan — income

penghematan — economizing (the)

penghematan — saving (the)

penghentian — stopping place

penghibur — entertainer

penghinaan — insult

penghitungan – calculating
penghitungan – figuring
penghormatan – honor
penghormatan – homage
penghubung – connector [person]
penghuni – occupant
pengikut – follower
pengikut – participant
pengirim – sender
pengiriman – sending (the)
pengiriman – shipment
pengiriman – shipping (the)
pengisian – filling in
penglarisan – sale of the day (first)
pengobatan – treatment
pengolahan – preparation
pengolahan – processing (the) [i.e. data, food]
pengumpul – collector [i.e. stamps]
pengumpulan – collection
pengumuman – announcement
pengumuman – notice [i.e. in newspaper]
pengungsi – refugee
pengunjung – visitor
pengurus – committee
pengurus – management
pengurusan – dealing with
pengurusan – arrangement
pengurusan – handling
pengusaha – businessman [or people]
pengusaha – entrepreneur
penindasan – suppression
penindasan – oppression
peninggalan – remnants
peningkatan – escalation
peningkatan – improvement
peningkatan – increase

peningkatan – increasing of
peninjau – observer
peninjauan – observation
penjaga – watcher
penjaga – guard
penjahat – bandit (a)
penjahat – criminal
penjahat – wicked person
penjahit – tailor
penjajagan – sounding out of
penjajahan – domination
penjajakan – commitment
penjara – jail
penjara – prison
penjelasan – clarification
penjelasan – explanation
penjelasan – statement
penjual – seller
penjual tikar – seller (mat)
penjualan – sale
penjualan – selling (the)
penjudi – gambler
penjuru – corner
penolakan – refusal
penolakan – refuse
penolakan – rejection
penolong – helper
penonton – spectator
penonton – looker (on)
pensil – pencil
pentaripan – tarif rates
pentas – stage [i.e. platform]
penting – urgent
penting – important
penuh – complete
penuh – filled (was, to be)
penuh – full
penuh sesak – chock-full
penuh sesak – crowded
penuh sesak – full (chock-)
penuh sesak – very crowded
penulis – author

penulis — secretary
penulis — writer
penulisan — writing of (the)
penumpang — passenger
penurunan — reduction (the)
penurunan — decline (the)
penurunan — lessening (the)
penurunan — lowering (the)
penutupan — closing
penutupan — covering (a)
penutupan — finishing (the)
penyakit — disease
penyakit — sickness
penyakit — illness
penyakit tropis — tropical disease
penyaluran — distribution
penyanggah — antagonist
penyanggah — opponent
penyanyi — singer
penyanyi — vocalist
penyebarannya — spread (its)
penyederhanaan — simplification
penyehatan — improvement [make healthy]
penyehatan — sanitation
penyelenggara — arranger
penyelenggara — sponsor
penyelenggara — organizer
penyelenggaraan — organization
penyelesaian — completion
penyelesaian — ending (the)
penyelesaian — settlement
penyelesaian — solution
penyematan — fastening of
penyematan — pinning on of
penyempurnaan — perfecting of (the)
penyerahan — surrender
penyerahan — transfer
penyesuaian — adjustment

penyesuaiannya — adjustment (the)
penyetoran — deposit
penyetoran — payment
penyewa — rentor
penyiaran — broadcast (the)
penyiaran — spread (the)
penyiaran — publishing (the)
penyimpangan — deviation
penyuluhan — counseling
penyusunan — arrangement
penyusunan — compilation
penyusunan — drafting (the)
penyusunan — formation
penyusunan — organizing
penyusutan — depreciation
peperangan — war
perabot — utensils
perabotan rumah — furniture
perahu — boat (fishing)
perahu layar — sail boat
perairan — waters (territorial)
perak — silver
peralatan — equipment
peralatan — tools
peralatan — implements
peralatan — instruments
perampok — robber
peran — actor
peranan — character
peranan — part
Perancis [*also* **Prancis**] — France
perang — battle
perang — war
perang dingin — cold war
perang dunia — world war
perangkap tikus — mousetrap
perang saudara — civil war
perangkat keras — hardware [i.e. computer]

perangkat lunak — software [i.e. computer]

perangko [*also* **prangko**] — postage stamp

perantaraan — intermediary

perasaan — emotion (the)

perasaan — feeling (the)

peraturan — regulation

peraturan presiden — presidential regulation

perawan — single (unmarried female]

perawatan — maintenance

perbaikan — correction

perbaikan — repair

perbaikan — revision

perbaikan — improvement

perbandingan — comparison

perbandingan — ratio

perbankan — banking

perbantuan — service

perbatasan — border

perbedaan — difference

perbendaharaan — treasury, financial

perbuatan — action

perburuhan — employment

perburuhan — labor [i.e. organization]

percakapan — conversation

percakapan — dialogue

percaya — believe (to)

percaya — trust (to)

percobaan — experiment

percobaan — test

perdagangan — business

perdagangan — commerce

perdagangan — trade

perdagangan bebas — free trade

perdagangan menengah — retail business

perdagangan menengah — retail trade

perdagangan transito — transit trade

perdamaian — peace

Perdana Menteri — Prime Minister

perdebatan — debate

perebutan — seizing (the)

perebutan — vying for (the)

perebutan — winning (the)

peredaran — circulation

peredaran — distribution

peredaran — orbit

perempat — quarter

perempuan — female

perempuan (orang) — woman

perencanaan — .planning (the)

peresmian — announcement (official)

peresmian kabinet (baru) — inauguration cabinet (new)

pergelangan — wrist

pergelangan kaki — ankle

pergelangan tangan — wrist

pergelaran — presentation

pergi — go away (to)

pergi — go out (to)

pergi — leave (to)

pergi (sudah) — out (have gone)

pergi terus — go continuously (to)

pergi terus — go straight

perguruan — teaching institute

perhatian — attention

perhatian — interest (i.e. personal)

perhatian — notice

perhatian (saudara) — attention (your)

perhentian bis — bus stop

perhitungan — calculation
perhitungan — reckoning
perhubungan — communication
perhubungan — connection
perhubungan — relations
peribahasa — saying (a)
peribahasa — proverb
perihal — concerning
perihal — reference
perihal — subject
perijinan — licensing
perikemanusiaan — humanity
periksa — check (to)[for errors]
periksa — examine
periksalah — proofread (please)
perilaku — attitude
perimbangan — balance
perincian — break-down of [specification]
perincian [*also* rincian] — details
perindustrian tekstil — textile industries
peringatan — commemoration
peringatan — warning
perintah — command
perintah — instruction
perintah — order
peristiwa — affair
peristiwa — event
peristiwa — incident
perizinan — licensing
perjalanan — tour
perjalanan — trip
perjalanan — journey
perjanjian — agreement
perjanjian — commitment (a)
perjanjian — treaty
perjanjian — promise (a)
perjuangan — fight

perjuangan — struggle
perkawinan — wedding
perkawinan — marriage
perkebunan — estate
perkebunan — horticulture
perkebunan — plantation
perkembangan — agriculture development
perkenalan — introduction
perkenalkan — introduce (to) [someone]
perkiraan — estimate
perkiraan — prediction
perkumpulan — association [golf, tennis]
perkumpulan — club [i.e. association]
perlahan-lahan — slowly
perlawatan — tour
perlengkapan — equipment
perlengkapan — supply
perletakan — laying down of...
perlindungan — protection
perlu — necessary
perlu — need (to)
perlu — need of (be in)
perlu (tidak) — need (not)
perluasan [*root, luas*] — broader
perluasan [*root, luas*] — extension
permadani — carpet
permadani — rug
permaduan — polygamy
permata — jewel
permintaan — request
permintaan — demand [i.e. economic]
permisi — ask (permission to do something)
permisi — ask (permission to take leave)

permisi — excuse me
permisi — permission [to ask]
permisi dulu — excuse me
permisi dulu — good bye
permisi ya — excuse me
permisi, ya — leave (I must)
permohonan — application
  [i.e. for visa]
permohonan — request
permohonan menarik diri—
  request to resign
permukaan — level
permukaan — surface
permulaan — beginning
permulaan — start
permusyawaratan — conference
pernah — ever
pernah — happened that (it
  has)
pernah — once
pernah menjadi — ever
  become
pernyataan — declaration
pernyataan — explanation
pernyataan — expression
pernyataan — statement
peroleh — obtain
perolehan — result
peron — platform
perpanjangan — extension
perpisahan — farewell
perpisahan — parting
perpustakaan — library
pers — press
persahabatan — friendship
persaingan — competition
persatuan hak-hak sipil — civil
  rights union
persaudaraan — brotherhood
persaudaraan — fraternity
persediaan (sedia) — supply
persegi — sided

persegi empat — square
persegi panjang
  (empat) — rectangle
persenjataan — armament
persenjataan — weaponry
Perserikatan Bangsa-Bangsa —
  United Nations
Perseroan Terbatas
  (PT) — limited [company]
persetujuan — agreement
persetujuan — approval
persetujuan — ratification
persetujuan — treaty
persiapan — preparation
persiapan — set up
persidangan — session
persediaan — supply
persoalan — issue
persoalan — matter
persoalan — problem
personil — personnel
persuratkabaran — press (the)
persyaratan — condition
pertahanan — defense
pertahanan dan keamanan —
  defense and security
pertama — first (ordinals)
pertama kali — first time
pertama-tama — first of all
pertambahan — growth (a)
pertambahan — increase (an)
pertambangan — mining (the)
pertandingan — contest
pertandingan — match [i.e.
  sports]
pertanian — agriculture
pertanian — farming
pertanyaan — question (a)
pertempuran — battle
pertemuan — gathering (a)
pertemuan — meeting (a)

pertemuan lanjutan – further meeting (a)

pertengahan – middle

pertengahan Juni – middle of June

pertengahan bulan – middle of the month

pertimbangan – consideration

pertolongan – help (a)

pertukaran – exchange

pertukaran – trade

pertumbuhan – growth

pertunjukan – performance (stage)

perubahan – alteration

perubahan – change [i.e. in plans]

perubahan-perubahan – changes

perubahan-perubahan – corrections

perumahan – housing (the)

perumusan – formulation

perundingan – conference

perundingan – negotiations

perundingan pendahuluan – preliminary conference

perundingan pendahuluan – preliminary negotiations

perusahaan – business firm

perusahaan – company

Perusahan Film Negara – National Film Company

perusahaan internasional – international business

perusahaan kecil – business (small)

Perusahaan Listrik Negara – National Electricity Company

perusahaan negara – state company

perusahaan pelayaran – navigation company

perusahaan penerbangan – aviation company

perusahaan swasta – private company

perusuh – rioter

perut – stomach

perut sakit – stomach (sick)

perutusan – delegation

perwakilan – agency

perwakilan – representation

perwakilan – delegation

perwira – military officer

pesan – instruction

pesan – message

pesan – order (to)

pesanan – order (an)

pesanan tempat – reservation

pesanan buku – order-book

pesat – rapid

pesawat – airplane

pesawat – telephone extension

pesawat – instrument

pesawat – machine

pesawat [telepon] – extension [telephone]

pesawat pemburu – fighter-plane

pesawat terbang – airplane

pesawat udara – airplane

peserta – participant

pesta – feast

pesta – festival

pesta – party

peta – map

pesta tahunan – annual festivities

peta – chart [organization]

peta – map

petang – afternoon

petang — evening
petani — farmer
petani — peasant
petinju — boxer
petugas — officer [lower officials]
petunjuk — clue
petunjuk — directions
petunjuk — directory
petunjuk — sign
petunjuk — guideline
petunjuk — indication
pewawancara — interviewing
piala — trophy cup
pidato — speech
pihak — side (a)
pihak — side (to take)
pikir — think (to)
pikir — idea
pikiran — mind
pikiran — thinking (the)
pikiran — thought (the)
pikiran — opinion, views
pilek — flu (to have)
pilek — cold (to have)
pilihan — choice
pimpin — lead (to)
pimpinan — guidance
pimpinan — leadership
pimpinan — management
pindah — change places
pindah — shift (to)
pindah — transfer (to)[trains, planes]
pindah — move (to)[to a house]
pindah — move to another place (to)
pindahkan — remove (to)
pinggan — bowl
pinggan — dish
pinggan — plate [dish]

pinggang — waist
pinggir — edge
pinggir — fringe
pinggir — side
pinggir — suburbs
pinggir jalan — street (side of the)
pinggir jalan (di) — side of road (at the)
pinggir (kota) — suburbs
pinggir kota — outskirts of town
pinggiran — edge
pinggiran — fringe
pinggiran — side
pingsan — faint (to)
pinjam — borrow (to)
pinjaman — bond [i.e. in business]
pinjaman (pinjam) — loan
pintar — clever
pintar — smart
pintar — intelligent
pintu — door
pintu gerbang — gate
pipi — cheek
pirang — blond [hair]
piring — dish
piring — plate
piring kecil — saucer
pisah — separate [rooms, plane, car]
pisang — banana
pisau — knife
pisau cukur — razor
pleno — plenary
pohon — tree
pokok — basic thing
pokok — subject
pokok — main point
pokok — point (main)
pokoknya — thing (the main)

pokoknya — main thing (the)
polisi — police
polisi — policeman
polisi militer [PM] — military police [m.p.]
polisi pantai — coastal police
politik — policy
politik — political
politik — politics
polos — sincere
polusi — pollution
pompa — pump
pondamen — foundation [house]
pondok — hut
pormulir — slip (i.e. form)
pos — mail
pos — post
pos komando — command post
potlot — pencil
potong — cut (to)
potong — slice
potong rambut — cut hair
potongan — style (hair)
pra — pre [i.e. before]
Praha — Prague
praktisnya — practically
praktisnya — practice (in)
pramugari — stewardess
prayoga — suitable
presiden — president
prestise — status
prestise — prestige
pria — male, man
pribadi — individual
pribadi — person
pribadi — personal
pribadi — private
pribumi — native [person]
produksi — production

produksi massa — mass production
produksi pangan — food production
produsen — producer
profesi — profession
proyeksi — projection
propaganda — propaganda
propinsi — province
prosentase — percentage
proses — process
proyek — project
PT — limited [company]
puas — content
puas — satisfied
puasa — religious fast
puasa — fasting
publisistik — publicist
publisistik — publicity
pujian — flattery
pujian — priase
pukul — beat (to)
pukul — strike
pukul — hit (to)
pukul berapa — what time
pukul berapa? — time (what)?
pula — again
pula — also
pula — even
pula — too
pulang — come home (to)
pulang — return (to)
pulang — return home (to)
pulang — go home (to)
pulang — home (come)
pulang — home (go)
pulang kerja — come home from work (to)
pulang kerja — work (come home from)
pulang kerja — home from work (come)

pulau — island
pulpen — fountainpen
pulpen — pen
pun — also
pun — and then
pun — even
pun — suffix (stress)
pun — then (and)
pun — too
pun — yet
pun — however
puncak — climax
puncak — summit
puncak — peak
pungli — bribe [of gov't officials]
pungutan — payment
punya — have
punya — own (to)
punya — possess
punya anda — yours
punya gagasan (saya) — idea (I have an)
punya saya — mine
pusar — navel
pusat — center
pusat — central
pusat — navel
Pusat Pendidikan dan Latihan — Education and Training Center
Pusat Kebudayaan — Cultural Center
Pusat Kedutaan — Embassy [Center]
Pusat Penelitian — Research Center
Pusat Penelitian — Study Center
Pusat Reaktor Atom — Atomic Reactor Center

PUSDIKLAT — Education and Training Center
pusing — dizzy
pusing — rotate
pusing (kepala) — dizzy
pusing (kepala) — headache
putar — dial (to)
putar — rotate (to)
putar — turn (on)[something round]
putar-putar — turning (keep)
putarkan — turn around
putera — son
puteri — daughter [formal]
puteri — girl
putra — son
putri — daughter
putus — break to [i.e. in phone line]
putus — break off
putus — broken [i.e. phone connection]
putus — cut off
putus — terminated
putus — off (break)
putusan — decision
putusan hakim — verdict

R

racun — poison
Radio Republik Indonesia — Republic of Indonesia Radio
ragam — various (i.e. sorts)
ragu-ragu — hesitate (to)
rahasia — secret
raja — king
rajin — diligent
rajin — hard working
rajin — industrious
rajin-rajin — diligently

rak − shelf [i.e. book]
rakyat − citizen, citizenry
rakyat − people
rakyat − public
Ramadan − Moslem fasting month
ramah-tamah − cordial
ramah-tamah − friendly
ramai − bustling
ramai − crowded
ramai − festive
ramai − fun (it's)
ramai − lively
ramai − noisy
ramai − project (to) [i.e. into future]
ramal − prophesy
ramalan − forecasting
ramalan − prediction
rambut − hair
rampung − completed
rampung − settled
rancangan − design
rancangan − plan
rangka − frame of
rangka − skeleton
rangka − draft (the)
rangka (dalam) − framework of (in the)
rangkap − duplication
rangkap tiga − triplicate (in)
rapat − close
rapat − conference
rapat − meeting (a)
rapat berlangsung sampai jam dua − meeting lasted until two pm
rapat berlangsung sampai dua jam − meeting lasted for two hours
rapat di luar − meeting outside

rapat kerja − work-meeting
rapat kerja − workshop
rapat mendadak − meeting without previous notice
rapi(h) − neat
rapi(h) − orderly
rasa − feel (to)
rasa − feeling (the/a)
rasa − think (to)
rasa menyesal − feeling of regret
rasio − ratio
rata − even
rata − flat
rata-rata − average (on the)
rata-rata − whole (on the)
ratu − queen
ratu − ruling queen
ratusan − hundreds (by the)
ratusan − hundreds of
rawat − treat (to)
rawat − nurse (to)
raya − greater
rayap − termite
realisasi − realization
reda − abate (to)
reda − die down
regu − squad
regu − team
rekan − colleague
rekan − counterpart
rekening koran − statement (bank)
rekomendasi − recommendation
rela − willing
rem − brake
remaja(nya) − youth (his)
renang − swim
renang (kolam) − swimming pool

renang (lomba) − swimming race
rencana − schedule
rencana − plan (a)
rencana − program
rencana denah − floor plan
rencana kerja − working plan
rendah − low
rendah hati − modest [humble]
rendam − under water (place)
rentetan − series
rentetan − volley
repelita − plan (five year development)
reportase − reporting
repot − busy
repot − complicated
repot − difficult
repot-repot − trouble to go (take the)
repot-repot − go (take the trouble to)
republik − republic
Republik Federasi Jerman − German Federal Republic
Republik Indonesia − Republic of Indonesia
Republic Rakyat Cina − Chinese People's Republic
reserse [*also* **detektif**] − detective
resmi − .formal
resmi − official
resmikan − dedicate (to)
resmikan − inaugurate (to)
resmikan − official (make) (to)
restoran − restaurant
retak − crack
retribusi − assessment [for parking]

ribu − thousand
ribut − noisy
riil − real
ringan − weight (light)[used with tea]
ringan − light [weight]
ringgit − silver coin
ringgitan − value of a silver coin (having the)
ringkas − succinet
ringkas − summary (in)
ringkas (dengan) − succinet
ringkasan − summary
riset − research
riwayat − story
roda − wheel
roh − spirit, life
rok − skirt
rohani − spiritual
rohani − mental
rokok − cigarette
roman − novel
rombongan − entourage
rombongan − group
rombongan − party
rombongan musik − music ensemble
roti panggang − toasted bread
ruang − room [meeting]
ruang − space
ruang − hall
ruang kerja − den (study)
ruang kerja − study
ruang kerja − work room
ruang kerja − office
ruang sidang − conference room
ruangan − column
ruangan − room [meeting]
ruangan − room [large]
ruangan − space
ruangan − hall

rubah [*root*] – change
rugi – suffer loss
rugi – loss (make a)[i.e. financial]
rugi [*financial*] – lose (to)
rukun – harmony [i.e. group]
rukun – harmony
rukun tetangga – neighborhood association
rumah – home
rumah – house
rumah sakit – hospital
rumah susun – apartment
rumah tangga – household
rumit – complicated
rumit – difficult
rumput – grass
rundingan – conference
runtuh – collapse
runtuh – collapse (to)
runtuh – fall (to)
runtuh – topple
runtuhan – debris
runtuhan – rubble
runtuhan – wreckage
rupa – appearance
rupa – form [i.e. person figure]
rupanya – apparently
rupanya – seemingly
rupanya – seems
rupanya – seems (it)
rupanya – looks
rupiah – rupiah
rusa – deer
rusak – broken
rusak – broken down
rusak – damaged
rusak – destroyed
rusak – functioning (not)
rusak – ruined
rusak – out-of-order

S

saat – time
saat – hour
saat – moment
saat ini – now
saat ini – time (this)
saat ini juga – moment (at this)
saatnya – time (it's)
saban – every
sabar – patient
sabarnya – patience
sabot – sabotage (to)
sabun – soap
sadar – aware (be)
sadar – conscious
sadar akan – sensible
sah – legal
sah – official
sahabat – friend
saingan – competition
saingan – competitor
saja – just
saja – merely
saja – only
sajak – poem
saking – account of (on)
saking – on account of
sakit – ache
sakit – sick
sakit – hurt (to)
sakit – ill
sakit – pain
sakit – painful
sakit apa – what's the sickness
saksi – witness
saksian – witness (to)
salah – do the wrong way
salah – error

salah — error (in)
salah — fault (at)
salah — wrong
salah — guilty
salah — mistake
salah — mistaken
salah cetak — error
  (typographical]
salah jalan — way (go the
  wrong)
salah jalan — go the wrong
  way
salah pengertian —
  misunderstanding
salah sambung — wrong
  connection
salah sambung — wrong
  number
salah satu — one of [thing]
salah seorang — one of
  [people, person]
salam — regards
salam — shake hands (to)
salam — greetings
salinan — copy
saling — another (one)
saling — each other (do to)
saling — mutual
saling — one another
saling tuduh — accusing one
  another
saling tuduh — mutually
  accusing
salju — snow
saluran — channel [water or
  diplomatic]
saluran — gutter
sama — same
sama — similar
sama — together
sama — with
sama dengan — equal (to)

sama saja — equal
sama saja — exactly the same
sama saja — same (exactly
  the)
sama sekali — absolutely
sama sekali — completely
sama siapa — whom (with)
sama-menyamakan — treat
  alike (to)
sama-sama — together
sambil — while [at the same
  time]
sambung (ber) — continue (to)
sambungan — continuation
sambut — receive (to)
sambutan — reception
sambutan — welcome
sambutan — welcoming (a/the)
sambutan — greeting (a/the)
sampah — rubbish
sampah — trash
sampah — garbage
sampai — arrive (to)
sampai — as far as
sampai — till
sampai — until
sampai — up to
sampai begitu jauh — as far as
  that
sampai dengan — up to and
  including
sampai nanti — later (till)
sampai saat ini — up to this
  moment
sampai sekarang — as of now
sampai sekarang — up till now
sampai sekarang — up to now
sampaikan — convey (to)
sampainya — arrival
sampo — shampo
sandera — hostage
sandi — code

sandiwara — drama
sandiwara — theatrical group
sandiwara — play (a)
sangat — extremely
sangat — very
sangat — very much
sangat — great degree (to a)
sangat menarik — very interesting
sangat menghemat waktu — save very much time
sangat segera — fast (very) [i.e. mail]
sangsi — doubt (to)
santai — relax
sapi — cow
sapi betina — cow
sapi jantan — bull
sapu — broom
sapu — brush
saputangan [*also* sapu tangan] — handkerchief
saraf optik — optic nerve
saran — suggestion
sarapan — breakfast
sari — juice
sarjana — degree-holder
sarjana — scholar
sarjana — scientist
Sarjana Hukum — LLD [lawyer]
Sarjana Hukum — Lawyer
sasaran — target
sasaran — goal
satu — an
satu — one
satu kaki — foot (one)[i.e. measurement]
satu lagi — another
satu lagi — more (one)
satu per satu — one by one

satu sama lain — with one another
satu-satu — one by one
satu-satunya — one and only (the)
satuan — unit
Satya Lencana — name of a medal
Satya Lencana — name of a merit award
saudagar — merchant
saudara — brother
saudara — relative
saudara — sister
Saudara — you
saudara — your
saudara saya — relative(s) (my)
Saudara-saudara — you [plural]
saudari — miss
sawah — rice field [wet]
saya (ini) — I
saya (ini) — me
saya — my
saya ini — I
saya ini — me
saya membayar uang kerja lembur — I pay money for overtime [work]
saya menulis surat (untuk) — I write a letter for
saya punya — own (I)
saya sendiri — speaking [I, myself]
saya sendiri — myself
saya setuju pada anda — I agree with you
saya tidak tahu — know (I don't)
sayang — darling
sayang — love

sayang (sekali) − it's to bad
sayang (sekali) − pity (it's a)
sayang sekali − too bad
sayap − wing
sayap kiri − left wing
sayur − vegetable
sayur-mayur − vegetables [various]
sayur-sayuran − vegetables of various kinds
se − an
se − one
se-(adjective) mungkin − possible (as adjective as)
se-Indonesia − all-Indonesia
seadanya − finds it (as one)
seadanya − potluck
seakan-akan − as if
seakan-akan − as though
seakan-akan − seemingly
sebab − because
sebab − reason
sebagai − as
sebagai − as the
sebagai − capacity of (in)
sebagai − like [similar]
sebagai apa? − as what? [concerning work]
sebagai berikut − as follows
sebagai berikut − follows (as)
sebagai pengganti − instead of
sebagaimana − as
sebagaimana − like [appearance]
sebagaimana Anda telah tahu − as you already know
sebagai diketahui − as is known
sebagian − some
sebagian − one part
sebagian − part (a)
sebagian − part (in)

sebagian − partially
sebagian besar [sebahagian] − greater part (the)
sebagian besar − large part of
sebagian besar − majorities
sebagian besar − majority
sebagian besar − many of
sebagian besar − most
sebagian waktu − part time
sebaik − as well as
sebaiknya − it would be better if
sebaiknya − would be good if (it)
sebaliknya − vice-versa
sebaliknya − other hand (on the)
sebanyak − amounting to
sebanyak − as many as
sebanyak − as much as
sebanyak − much as (as)
sebanyak − number of (in the)
sebanyak-banyaknya − as much as possible
sebanyak-banyaknya − most (at the)
sebar − spread
sebegitu jauh − so far
sebelah − beside
sebelah − side
sebelah − next to
sebelah − one side
sebelah kaki − one foot ·
sebelah kaki − one leg
sebelum − before [i.e. sequence]
sebelum waktunya − early
sebelumnya − before [i.e. sequence]
sebelumnya − beforehand
sebelumnya − previous

sebenarnya – actually
sebenarnya – fact (in)
sebenarnya – really
sebentar – short while
sebentar – very soon
sebentar – wait a second
sebentar – while (a)
sebentar – minute (for a)
sebentar – moment (a or one)
sebentar lagi – second (just a)
sebentar lagi – longer (just a short while)
sebentar lagi – longer (wait a bit)
seberang – across the street
seberang – opposite [i.e. physical position]
seberang – place across the street
sebersih – clean as (as)
sebesar – amounting to
sebesar – big as (as)
sebesar – great as (as)
sebesar – much as (as)
sebetulnya – actually
sebuah – an
sebuah – one
sebulan – month (a)
sebungkus – pack (a)
sebut – mention (to)
sebut – name (to)
sebutkan – mention it
secara – way of (in the)
secara – method
secara – manner (in a...)
secara bergelombang – sequence (in)
secara bergelombang – waves (in)
secara bergelombang – order (in)

secara berturut-turut – sequence (in)
secara berturut-turut – succession (in)
secara berturut-turut – one after another
secara beruntun – row (in a)
secara beruntun – one after another
secara damai – peaceful way (in a)
secara damai – peacefully
secara efisien – efficiently
secara eksak – exactly
secara kebetulan saja – chance (by)
secara keseluruhan – totality
secara militer – militarily
secara operasional – operationally
secara prinsip – principle (in)
secara rapi(h) – neatly
secara resmi – formally
secara resmi – officially
secara sederhana – simply
secara sederhana – modestly
secara selektif – selectively
secara tenang – calmly
secara tenang – serenely
secara tenang – peacefully
secara terbata – limited way (in a)
secara tergesa-gesa – hurriedly
secara terhormat – honorably
secara terperinci [*also* secara terinci] – detail (in)
secara terus-menerus – continuously
secara tetap – regularly
secara tetap – permanently
sedang – average
sedang – whereas

sedang — while
sedang — process of (in)
sedang — progressive tense auxiliary
sedang apa? — what are you doing?
sedang dikerjakan — process (in the)
sedang lucu-lucunya — fun (in the process being)
sedangkan — whereas
sedangkan — while
sedap — delicious
sedap — nice [to the senses]
sedap — pleasant
sedap — pleasing
sedap dipandang mata — look at (pleasant to)
sedapat mungkin — as will as possible
sedapat-dapatnya — if possible
sederhana — simple
sederhana — plain
sedia — ready
sedia — prepared
sediakan — prepare (to)
sediam — quiet as (as)
sedih — sad
sedikit — bit (a)
sedikit — few
sedikit — little
sedunia — international
sedunia — world-wide
seekor — one
seenak — pleasant as (as)
segala — all
segala macam — all kinds
segala macam — sorts (all)
segala macam — sorts of things (all)
segala macam — kinds (all)

segala sesuatu — each and everything
segala sesuatu — every single thing
segala sesuatu — everything (each and)
segala sesuatu — single thing (every)
segar — fresh
segar-bugar — fresh and fit
segenap — all
segenap — entire
segenap — every
segenap — whole
segera — soon
segera — immediately
segera setelah — soon after
segi — side
segi tiga — triangle
sehabis — finishing (after)
seharga — costing
seharga — value of (at a)
seharga — worth
seharga — price of (at a)
sehari penuh — all day
sehari penuh — whole day
sehari-hari — daily
sehari-hari — everyday
sehari-harian — all day [every day]
sehari-harian — whole day (the)[everyday]
seharian — whole day (the)[one day]
seharusnya — should
seharusnya — ought to
sehat — healthy
sehat dan afiat — safe and sound
sehingga — so as to
sehingga — so that
sehingga — that (so)

sehingga – until
sehingga – up to
sehingga – point that (to the)
sehubungan dengan – connection with (in)
sehubungan dengan – respect to (with)
seimbang – balance (in)
sejagat – world-wide
sejahtera – prosperous
sejak – since
sejalan – accordance (in)
sejalan – compliance (in)
sejalan – parrallel
sejalan – same line [of though]
sejalan – same street
sejalan – line (in)
sejarah – history
sejelas – clear as (as)
sejuk – cool
sejumlah – amounting to
sejumlah – number of (a)
sekali – once
sekali – very
sekali – very much
sekali dua minggu – bi-weekly
sekali ini – time (this)
sekali lagi – time (one more)
sekali tiga bulan – quarterly
sekalian – same time (at the)
sekalian – time (do several things at the same)
sekalian – while
sekaligus – all at once
sekaligus – same time (at the)
sekaligus – simultaneous
sekaligus – simultaneously
sekaligus – once (all at)
sekalipun – although
sekalipun – even
sekalipun – even though

sekalipun – spite of (in)
sekarang – now
sekarang ini – right now
sekarang ini – time (present)
sekarang ini – now (right)
sekarang ini – nowadays
sekarang ini – present (at)
sekarang juga – right now
sekarang saja – now (just make it)
sekeliling – around
sekembalinya – upon returning
sekembalinya – on returning
seketika – immediately
sekian – extent (to such-and-such an)
sekian – such and such an extent (to)
sekitar – about
sekitar – area
sekitar – area around
sekitar – around
sekitar – around (area)
sekitarnya – around it
sekitarnya – environs
sekolah – school
sekolah – school (to attend)
Sekolah Komando Angkatan Darat – Army Command School
sekolah partikelir – school (private)
sekolah partikelir – private school
sekolah tinggi – university
sekretaris – secretary
Sekretaris Jenderal – Secretary General
sekretaris pribadi – secretary (private)

sekretaris umum — general secretary
sekrup — screw
seksama [*also* **saksama**] — careful
seksama — conscientious
seksama — thorough
seksi — section
sektor — sector
sekurang-kurangnya — very least (at the)
sekurangnya — least (at)
sekutu — allied
sekutu — ally
sela jari — between fingers
selagi — during
selagi — when
selagi — while
selagi — addition to (in)
selain — apart from
selain — besides
selain — other than
selaku — as
selaku — on behalf of
selaku — like
selalu — always
selama — as long as
selama — during
selama — for [i.e. time terms]
selama — while
selama — long as (as)[i.e. time]
selama beberapa waktu — sometime (for)
selama ini — all this time
selama ini — during this time
selama ini — up till now
selamat — congratulations
selamat — safe
selamat atas — congratulation for
selamat jalan — good bye

selamat jalan — goodbye [to person leaving]
selamat malam — good night
selamat malam — night (good)
selamat pagi — good morning
selamat pagi — morning (good)
selamat siang — day (good)
selamat siang — good day
selamat sore — good evening
selamat tidur — sleep well
selamat tidur — well (sleep)
selamat tinggal — goodbye [to person staying]
selamatan — feast/celebration
selamatan rumah baru — house warming party
Selandia Baru — New Zealand
selang — hose [i.e. water]
selanjutnya — subsequently
selanjutnya — further
selanjutnya — future (in the)
selanjutnya — henceforth
selatan — south
sele — jam, jelly
sele — marmalade
selebihnya — remainder
selebihnya — rest (the)
selekas mungkin — as soon as possible
selenggarakan — held (be)
selenggarakan — accomplish (to)
selengkapnya — complete (it is)
selesai — after
selesai — complete
selesai — completed
selesai — done
selesai — finish (to)
selesai — finished (to be)
selesai — over

selesaikan – accomplish
selesaikan – complete (to)
selesaikan – finish (to)
selesaikan (anda) – finish (you)
seluas – extensive as (as)
seluas – vast as (as)
seluas – having an area of
seluk-beluk – particulars (the)
seluruh – all
seluruh – entire
seluruh – throughout
seluruh – whole (entire)
seluruhnya – entirely
seluruhnya – wholly
semacam – same kind as (the)
semacam – sort of
semacam – such a
semacam – kind as (the same)
semacam – kind of (a)
semacam – like [appearance]
semacam itu – sort (of that)
semacam itu – such as that
semacam itu – kind (of that)
semacam itu – like that
semahal – expensive as (as)
semakin – increasingly
semakin – more and more
semalam – night (last)
semalam –. night (one)
semalam suntuk – night (all thru the)
semalam suntuk – night long (all)
semalam-malaman – though (all night)
semalam-malaman – whole night (the)
semalam-malaman – night though (all)

semangat – morale
semangat – spirit [personal]
semasa – during
semaunya – as one likes [i.e. he works]
semaunya – at his will
sembahyang – pray (to)
sembahyang Jumat [also Jum'at] – Friday prayers
sembuh – recover
sembuh – heal
sembunyi – hide (to)
semen – cement
sementara – temporary
sementara – while
sementara – provisional
sementara itu – meantime (in the)
sementara itu – meanwhile
seminggu – week (a)
seminggu – week (per)
semoga – hope (to)
semoga – may
sempat – time (have)
sempit – narrow
sempurna – complete
sempurna – well-rounded
sempurna – perfect
semua – all
semuanya – everything
semuanya – all of them
semuanya – them (all of)
semula – beginning (in the)
semula – first (at)
semula – first (the)
semurah – cheap as (as)
semut – ant
senam – exercise [gymnastics]
senang – happy
senang – comfortable
senang – pleased
senang hati – contented

senang hati — satisfied
senang hati — happy
senang-senang — gladly
sendiri — alone
sendiri — self
sendiri — one's self (by)
sendiri — personal [i.e. duty, problem]
sendok — spoon
sengit — terrific
sengit — violent, fierce
senjata — arms [i.e. gun]
senjata — weapon
senjata — gun
sentral — central
sentuh — touch
sentuh (jangan) — touch (don't)
seolah-olah — as if
seolah-olah — as though
seolah-olah — seemingly
seorang — one
seorang — one person
seorang — person (one)
seorang awak kapal — ship crewman (a)
sepagi — entire morning
sepagi — whole morning
sepak kartu — pack of cards (one)
sepakat — agree
sepakbola [*also* **sepak bola**] — soccer
sepanas — hot as (as)
sepanjang — along
sepanjang — length of (the)
sepanjang — long as (as)
sepanjang hari — whole day
sepanjang malam — whole night (through the)
sepanjang malamnya — through (all night)

separoh [*also* **separuh**] — half
sepatah pun — word (single)
sepatu — shoes
sepeda — bicycle
sepenuhnya — completely
sepenuhnya — fully
seperempat — fourth (a)
seperempat — quarter (a)
seperlunya — necessary (as)
seperti — as
seperti — as if
seperti — as the
seperti — like (is)
seperti — such as
seperti biasa — as usual
seperti ini — like this
seperti tersebut di atas — as above
sepi — quiet
sepihak — unilateral
seprei — sheet
sepuluhan — costing ten
sepuluhan — ten (costing)
serah — hand over
serah terima — hand over
serah terima jabatan — turn over position
serahkan — surrender (to)
serahkan — transfer (to)
serahkan — turn something over to someone
serajin — diligent as (as)
serang — assault (to)
serang — attack (to)
serangan — assault
serangan — attack
serangga — insect
serba-serbi — miscellaneous
serbu — attack (to)
serbu — invade (to)
serendah — low as (as)
serep — reserve

serikat – united
serikat buruh – union (labor)
serikat sekerja – trade union
sering – frequently
sering – often
sering rusak – broken (often)
serta – along with
serta – and
serta – as well as
serta – together with
serupa – similar
serupiah – rupiah (one)
sesampai – arriving (on)(upon)
sesak – crowded
sesuai dengan – accord with (in)
sesuai dengan – suitable with
sesuatu – certain (a)
sesuatu – anything
sesuatu – something
sesudah – after
sesudah itu – afterwards
sesungguhnya – actually
sesungguhnya – really
sesungguhnya – truly
setahun – year (a)
setahun – year (per)
setahun sekali – year (once a)
setel – set
setelah – after
setempat – local [area]
setenang – quiet as (as)
setengah – half (a)
setengah – one-half
setengah bulanan – bi-weekly
seterima – receiving (upon)
seterusnya – from now on
seterusnya – henceforth
seterusnya – subsequently
setia – faithful
setia – loyal

setia kawan – loyal friendship
setiap – each
setiap – every
setiap hari – every day
setiap waktu – every time
setiap waktu – time (at any)
setibanya – arriving (on)(upon)
setidak-tidaknya – in any case
setinggi-tingginya – highest (at the)
setor – paid
setoran – rent [for use of equipment]
setori – quarrel (to)
setrika – iron [clothes]
setrikakan – iron (to) [clothes]
setua – old as (as)
setuju – agree (to)
setuju – agreement (to be in)
setuju – approve
sewa – rent
sewaktu – time (at the)
sewaktu – when
sewanya – cost of renting
sewanya – renting (cost of)
sewenang-wenang – arbitrarily
sewenang-wenang – despotically
sewenang-wenang – tyrannically
si – particular (the)[specifies]
sia-sia – in vain
siang – afternoon (early)
siang – forenoon (late)
siang (hari) – daytime
siap – prepared (to be)
siap – ready
siap-siap (mau berangkat) – getting ready [to leave]
siapa – who

siapa nama — what is the name of [person]
siapa saja — everyone
siapa-siapa — anybody
siapa-siapa — anyone
siaran — broadcast
siarkan — broadcast (to)
siasat — strategy
siasat — tactic
sibuk — busy
sidang — session
sifat — character
sifat — characteristic
sifat — nature
sifat — quality
sih — way (by the)
siku — elbow
silahkan [*also* **silakan**] — please [in invitation]
silang — intersecting
simpan — keep (to)
simpan — store (to)
sinar — ray
sinar matahari — sunshine
sinar X — X-ray
singa — lion
singgah — call on somebody (to)
singgah — drop in (to)
singgah — stop by (to)
singgah — stop in (to)
singkat — abridged
singkat — brief
singkat — short
sini — here
sipil — civilian
sipil lengkap — civilian clothes [bus. suit]
siram — spray (to)
siram — sprinkle (to)
siram — water (to)
sirap — shingle [i.e. roof]

sirop — syrup
sisa — left over
sisa — waste
sisa — remainder
sisa — rest (remainder)
sisa waktu — time (reminder of)
si sakit — patient (the)[sick person]
si sakit — sick person (the)
sisi — side
sisir — comb
sistem [*also* **sistim**] — system
siswa — student
situ — there
soal — issue
soal — matter
soal — problem [i.e. math]
soal — question
sobek — torn (be)
sodok — shovel, spade
sok — pretending to be better than one is
sok — put on airs
sombong — pretending to be better than one is
sopan — decent
sore — afternoon (late)
sore — evening
sore hari — evening (the)
sore-sore — late in the afternoon
sosiologi — sociology
sri baginda — his majesty
stadion — stadium
staf — staff
stampel — stamp (for letter)
standard — level
stasiun — station
stasiun pemancar — broadcasting-station
status — status

stoples — glass jar with a stopper

stoples — jar with stopper (glass)

suami — husband

suami-isteri [*also* **istri**] — husband and wife

suap (uang) — bribe

suara — noise

suara — sound

suara — voice

suara — vote

suara blangko — abstaining vote

suasana — atmosphere

suasana — environment

suatu — any

suatu — an

suatu — certain (a)

suatu — one

suatu — some

subuh — dawn

subuh — early morning

suci — holy

suci — sacred

sudah — already done

sudah — bye (it's over now)

sudah — deal (it's a)

sudah — now (by)

sudah jadi — done (be)

sudah jadi (selesai) — finished by now (be)

sudah lama — ago (long time)

sudah lama — long time ago

sudah masak — baked by now (be)

sudah... baru.... — already... before... (be)

sudahlah — forget it (let's)

sudahlah — mind (never)

sudahlah — never mind

sudi — please

sudi kiranya — would you please

sudut — angle

sudut — corner

suka — enjoy

suka — fond of

suka — like (to)[i.e.fond of]

suka kerja keras — likes to work hard

sukar — difficult

suku — ethnic group

suku — group [ethnic]

suku Sunda — Sundanese (the)

suku bangsa — ethnic group

suku bangsa — tribe

suku cadang — parts (spare)

Sulawesi Utara — North Sulawesi (Celebes)

sulit — complicated

sulit — difficult

sulung — eldest

Sumatera — Sumatra

Sumatera Barat — West Sumatra

Sumatera Utara — North Sumatra

sumbang — contribute (to)

sumbang — donate (to)

sumbangan — contribution

sumbangan — donations

sumber — resource

sumber — source

sungai — river

suntik — inject (to)

suntikan — injection

sunyi — quiet

supaya — in order to

supaya — order that (in)

supaya — so as to

supaya — so that

supaya — that (so)

supir — driver
suram — downcast
suram — gloomy
surat — letter [mail]
surat izin — licence
surat izin mengemudi [SIM] —
  driver's license
surat kabar — newspaper
surat kabar harian —
  newspaper (daily)
surat kawin — marriage
  license
surat keterangan —
  identification card
surat-menyurat —
  correspondence
surat obligasi — bond [i.e. in
  business]
surat penghargaan — award
  certificate
surat penghargaan — letter of
  appreciation
surat tanda tamat belajar —
  diploma
surat terdahulu — previous
  letter
surat-surat kepercayaan —
  credentials
survei — survey
susah — difficult
susah — trouble
susah — unhappy
susu bubuk — powder milk
susul — follow (to)
susunan — compilation
sutradara — film director
swasta — private
swasta — private sector
sah — legal
syah — official
syarat — condition
syarat — requirement

syarat — stipulation
syarat — term

T

tabel — table [i.e. of figures]
tabungan — savings
tabungan pos — saving
  (postal)
taburkan — scatter
tadi — aforementioned
tadi — ago (a while)
tadi — ago (some time)
tadi — before [i.e. sequence]
tadi — earlier
tadi — just now
tadi — referred to earlier
tadi — sometime ago
tadi — sometime earlier
  [today]
tadi — while ago (a)
tadi malam — last night
tadi malam — night (last)
tadi pagi — this morning
tadi petang — afternoon (this)
tadinya — before this
tadinya — earlier
tadinya — just now
tadinya — previously
tadinya — this (before)
tafsir — interpretation
tagihan — claim [i.e. for
  expenses]
tahan — bear (to)
tahan — hold up (to)
tahan — withstand
tahan lama — durable
tahapan demi tahapan — step
  by step
tahu — know (to)
tahu — know facts

tahun — year
tahun baru — new year
tahun depan — next year
tahun ini juga — year (this same)
tahun ini juga — year (this very)
tahun kerja — work-year
tahunan — yearly
tajam — sharp
tajuk rencana — editorial
tak — no
tak — not
tak terkalahkan — invincible
tak terkalahkan — unbeaten
tak usah — mind (never), [also: no need to]
takkan — will not
taksi — taxi
taksir — estimate (to)
taksiran — estimate (an)
taksiran kasar — estimate (rough)
takut — afraid
takut — fear
takut — frightened (to be)
taman — park
tamat — end [of film]
tamat — end [of life]
tamat — end [of studies]
tamat — finished
tamat — graduated
tambah — more
tambah — plus
tambah [root] — add (to)
tambah lagi — add more
tambahan — addition (an)
tambahan — supplement(al)
tambahan lagi — addition (in)
tambahnya — added (he)
tambahnya — addition
tambahnya — growth

tambang (perahu) — ferry
tambang — mine [i.e. coal]
tampak — apparent
tampak — evident
tampak — seen
tampak — visible (to be)
tampak hadir — seen present
tampaknya — apparently
tampaknya — evidently
tampaknya — seemingly
tampan — handsome [waist up]
tampan — stylish
tampil — appear (to)
tampil — step forward (to)
tamu — guest
tamu — visitor
tamu agung — exalted guest
tanah — dirt
tanah — earth
tanah — ground
tanah — soil
tanah air — fatherland
tanah air — home country
tanah air — homeland
tanah air — motherland
tanah air — native country
tanah hijau — green land
tanah liat — clay
tanah suci — holy land
tanah usaha — cultivated land
tanam — invest (to)
tanam — plant (to)
tanaman — plant
tanda — indication
tanda — mark
tanda — sign
tanda — signal
tanda bahaya — danger signal
tanda mata — souvenir
tanda tangan — signature
tang — pliers

tangan — arm
tangan — elbow to finger tips
tangan — hand
tangga — ladder
tangga — staircase
tangga berjalan — escalator
tangga berjalan — moving stairs
tanggal [tgl.] — date
tanggapan — reaction
tanggung — bear (to)
tanggung jawab — responsibility
tanggungan — security
tani — farmer
tani — peasant
tanjung — cape
tanpa — without
tanpa syarat — unconditionally
tantangan — challenge
tanya jawab — question-answer session
tanyakanlah — ask (please)
tapak kaki — sole
tapak tangan — palm
tapal batas — border
tapi — but
tapi — still
tapi — yet
taraf — standard
taraf — level [i.e. position, degree]
target — target
tari-tarian — dances
tari-tarian daerah — regional dances
tarian — dance
tarif — fare
tarif — tariff
tarif angkutan — transport fare

tarif angkutan — transport tariff
tarik — pull
tarik becak — drive a pedicab
tarik becak — pedicab (drive a)
taruh — put (to)
tas — bag
tas — purse
tas plastik — plastic bag
tata — arrangement
tata — system [i.e. political]
tata usaha — administration
tata usaha — administrative aide
tawanan — prisoner [i.e. of war]
tawar — bargain (to)
tawar — offer (to)
tawar — tasteless
tawar (air) — fresh water [not salt]
tawaran — offer
tebal — thick
teduh (tempat) — shade
teduh (tempat) — shady
tegal — field [not irrigated]
tehnik — technique, technical
teh — tea
teka-teki — puzzle
teka-teki — riddle
tekanan — emphasis
tekanan — pressure
tekanan — stress
tekanan darah — blood pressure
teknik — technical
telah — already
telah — now (by)
telanjang — naked
telat — late
telepon — call on the phone

telepon — phone (call on the)
telepon — telephone
telinga — ear
teliti — accurate
teliti — intricate
telpon — phone
teluk — bay
teluk — gulf
telur — egg
teman — companion
teman — friend
tembak (men) — shoot (to)
tembak-menembak — skirmish
tembakan — firing
tembakan — shot
tembok [masonry] — wall
tembusan — copy [i.e. c.c.]
tempat — location
tempat — place
tempat — room [place]
tempat — site
tempat — space
tempat asal — origin
tempat hiburan — entertainment place
tempat hiburan umum — entertainment place [for public]
tempat mandi — place to bathe
tempat tidur — bed
tempat tinggal — residence
tempat umum — place (public)
temperatur — temperature
tenaga — energy
tenaga — power [i.e. electric, machine]
tenaga ahli — expert
tenaga kerja — manpower
tenaga kerja — workforce
tenaga pembeli — purchasing power

tenaga-tenaga — officials
tenang — calm
tenang — quiet
tenang-tenang saja — smooth only
tenang-tenang saja — stay calm
tendang — kick (to)
tendang-menendang — kick (to)
tengah — center
tengah — half
tengah — middle
tengah — midst of (to be in the)
tengah hari — half day
tengah hari — midday
tengah hari — noon
tengah jalan (di) — center of road (in the)
tengah malam — midnight
tengah malam — half the night
tengah tahunan — semi yearly
tenggara — southeast
tenggelam — drown (to)
tenggelam — sink (to)
tengkorak — skull
tentang — about
tentang — concerning
tentara — army
tentara — military (the)
tentara — military-man
tentara — soldier
tentara — troops
Tentara Nasional Indonesia — Indonesian Armed Forces
tentu — certain
tentu — certainly
tentu — fixed
tentu saja — certainly
tentu saja — course (of)
tentu saja — of course

tentunya — certainly
tentunya — course (of)
tepat — accurate
tepat — appropriate
tepat — exact
tepat — opportune
tepat — precise
tepat — right
tepat di depan — exactly in
  front
tepi — bank [i.e. of river]
tepi — edge
tepi — side
tepung — flour
ter- [*prefix*] — best, ultimate
terakhir — final
terakhir — last [end]
terakhir — latest
terakhir — latter (the)
terakhir — most recent
terang — bright [not dark]
terang — clear [not dark]
terang — light
terang bulan — moonlight
terang-terang — clearly
terangkan — explain (to)
terangkan — state (to)
terasa — feel (one can)
terasa — felt (one)
terasa — felt (to be)(was)
terasa — noticeable
terbagi atas — divided on the
  basis of (to be)
terbahak-bahak — laughter
  (roar with)
terbakar — burnt (to be)
terbakar — fire (to be on)
terbang — fly (to)
terbang rendah — fly low
terbatas — limited (to be)
terbatas — restricted (to be)
terbatas (tak) — unlimited

terbayang-bayang — mind
  (keep coming into one's)
terbenam — drown
terbenam — sink
terbentuk — established (to
  be)
terbentuk — formed (to be)
terbentuk — set up (to be)
terbentuknya — forming of
  (the)
terbentuknya — setting up of
  (the)
terbesar — biggest (the)
terbesar — greatest (the)
terbesar — largest (the)
terbit — publish (to)
terbit — rise (to)
terbuka — opened (to be,
  was)
terburu-buru — hurry (in a)
tercapai — achieved (to be)
tercapai — attained (to be)
tercapai — reached (to be)
tercatat — noted (to be, was)
tercatat — recorded (to be)
tercatat — registered (to be)
tercengang — surprised (to be)
terdaftar — registered [i.e.
  trademark]
terdahulu — previous, first
terdapat — found (to be)
terdapat — there are
terdiri atas — composed of (to
  be)
terdiri atas — consist of (to)
terdiri dari — composed of (to
  be)
terdiri dari — consist of (to)
terdiri dari — of (consist)
terdorong — encouraged,
  pushed
terendah — least (the)

terendah — lowest (the)
tergabung — combined (to be)
tergabung — federated (to be)
tergabung — united (to be)
terganggu — disturbed (to be)
tergantung — hung (to be)
tergantung — suspended (to be)
tergantung kepada — depend upon (to)
tergantung pada — depend on (to)
tergantung pada itu — depends on (that)
tergelincir — slip (to)[on street, etc]
tergunting — unintentionally cut by seissors
terhadap — about
terhadap — against
terhadap — concerning
terhadap — towards
terhadap — with respect to
terharu — moved (to be) [emotionally]
terharu — touched [of feellings]
terhingga — limited
terhingga (tak) — unlimited
terhitung — counted (to be)
terhubungkan — connected (to be)
terhubungkan — linked (to be)
terigu (tepung) — flour (wheat)
terigu — wheat
terik — tight, firm
terik — tighten (to)
terik — very hot
terima — accept/receive (to)
terima — acceptance

terima kasih — gratitude
terima kasih — thank you
terima kasih — thanks
terima kasih atas — thank you for
terjadi — happened
terjadi — occurred
terjadi — took place
terjal — steep
terjepit — bind [to be in a]
terjual — out of stock
terjual — sold (was)
terjual habis — sold out
terkatung-katung — floating (to be)
terkatung-katung — left hanging in the air
terkatung-katung — left high and dry (to be)
terkecil — least
terkecil — smallest (the)
terkejut — startled (was)
terkemuka — foremost
terkemuka — outstanding
terkemuka — prominent
terkena — struck
terkenal — famous
terkenal — known (as)
terkenal — popular
terkenal — well-known
terkesan — impressed (to be)
terlaksana — carried out (to be)
terlaksana — implemented (to be)
terlalu — extremely
terlalu — much (too)
terlalu — too
terlalu — too much
terlalu masak — over ripe [fruit]
terlambat — late

terlampir – attached (was)(to be)

terlampir [lampir] – enclosed (to be)

terlebih dahulu – advance (in)

terlebih dahulu – earlier

terlebih dahulu – previously

terlepasnya – escape (the)

terletak – located

terletak – located (it is)

terletak – situated (is)

terletak di sini (rumah saya) – situated here (my house is)

terlibat – involved

terlihat – seen (it can be)

terlihat – seen (to be)

termasuk – belong (to)

termasuk – include (to)

termasuk – including

ternak – livestock

ternyata – evidently

ternyata – obviously

ternyata – turned out (as it)

ternyata – turned out that (it)

terpadu – integrated

terpaksa – compelled (to be)

terpaksa – forced (to be)

terpencil – isolated (to be)

terpencil – remote (to be)

terpengaruh – influenced

terpercaya – reliable

terperinci [*also* terinci] – detail (in)

terperinci [*also* terinci] – detailed

terpisah – isolated (to be)

terpisah – separated (to be)

tersasar – lose one's way

tersayat – sliced (get)

tersebut – above mentioned

tersebut – mentioned (to be)

tersebut – referred to (to be)

tersebut (tsb.) – mentioned

tersedia – at your disposal

tersedia – ready (to be)

tersedia – stock (in)

tersedianya – availability

tersedikit – least

tersendiri – apart [i.e. alone]

tersendiri – special

tersenyum – smile (to)

terserah – depends (it)

terserah kepada – left up to (to be)

terserah pada – left up to (to be)

terserah pada – up to (it is)

tertanggal – dated (to be)

tertangkap – arrested (to be)

tertangkap – caught (to be)

tertarik – attracted (to be)

tertarik – interested in (to be)

tertarik pada soal itu (saya) – interested in that problem (I'm)

tertawa – laugh (to)

tertawa – laughing

tertentu – certain

tertentu – defined

tertentu – definite

tertentu – specific

tertib (dengan) – systematically

tertidur – asleep (fall)

tertinggi – highest

tertinggi – supreme

tertinggi – tallest

tertutup – closed [i.e. door]

tertutup – covered (to be)

terus – continue (to)

terus – direct

terus – go straight (to)

terus – keep on (to)

terus — straight
terus-menerus — all the time
terus-menerus — consistent
terus-menerus — continuously [all the time]
teruskan — continue
teruskan — forward (to)[i.e. a letter]
terutama — especially
terutama — mainly
terutama — primarily
tetangga — neighbor
tetap — consistent
tetap — constant
tetap — continue to
tetap — fixed
tetap — keep on (to)
tetap — permanent
tetap — regular
tetap — settled
tetapi — but
tetapi — nevertheless
tetapi — still
tetapi — yet
tewas — killed (to be)[in action]
tiang — pole
tiang — post
tiap — each
tiap — every
tiap hari — every day
tiap pagi — every morning
tiap-tiap — each
tiap-tiap — every
tiba — arrive
tiba — arrive (to)
tiba-tiba — suddenly
tidak — no
tidak — not
tidak ada apa-apa — nothing (it's)

tidak ada gunanya — use (there is no)
tidak apa — matter (it doesn't)
tidak apa-apa — it doesn't matter
tidak apa-apa — matter (it doesn't)
tidak apa-apa — never mind
tidak apa-apa — nothing
tidak apa-apa — nothing in particular
tidak apa-apa — particular (nothing in)
tidak apalah — mind (never)
tidak baik — bad
tidak begitu pasti — clear (it's not)
tidak berapa buruk — badly (not to)
tidak disengaja — accidental
tidak disengaja — unintentional
tidak jadi — take place (not)
tidak jadi soal — no problem
tidak kena — miss [i.e. target]
tidak keruan — confused (to be)
tidak keruan — irregular
tidak kurang dari — not less than
tidak lagi — longer (no)
tidak langsung — indirect [i.e. tax]
tidak menentu — aimless
tidak menentu — uncertain
tidak menentu — vague
tidak mungkin — impossible
tidak mungkin — not possible
tidak pakai es — don't use ice
tidak peduli — don't care
tidak pernah — never

tidak resmi — informal
tidak resmi — unofficial
tidak senang — pleased (not)
tidak seorang — no one
tidak tentu — irregular
tidak usah — bother (don't)
tidak usah — have to (don't)
tidak usah — never mind
tidak usah — not bother (do)
tidak usah — not have to (do)
tidak usah beli lagi — no need to buy more
tidak usah tambah lagi — no need to add more
tidaknya — not (or)
tidur — asleep
tidur — sleep (to)
tidur dengan nyenyak — asleep (be sound)
tikar — mat
tikus — mouse
tikus — rat
timbang — weigh (to)
timbangan — scale [for weight]
timbul — appear
timbul — arise (to)
timbul — emerge (to)
timbul — rise
timbulnya — appearance (the)
timbulnya — arising (the)
timbulnya — emergence (the)
timur — east
Timur Jauh — Far East
tindak — act (to)
tindak lanjut — further action
tindakan — action
tindakan — measure
tindakan — steps
tinggal — left (to be)
tinggal — live (to)[i.e. reside]
tinggal — over (left)

tinggal — remain (to)
tinggal — stay (to)
tinggalkan — leave (to)
tinggi — height
tinggi — high
tinggi — tall
tingkah laku orang — human behavior
tingkah laku organisasi — organizational behavior
tingkah laku perusahaan — business behavior
tingkat — level [univ. grade, floor]
tingkat — rate [i.e. participation]
tinjau — examine (to)
tinjau — observe (to)
tinjau — tour (to)
tirai — curtain(s)
titian — small bridge
titik — period
titik — point [decimal]
toko — shop
toko — store
tokoh — leader
tokoh — leading figure
tolong — help (to)
tolong — please (do)
tolong periksa — check (please)
tolong-menolong — mutual help
tongkat — cane
tongkat — club
tongkat — stick
tonton — watch (to)
topan — hurricane
topan — typhoon
topan siklon — cyclone
topi — hat
topik — subject

toples — stopper [for a glass jar]
tradisi — tradition
transmigrasi — transmigration
triwulan — quarter
triwulan — quarterly
triwulan — three month period
trotoar — sidewalk
tua — age [old in]
tua — old
tuan — gentleman
tuan — Mr.
tuan — sir
tuan — you [male]
tuan — your [male adult]
tuan besar — boss
tuan besar — husband
tuan rumah — host
tubuh — body
tugas — assignment
tugas — duty
tugas — task
tugas (itu) — task (that)
Tuhan — God
tuju — aim for (to)
tujuan — aim
tujuan — direction
tujuan — goal
tujuan — objective
tujuan — purpose
tukang — manual worker
tukang — workman [skilled]
tukang becak — pedicab driver
tukang cuci — laundry man
tukang cuci — washer [person]
tukang cukur — barber
tukang daging — butcher
tukang jahit — tailor
tukang jamu — herb seller [traditional]
tukang kayu — carpenter

tukang kebun — gardener
tukang pangkas — barber
tukang sayur — vegetable man
tukang tikar — mat seller
tukar — change (to)[i.e. money]
tukar-menukar — exchange [things, thoughts]
tukar uang — change money (to)
tulang — bone
tulang tengkorak — skull
tuli — deaf
tulis — write (to)
tulis surat — write a letter (to)
tulisan — writing (the)
tulisan — written [something]
tulus — genuine
tulus — honest
tulus — pure
tumbang — tumble down (to)
tumbuh — grow (to)
tumbuh-tumbuhan — plants
tumbuh-tumbuhan — vegetation
tumbuhan — plant (a)
tumit — heel [foot]
tumpang — go by (to) [i.e. train]
tumpang — ride in (to)
tunai — cash
tunangan — fiancée, fiancé
tunggal — only
tunggal — singular
tunggal — sole
tunggu — wait (to)
tunggu — wait a second
tunggu dulu — wait don't go yet
tungku pemanas — fireplace
tunjuk — select (to)
tunjukkan — indicate (to)

tunjukkan – point out (to)
tunjukkan – show (to)
tunjukkan – show me
tunjukkan tangan – raise your hand
tuntut – demand (to)
tuntut – require (to)
tuntutan – claim
tuntutan – demand (a)
tuntutan – requirement (a)
turun – decline (to)
turun – descend (to)
turun – down (to get)
turun – down (to go)
turun – drop (to)
turun – get off a vehicle
turun – go down (to)
turun – off (get)[a vehicle]
turunan – breed (a)
turunan – descendant
turunnya – decline (the)
turunnya – descent (the)
turunnya – drop (the)
turut – go with (to)
turut – join in
turut – join with (to)
turut – take part in (to)
tustel – camera
tusuk – stab
tutup – close (to)[i.e. door]
tutup – closed [i.e. door]
tutup – cover (to)
tutup – covering
tutup mulut – shut up [stop speaking]
TV warna – color television

U

uak – uncle
uang – money
uang – note (currency)

uang (mata) – currency
uang (mata) – money
uang kecil – change for large bill
uang kecil – small change [of money]
uang kertas – paper bills
uang kertas – paper money
uang kuliah – university tuition
uang lembur – overtime pay
uang logam – coins
uang perak – silver coin
uap – steam
ubah – change
ubah – difference
ubi – yam
ucap – express (to)
ucapan – expression
ucapan – phrase
ucapan – statement
ucapan – utterance
ucapan selamat – congratulation
ucapkan – express (to)
udara – air
udara – atmosphere
udara – weather
uji – test (to)
ujian – exam (to do the)
ujian – examination
ujian – test
ujian (masuk) – test [entrance]
ujung – end
ujung – point
ujung – tip
ukir – carve (to)
ukiran – carving
ukur – measure (to)
ukuran – measurement
ukuran – size

ukuran – size [measurement]
ulang – repeat (to)
ulang tahun (hari) –
  anniversary
ulang tahun (hari) – birthday
ulangan ringkas –
  recapitulation
ulangi – repeat
ular – snake
umpama – example (for)
umpamanya – example (for)
umum – general
umum – public
umum – public (the)
umumnya – general (in)
umumnya – generally
umur – age
undang – invite (to)
undang-undang – bill [legal]
undang-undang – law
undang-undang dasar –
  constitution
undangan – invitation
undurkan – postpone (to)
ungkapan – phrase
universitas – university
untuk – for
untuk – in order to
untuk – order to (in)
untuk – to
untuk – to (in order)
untuknya – it (for)
untung – profit (make a)
untung – interest [on money]
untunglah – fortunately
untunglah – luckily
upacara – ceremony
upacara – rite
upacara bendera – flag
  ceremony
upacara kenegaraan – state
  ceremony

upacara penutupan – closing
  ceremony
upacara pernikahan –
  wedding ceremony
upah – wage
upah tinggi – wage (high)
uraian – analysis
urusan – affairs
urusan – business
urusan – matters
urutan – order
urutan – rank
urutannya – ranking (its)
usah (tidak) – necessary (not)
  [always negative]
usah (tidak) – need not
usaha – attempt
usaha – effort
usaha – endeavor
usaha – work
usaha bersama – effort
  (common)
usahawan – businessman
usahawan – entrepreneur
usahawan – industrialist
usang – worn out
usir [root] – chase (to)
usirlah – chase out
usul – proposal
usul mosi – proposed motion
usul resolusi – draft
  resolution
utama – chief
utama – excellent
utama – main
utama – prime
utama – principle
utama – prominent
utang – debt
utara – north
utusan – delegation
utusan – messenger

V

valuta — currency
Vietnam Selatan — South Vietnam
Vietnam Utara — North Vietnam

W

WC — toilet
waduh — my!
wah! — my!
wajib — obligatory
wakil — agent
wakil — deputy
wakil — representative
wakil — vice [i.e. vice chairman]
Wakil Gubernur — Deputy Governor
Wakil Kepala — Deputy Chief
Wakil Ketua — Deputy Chairman
Wakil Perdana Menteri — Deputy Prime Minister
Wakil Presiden — Vice President
waktu — at the time that
waktu — time
waktu — time that (at the)
waktu — when [time we were]
waktu dekat — near future
Waktu Indonesia Barat [WIB] — West Indonesia Time
waktu ini — moment (at the)
waktu setempat — local time
waktu tuanya — old age
waktu yang akan datang — future

waktu yang sama — time (same)
walau — although
walau — even
walau — even though
walau — spite of (in)
walaupun — although
walaupun — even
walaupun — even though
walaupun — spite of (in)
walaupun — though
walikota [also wali kota] — mayor
wangi — fragrant
wanita — female
wanita — woman
warga — member
warganegara [also warga negara] — citizen
warkat — letter [mail]
warkat pos — letter form [fold]
warna — color
warta — news
warta berita — news broadcast
warta berita — newsreel
wartawan — journalist
wartawan — reporter
warung — shop [small]
warung — small shop
warung — stall
warung — stand
wasit — arbitrator
wasit — referee
wawancara — interview
wilayah — area
wilayah — district
wilayah — region
wilayah — territory
Wina — Vienna
wisma — house

Y

ya — so (isn't that)
ya — yes
ya-lah — agree to that (I'll)
Yahudi — Jew
Yahudi — Jewish
yaitu — i.e.
yaitu — namely
yakin — certain
yakin — convinced
yakin — sure
yakni — i.e.
yakni — namely
yang — one(s) that is/are (the)
yang — that
yang — which
yang — who
yang akan datang — coming
yang akan datang — next
yang akan datang — will come (which)
yang bagaimana — kind (which)
yang bagaimana — sort (what)
yang baik — good way (in a)
yang baru lalu — ago
yang baru lalu — last [time]
yang baru lalu — past
yang baru lalu — which just past
yang empunya — owner
yang ini — this one
yang itu — that one
yang itu — that other one

yang lain — else (anything)
yang lalu — ago
yang lalu — last [time]
yang lalu — ago [past]
yang lalu — past
Yang Maha Kuasa [*also* Mahakuasa] — The Almighty [God]
yang mana — which
yang mana saja — do (anything will)
yang mana? — one (which)?
yang menyangkut — which concerns
yang punya — owner
yang punya rumah — landlord
yang satu — one of two or many
yang satu lagi — other one (the)
yang terhormat — most respected (the)
yayasan — foundation [philanthropic]
yayasan — institute
yayasan pers — press foundation
yok [*also* yuk] — come on
yth. — most respected (the)

Z

zaman — era
zaman — period [of time]
zaman — time
zaman sekarang — nowadays

BAGIAN-BAGIAN MOBIL DAN UNGKAPANNYA
AUTOMOBILE PARTS AND PHRASES

accu [*pronounced* aki] – battery

aki – battery

aki perlu air – battery needs water (the)

ban – tire

ban bocor – tire has a leak

ban dalam – inner tube

ban kempes – tire is flat (the)

ban perlu angin – tire needs air (the)

ban serep – spare tire

baut roda – lug bolts

bemper – bumper

berhentikan mobil – stop the car

boks – glove comparment

busi – spark plugs

delko – distributor

dinamo amper – generator

dop – hub cap

ganti ban – change the tire

generator – generator

jendela – window

jok – seat

kabel – wire

kabel-kabel terlepas – cables are loose

kaca – mirror

kaca – window

kaca belakang – rear window (back window)

kaca depan – windshield

kaca spion – mirror (rear view)

kaca spion samping – mirror (side)

kap mesin – engine hood

karburator – carburetor

kemudi – steering wheel

kenalpot – tail pipe

klakson – horn

klakson tidak jalan – horn does not work (the)

kopling – clutch

kunci – key

kunci dalam – inside door lock

kunci kontak – ignition lock

kunci pintu – outside door lock

lampu belakang – tail light

lampu besar – head light

lampu dalam – courtesy light

lampu dalam – inside light

lampu panel, dasbord – dashboard light

lampu parkir – parking light

lampu rem – brake light

lampu rem mati – brake light is out [doesn't work]

lampu rem tidak menyala – brake light is out [doesn't work]

lampu sen - indikator – directional signal light

lampu-lampu mati/putus – lights are out (the)

lampu sen tidak jalan/ menyala – turn signal doesn't work

manifold – manifold

membran – gasoline filter

mesin perlu oli — engine needs oil (the)

minus — negative (−)

minyak rem — brake fluid

mobil berhentikan — stop the car

mobil habis bensin — car is out of gas (the)

mobil ini pakai bensin tanpa timah — this car uses gas without lead

mobil tidak bisa dihidupkan — car won't start (the)

oil check, ukuran oli — oil dip-stick

oli mesin — engine oil

pedal gas — gas pedal

pedal kopling — clutch pedal

pelek — rim (wheel)

pembersih kaca — windshiel wiper

pembuka pintu — door handle

pentil ban — tire valve

per daun — leaf spring

per spiral — coil spring

perlu air — radiator needs water

persneling — gear shift

pintu — door

plat nomor — licence plate

plus — positive (+)

radiator — radiator

rambang mesin — grill

rem — brake

rem (sepatu) — brake shoe

rem jepit — disc brake

rem kaki — brake pedal

rem tangan — hand brake

rem tidak bekerja — breaks do not work (the)

roda — wheel

saringan kenalpot — muffler

selang radiator — radiator hose

selang radiator terputus — radiator hose is disconnected (the)

selang radiator tidak sambung — radiator hose is disconnected (the)

sepakbor — fender

setir — steering wheel

sokbreker — shock absorber

tali kipas — fanbelt

tali kipas terputus/ rusak — fan belt is broken (the)

tambah angin — add air (to the tire)

taruh di dalam laci mobil — put it in the glove compartment

tutup kap — trunk lid or cover

tutup radiator — radiator cap

BARANG-BARANG RUMAH TANGGA
HOUSEHOLD ITEMS

bak mandi — bath tub

bantal — pillow

botol — bottle

cangkir — cup

colokan — electric switch

dapur — kitchen

dinding — wall

garam — salt
garpu — fork
gelas — glass
gunting — scissors
handuk [*also* anduk] — towel
kain pel — cleaning cloth
kamar kecil — toilet
kasur — mattress
keranjang sampah — waste
  basket
kulkas — refrigerator
kursi — chair
lada — pepper [white]
lampu — lamp
lantai — floor
lemari (dinding) — closet
lemari — cupboard
lemari es — refrigerator
mangkok [*also* mangkuk] —
  bowl
mas — waiter [to call a]
meja — table
merica — pepper [for table]
panci — pan [for cooking]
pel — clean (to)
pel [*also* pil] — pill [medicine]
pelayan — waiter
penggorengan — frying pan
perangkap tikus — house trap
periuk — kettle
piring — dish
piring — plate
piring kecil — saucer
pisau — knife
pisau cukur — razor
poci — tea pot
sabun — soap
sakelar — circuit breaker
sekering — fuse
sendok — spoon
sepatu — shoes
serbet — brush

sikat — brush
taplak meja — tablecloth
teko — tea pot
tempat sampah — garbage pail
tempat tidur — bed
tombol — switch [electric]

DI RUMAH MAKAN
AT
THE RESTAURANT

air jeruk — orange juice
asparagus kuah — asparagus
  soup with chicken
ayam asam manis — sweet-
  sour chicken
ayam ca cabe — chicken with
  oyster sauce & chilly
ayam ca jamur — chicken
  with mushroom & cauliflower
ayam ca kailan — chicken
  with broccoli
ayam goreng — chicken (fried)
ayam goreng mentega — fried
  chicken with oyster sauce
ayam jamur kuah — chicken
  & mushroom soup
ayam kecap — sliced chicken
  with soy sauce
ayam panggang — chicken
  (roasted)
ayam rebus — boiled chicken
ayam saos tomat — sweet &
  sour chicken in red sauce
babi panggang — pork
  (roasted)
bakmi ayam — special chicken
  noodle
bakmi ayam ca jamur —
  noodle, chicken, mushroom
  & cauliflower

bakmi bakso — noodles with Chinese meatballs

bakmi baso ayam — chicken noodle with beef balls

bakmi ca daging sapi — nodle with sliced beef & vegetable

bakmi cap cai — noodle with mixed vegetable & meat

bakmi goreng — noodle (fried)

bakmi masak — noodle with vegetables & meat in soup

bakmi pangsit ayam — chicken noodle with won ton

bakmi saos tomat — noodle with chicken & ketchup

baso kuah — beef balls with broth

bir — beer

buah — fruit

bung — waiter [to call a]

burung dara goreng — fried pigeon

cabe — chili pepper

cap cai — mixed vegetables & meat

cap cai kuah — mixed vegetables & meat soup

daftar makanan — menu

daging ayam — chicken

daging babi — pork

daging ca cabe — sliced beef, oyster sauce & chilly

daging domba — lamb

daging kailan — sliced beef with broccoli

daging kambing — goat

daging kecap — sliced beef with soy sauce

daging saos tomat — sweet & sour sliced beef

daging sapi — beef

es alpukat — avocado (ice)

es jeruk — fresh orange juice with ice

es krim — ice cream

es teler — ice (fruits, milk)

fu yung hai — chinese omelette with ketchup

gohiong udang — shrimp spring roll

gulai ayam — chicken curry soup

gulai kambing — goat curry soup

hamburger — hamburger

hati ayam goreng mentega — fried chicken's liver

hot dog — hot dog

ikan asem manis — sweet & sour sliced fish

ikan ca kailan — sliced fish with broccoli

ikan ca tahu — sliced fish with bean curd

ikan goreng tepung — fried sliced fish in flour batter

jagung kuah — corn soup with chicken

jagung rebus — corn (boiled)

jeruk bali — grapefruit [like a]

kacang tanah — peanuts

kecap — soy sauce

keju — cheese

kentang — potatoes

ketimun — cucumbers

kodok goreng — fried frog's legs

kopi — coffee

kue — cake

kue-kue kecil — cookies

lemon es teh — ice lemon tea

lemper — rice [sticky, rolled around meat]

lontong — rice [packed in leaf]

mentega — butter
merica — pepper (black) [for
  table]
mi — noodle
minuman ringan — soft drink
nanas — pineaple
nasi ayam ca jamur — rice
  with chicken & mushroom
nasi ca daging sapi — rice
  with sliced beef & vegetable
nasi cap cai — rice with mixed
  vegetable & meat
nasi goreng — rice (fried)
nasi putih — rice (boiled)
nasi rames — rice [with meat,
  vegetables]
nasi saos tomat — rice with
  chicken & ketchup
nenas [also nanas] — pineapple
pangsit goreng — fried won
  ton
pangsit kuah — won ton with
  broth
pepaya — papaya
pisang — banana
pisang goreng — banana
  (fried)
rempah-rempah — seasoning
rendang daging — meat (spicy,
  coconut)
roti — bread
roti dengan daging —
  hamburger
roti panggang — toast
sago [also sagu] kue kecil —
  arrawroot cookies
sari buah — fruit juice
sate ayam — chicken (skewer
  or barbecued)
sate kambing — goat (skewer
  or barbecued)
saus [or saos] — sauce

selada — lettuce
semangka — watermelon
siomay — tapioca with fish
soda susu — soda milk
sop [or sup] ayam — chicken
  soup
soto — soup [special]
steak ayam — chicken steak
steak daging — beef steak
steak udang — shrimp steak
susu — milk
tahu udang kuah — curd bean
  soup
teh — tea
ubi — sweet potato
udang besar goreng — fried
  prawn
udang ca cabe — shrimp with
  oyster sauce & chilly
udang ca jamur — shrimp
  with mushroom & cauliflower
udang goreng tepung — fried
  shrimp floured
udang saos tomat — sweet &
  sour shrimp
wortel — carrots
yee fu mie — crisp noodle,
  vegetables, chicken & shrimp

WARNA
COLORS

abu-abu [also kelabu] — grey
biru — blue
coklat [also cokelat] — brown
hitam — black
hijau — green
jingga — orange
kuning — yellow
merah muda — pink
merah — red

putih — white
ungu — purple
ungu muda — violet

ANGKA
NUMBERS

satu	1
dua	2
tiga	3
empat	4
lima	5
enam	6
tujuh	7
delapan	8
sembilan	9
sepuluh	10
sebelas	11
dua belas	12
tiga belas	13
dua puluh	20
dua puluh satu	21
dua puluh dua	22
tiga puluh	30
sembilan puluh	90
seratus	100
seratus satu	101
seratus dua puluh tiga	123
seribu	1,000
seribu tiga ratus dua puluh satu	1,321
dua ribu	2,000
satu juta	1,000,000
satu milyar	1,000,000,000
seperenam belas	1/16
seperempat	1/4
sepertiga	1/3
setengah	1/2
lima persembilan	5/9
tiga perempat	3/4

NAMA HARI
DAYS OF WEEK

Minggu — Sunday
Senin — Monday
Selasa — Tuesday
Rabu — Wednesday
Kamis — Thursday
Jumat — Friday
Jum'at — Friday
Sabtu — Saturday

NAMA BULAN
MONTHS OF YEAR

Januari — January
Februari — February
Maret — March
April — April
Mei — May
Juni — June
Juli — July
Agustus — August
September — September
Oktober — October
November — November
Desember — December

HUBUNGAN KELUARGA
FAMILY RELATIONSHIP

abang — brother (older)
adik laki-laki — brother (younger)
adik perempuan — sister (younger)

anak angkat laki-laki — adopted son
anak angkat perempuan — adopted daughter
anak laki-laki — son
anak perempuan — daughter
ayah — father
ayah — father-in-law
bapak — father
bapak mertua — father-in-law
bibi — aunt
cucu — grandchild
ibu — mother
ibu mertua — mother-in-law
ipar laki-laki — brother-in-law
ipar perempuan — sister-in-law
kakak laki-laki — brother (older)
kakak perempuan — sister (older)
kakek — grandfather
kemenakan perempuan — niece
keponakan laki-laki — nephew
keponakan perempuan — niece
mertua laki-laki — father-in-law
mertua perempuan — mother-in-law
nenek — grandmother
paman — uncle
saudara sepupu laki-laki — cousin
saudara sepupu perempuan — cousin

BUAH-BUAHAN
FRUITS

apel — apple
buah ara — fig

buah kaleng — fruit (canned)
buah segar — fruit (fresh)
gripfut — grapefruit
jambu — rose apple
jambu lambo — guava
jeruk bali — grapefruit [kind of]
jeruk garut — tangerine
jeruk manis — orange (imported)
jeruk nipis — lime
jeruk peras — orange
jeruk sitrun — lemon
kedondong — apple [kind of]
kelapa — coconut
kesemek — persimmon
kismis — raisin
kurma — date
mangga — mango
nangka — jack fruit
nanas [*also* nenas] — pineapple
pepaya — papaya
pisang — banana
pisang ambon — banana eating
pisang mas — banana eating
pisang nangka — banana cooking
pisang raja — banana cooking
pisang raja serai (sere) — banana eating
pisang tanduk — banana cooking
pramboos — raspberry
semangka — watermelon
sirsak [*also* sirsat] — soursop (tart fruit)

IKAN
FISH

ikan asin — dried fish
ikan laut — fish of sea

ikan mas – gold fish
ikan tongkol – tuna
kepiting – crab
kakap – fish (like sole)
kaki kodok – frog legs
kerang – oyster
udang karang *or* udang raja – lobster
udang – shrimp

DAGING
MEAT

ayam – chicken
babi asap ['spek'] – bacon
bebek – duck
bistik – steak
daging babi – pork
daging kambing – goat
daging kambing – lamb
daging sapi – beef
gangsa [*or* angsa] – goose
ham – ham
hati – liver, heart
iga – rib
lidah – tongue
lulur dalam – filet
sosis – sausage

SAYURAN
VEGETABLES

alpukat – avocado
asparagus – asparagus
asperjis – asparagus
bawang – onion
bawang bombai – onion [large yellow]
bawang putih – garlic
bayam – spinach
biet – beets
blumkol – cauliflower

buncis – beans (green)
buncis merah – kidney beans
daun bawang – leeks
ercis – peas
jagung – corn
jagung muda (kecil) – corn (dwarf ears)
jamur – mushroom
kacang tanah – peanuts
kacang hijau (kering) – split peas
kacang kapri muda – peas
kacang merah – kidney beans
kentang – potato
ketimun [*also* mentimun] – cucumber
kol – cabbage
kol merah – red cabbage
labu merah (waluh) – pumpkin
labu siam – squash
lobak – radish
lobak – turnip
prei – chives
sayuran kaleng – vegetables (canned)
sayuran segar – vegetables (fresh)
selada – lettuce
terung – eggplant
tomat – tomato
ubi – sweet potato
wortel – carrots

BUMBU
SPICES

adas pulasari – fennel
bawang putih – garlic
biji pala – nutmeg
cengkih – clove

cuka — vinegar
daun salam — bay leaf
garam — salt
jahe — ginger
kapol — cardamon
kayu manis — cinnamon
kari — curry
kecap — soy sauce
kemiri — almonds for Java cooking
kunyit — turmeric
merica bulat — pepper-corns
merica giling — pepper
panili — vanilla
peterseli — parsley

MACAM-MACAM MAKANAN
MISCELLANEOUS FOOD

air — water
air minum — water [drinking]
anggur — wine
apermut — oatmeal
ayam goreng — chicken (fried)
bir — beer
bumbu — seasoning
coklat [*also* **cokelat**] — chocolate
goreng ayam itu — fry that chicken
griesmeel — cornmeal
gula — sugar
gula aren — sugar (brown)
gula-gula — candy
gula jawa — sugar (brown)
gula merah (sumatera) — sugar (brown)
hangus — overcooked

jangan hangus — overcook (don't)
jangan sampai hangus — overcook (don't)
jem, sele (selai) — jam, jelly
kacang — peanuts
kacang brasil — brazil nuts
kacang jambu monyet — cashew nuts
kacang-kacangan — nuts
kacang mede — cashew nuts
kacang tanah — peanuts
kalkun — turkey
kanji — starch
keju — cheese
kenari besar — almonds
kopi — coffee
kopi pahit — coffee (bitter)[black coffee]
kue — cake
kue kecil — cookies
kue kering — cookies
lemper — sticky rice and meat
makaroni — macaroni
madu — honey
mentega — butter
mentega — margarine
mi(e) (bakmi) — noodles [chinese]
minuman — beverages
minuman ringan — drinks (canned or soft)
minyak — oil
minyak goreng — oil (cooking)
minyak kelapa — coconut oil
minyak masak — oil (cooking)
minyak selada — salad oil
roti — bread
roti panggang — toast
sagu — tapioca
sari — juice
sari nanas — pineapple juice

spageti – spaghetti
sup – soup
susu – milk
susu bubuk – milk (powdered)
susu encer – evaporated milk
susu kental – condensed milk
susu manis – sweetened, condensed milk

teh – tea
telor ayam [*also* telur] – egg (chicken)
telor bebek – egg (duck or goose)
tepung beras – flour (rice)
tepung maizena – cornstarch
tepung terigu – flour (wheat)
zat warna – food coloring

Part II
DICTIONARY
ENGLISH — INDONESIAN

PREFACE II

THE second part of this dictionary lists the same English word and indicates the possible Indonesian words:

organization	**organisasi**
organization	**penyelenggaraan**
organization	**perkumpulan**

or

room	**bilik**
room	**ruang**
room	**ruangan**
room	**kamar**
room	**tempat**
room (court)	**mahkamah pengadilan**
room (rest)	**kamar kecil**

or

objective	**tujuan**
objective	**obyektif**

The appendix lists vocabularies for everyday use:
* Automobile words and phrases
* Household items
* At the restaurant
* Colors
* Numbers
* Days of week and months of year
* Family relationship
* Fruits
* Fish
* Meat
* Vegetables
* Spices
* Miscellaneous food

A

abandon(to) – meninggalkan
abate (to) – reda
abbreviate (to) – menyingkat
ability – kemampuan
able [i.e. a person is] – mampu
able to (to be) – bisa
able to (to be) – dapat
abode – kediaman
abolish (to) – menghapuskan (hapus)
about – sekitar
about – tentang
about – terhadap
about – kira-kira
about – mengenai
above – atas
above – di atas
above mentioned – tersebut
abridged – singkat
abroad (from) – dari luar negeri
abroad (to go) – ke luar negeri
absolute – sama sekali
absolute – mutlak
absolutely – sama sekali
abstaining vote – suara blangko
academic course of study – kursus
accept (to) – menerima
accept (to) – menerima dengan baik
accept/receive (to) – terima
acceptable – dapat diterima
acceptance – terima
acceptance – penerimaan

accepted (to be, was) – diterima
acceptor – penerima
accident – kecelakaan
accident – celaka
accidental – tidak disengaja
accidentally – kebetulan
accomodation – menampung
accompanied (to be, was) – diantar
accompanied (to be, was) – diantarkan
accompanied by (to be, was) – disertai
accompanied by (to be) – didampingi
accompany (to) – menemani
accompany (to) – mengantar
accompany (to) – mengantarkan
accompany (to) – mengiringi
accompany (to) – menyertai
accompany (to) – iring (kan)
accomplish (to) – selesaikan
accord with (in) – sesuai dengan
accordance (in) – sejalan
according – bertalian
according to – menurut
according to plan – menurut rencana
according to schedule – menurut rencana
accordingly – maka
accountant – akuntan
account of (to) – saking
accupation – pendudukan
accurate – teliti
accurate – tepat
accusation – dakwaan
accuse (to) – menuduh
accuse someone – mendakwa

accused (to be, was) — dipersalahkan
accused (to be, was) — dituduh
accusing — saling tuduh
accusing one another — saling tuduh
accustomed — biasa
ache — sakit
achieve (to) — mencapai
achieve (to) — capai
achieved (to be) — tercapai
achieved (to be, was) — dicapai
acknowledge (to) — mengakui
acquaintance — kenalan
acquainted with (become)— berkenalan
acquainted with (to be) — mengenal (kenal)
acquainted with (to be, was) — dikenal
across the street — seberang
act — langkah
act (to) — tindak
act (to) — berbuat
act (to) — bertindak
action — tindakan
action — perbuatan
active — giat
activities — kegiatan-kegiatan
activity — kegiatan
actor — pemain
actor — peran
actually — sebenarnya
actually — sebetulnya
actually — sesungguhnya
add (to) — tambah [root]
add (to) — menambahkan
add more — tambah lagi
add up — menjumlahkan
add up — hitung
added (he) — tambahnya

added (to be, was) — ditambah
added (to be, was) — ditambahkan
adding to (the) — penambahan
addition (an) — tambahan
addition — tambahnya
addition (in) — tambahan lagi
addition (in) — lagi
addition to (in) — selain
addition to (in) — di samping
address — alamat
address — amanat
address (to) — menegur
adjustment — penyesuaian
adjustment (the) — penyesuaian
administration — penatausahaan
administration — tata usaha
administration (government) — pemerintahan
Admiral — Laksamana Laut
admiration — kekaguman
admit (to) — mengaku
admit (to) — mengakui
admit (to)[i.e. guilt] — mengakui (aku)
admittance — pengakuan
admitted (to be, was) — diakui
adolescence — masa remaja
adult — dewasa
advance (in) — terlebih dahulu
advance (in) — lebih dahulu
advance (to) — maju
advanced (to be) — maju
advantage — keuntungan
advantage (to get an) — mendapatkan keuntungan
advertisement — iklan
advice — nasihat
adviser [for student] — pembimbing

adviser − penasihat
affair − peristiwa
affairs − urusan
affected − kena
affection − kasih sayang
affirm (to) − menegaskan
affirmed (to be, was) −
  ditegaskan
afford to (can) − mampu
aforementioned − tadi
afraid − takut
after − sehabis
after − selesai
after − sesudah
after − setelah
afternoon − petang
afternoon (early) − siang
afternoon (late) − sore
afternoon (this) − tadi petang
afternoon (this) − nanti
afterwards − sesudah itu
afterwards − kemudian
again − lagi
again − pula
against − terhadap
against − lawan
against (to be) − melawan
age − umur
age (at the) − berumur
age (at the) − berusia
age [old in] − tua
aged − berumur
aged − berusia
agency − perwakilan
agency − badan
agency − dinas
agency − instansi
agency − jawatan
Agency [Finance Investi.] −
  Badan Pemeriksa Keuangan
agenda − acara
agent − wakil

aggresive − agresif
ago − yang baru lalu
ago [post] − yang lalu
ago − lalu
ago − lewat
ago (a while) − tadi
ago (long time) − sudah lama
ago (some time) − tadi
agree − sepakat
agree (I) − bisalah
agree (I) − bolehlah
agree (to) − setuju
agree (to) − menyepakati
agree (to) − berkenan
agree (to) − bersetuju untuk
agree (to) − cocok
agree to (to) − menjanjikan
agree to (to) − menyetujui
agree to that (I'll) − yalah
agree to that (I) − ayolah
agree to that (I) − baiklah
agreed to (to be, was) −
  dijanjikan
agreed to (to be, was) −
  disepakati
agreed to (to be, was) −
  disetujui
agreement − kesepakatan
agreement − perjanjian
agreement − persetujuan
agreement (to be in) − setuju
agreement (to have an) −
  berjanji
agriculture − pertanian
agriculture development −
  perkembangan pertanian
ahead − depan
aid − bantuan
aid (to) − membantu
aid (to) − bantu
aided (to be, was) − dibantu
aim − tujuan

aim (to) — menuju
aim for (to) — tuju
aim (has the) — bertujuan
aimless — tidak menentu
air — udara
air (in the) [fly] — mengudara
air conditioning — A.C.
air connections — hubungan udara
air force — angkatan udara
air letter — warkat pos
Air Marshall — Marsekal Udara
airbase — pangkalan udara
airplane — kapal terbang
airplane — pesawat
airplane — pesawat terbang
airplane — pesawat udara
airport — lapangan udara
airstrip — landasan
Algeria — Aljazairia
Algiers — Aljazair
alight on — menghinggapi
alive (to be) — hidup
all — segala
all — seluruh
all — semua
all at once — sekaligus
all day — sehari penuh
all day [every day] — sehari-harian
all gone — habis
all kinds — segala macam
all of (in) — di seluruh
all of it — kesemuanya
all of them — semuanya
all of them — kesemuanya
all the more — apalagi
all the time — terus-menerus
all this time — selama ini
all-Indonesia — se-Indonesia
allied — sekutu

allocate (to) — membagikan
allocation — alokasi
allotment — pembagian
allow (to) — membolehkan
allow (to) — mengizinkan
allow (to) — izin
allowed to ripen (to be) — dimatangkan
allowed (i.e. to eat food) — halal
allowing — dibolehkannya
alright — ayo deh
alright I agree — ayo deh
alright [i.e. I agree] — ayolah
alright [i.e. I agree] — ayo deh
ally — sekutu
almost — hampir
almost [something unpleasant] — hampir saja
alone — sendiri
along — sepanjang
along (go) — mengikuti
along (go) — ikut
along with — serta
along with — beserta
already done — sudah
already — telah
already... before... (be) — sudah... baru...
also — pula
also — pun
also — juga
also be possible (will) — bisa juga
also do it — kerjakan juga
alter — berubah (*also* berubah)
alter — ganti
alter (to) — mengubah
alteration — perubahan
although — sekalipun

although – walau
although – walaupun
although – meskipun
although – biar
although – biarpun
altogether – kesemuanya
alumni – orang yang tamat belajar
always – selalu
am – adalah
amazement – kekaguman
ambassador – duta besar
America – Amerika
American [person] – orang Amerika
among – antara
among – di antara
among other things – antara lain
among others – antara lain
among them – di antaranya
among us – di antara kami
amongst – di antara
amount of (the) – jumlah
amount of [i.e. tax] – besarnya [i.e. pungutan]
amounting to – sebanyak
amounting to – sebesar
amounting to – sejumlah
amounting to – berjumlah
amuse (to) – (meng)hibur
amusement – hiburan
an – satu
an – se
an – sebuah
an – suatu
analysis – uraian
analyze (to) – mengupas
anchor – berlabuh
ancient – kuno
and – serta
and – dan

and so forth – dan sebagainya
and so on – dan sebagainya
and then – pun
angle – sudut
angry – marah
animal – binatang
animal – hewan
animal hide – kulit
ankle – pergelangan kaki
anniversary – ulang tahun (hari)
anniversary – hari ulang tahun
announce (to) – mengabarkan
announce (to) – mengumumkan
announced (to be, was) – diberitakan
announced (to be, was) – dikabarkan
announced (to be, was) – diumumkan
announcement – pengumuman
announcement (official) – peresmian
annoyed – kesal
annual festivities – pesta tahunan
another – satu lagi
another – lain
another (one) – saling
another time – lain kali
answer (to) – jawab
answer (an) – jawaban
answer (to)[letter] – membalas
answer (to)[telephone] – menjawab
answered (to be, was) – dijawab
answered for, by (to be, was) – dipertanggungjawabkan

ant — semut
antagonist — penyanggah
antaran — gift
anxious — kuatir
any — suatu
anybody — siapa-siapa
anyhow — namun demikian
anyone — siapa-siapa
anyone will do — mana saja
anything — sesuatu
anything — apa-apa
anything at all — apa saja
anything at all will do — apa-apa sajalah
anything else — apa-apa yang lain
anything will do — apa sajalah
anyway — juga
anywhere (to) — ke mana-mana
anywhere — di mana-mana
anywhere at all — mana-mana
anvil — landasan
apart [i.e. alone]— tersendiri
apart from — selain
apartment — rumah susun
apparatus — alat
apparatus — instansi
apparent — tampak
apparently — rupanya
apparently — tampaknya
apparently — kelihatan
apparently — nampaknya
apparently — kedengarannya
appeal for (to) — menyerukan
appealed for (to be, was) — diserukan
appear — timbul
appear (to) — tampil
appear (to) — kelihatan
appear (to) — muncul
appearance — rupa

appearance — kelihatan
appearance — kelihatannya
appearance (in) — nampaknya
appearance (the) — timbulnya
appendix — melampirkan
applicable — berlaku
applicant [for job] — pelamar
applicant [i.e. for visa] — pemohon
application — aplikasi
application — pemakaian
application [i.e. for visa] — permohonan
application [i.e. job] — lamaran
apply for (to) — lamar
apply for a job (to) — melamar
appoint (to) — mengangkat
appoint (to) — menunjuk
appointed (to be, was) — diangkat
appointed (to be, was) — ditunjuk
appointment — janji
appointment [to an office]— pengangkatan
appreciate (to) — menghargai
appreciated (to be, was) — dihargai
appreciated (to be, was) — dinilai
appreciation — penghargaan
approach [approximation] — pendekatan
approach — mendekati
approach (to) — menghampiri
approach (to) — merapat
appropriate — tepat
appropriate (to) — memiliki
approval — persetujuan
approve — setuju

approve (to) — membenarkan
approve (to) — bersetuju (untuk)
approve of (to) — menyetujui
approved by (to be, was) — disetujui
approximately — kira-kira
approximately — kurang lebih
approximately — lebih kurang
arbitrarily — sewenang-wenang
abritrator — wasit
archipelago — kepulauan
archive [file] — arsip
are — adalah
are — ialah
area — sekitar
area — wilayah
area — lapangan
area — luas
area — bidang
area — daerah
area (rural) — desa
area around — sekitar
aren't? — kan?
argue (to)[i.e. a point] — mempersoalkan
arise (to) — timbul
arising (the) — timbulnya
aristocrat — bangsawan
arm — tangan
arm — lengan
arm pit — ketiak
armament — persenjataan
armed forces — angkatan bersenjata
arms [i.e. carry a child in the] — menggendong
arms [i.e. gun] — senjata
army — tentara
army — angkatan darat
Army Command School —

Sekolah Komando Angkatan Darat
around — sekeliling
around — sekitar
around — keliling
around (approaching) — menjelang
around — di sekeliling
around — di sekitar
around (all) — pada sekitar
around (area) — sekitar
around (look) — melihat-lihat
around it — sekitarnya
arrange (to) — mengadakan
arrange (to) — mengatur
arrange (to) — menguruskan
arrange (to) — menyelenggarakan
arrange (to) — menyusun
arrange (to) — atur
arranged (it can be) — diatur (dapat/bisa)
arranged (to be, was) — diatur
arranged (to be, was) — diselenggarakan
arranged by (to be, was) — disusun
arrangement — aturan
arrangement — pengurusan
arrangement — tata
arranger — penyelenggara
arrangement — penyusunan
arrest — penahanan
arrest — penangkapan
arrest (to) — menahan
arrest (to) — menangkap
arrested (to be) — tertangkap
arrested (to be, was) — ditahan
arrested (to be, was) — ditangkap

arresting of (the) — ditangkapnya
arrive — tiba
arrival — sampainya
arrival — kedatangan
arrival is awaited (his) — ditunggu kedatangannya
arrival is expected (his) — ditunggu kedatangannya
arrive (to) — sampai
arrive (to) — tiba
arriving (on)(upon)— sesampai
arriving (on)(upon)— setibanya
art — kesenian
art painting — lukisan
article — karangan
artist — pelukis
arts (the) — kesenian
as — sebagai
as — sebagaimana
as — selaku
as — seperti
as — laksana
as — bagaikan
as — begitu
as above — seperti tersebut di atas
as far as — sampai
as far as that — sampai begitu jauh
as follows — sebagai berikut
as for — kalau
as for — adapun
as one likes [i.e. he works] — semaunya
as if — seakan-akan
as if — seolah-olah
as if — seperti
as if — bagaikan
as is known — sebagaimana diketahui
as long as — selama

as many as — sebanyak
as much as — sebanyak
as much as possible — sebanyak-banyaknya
as of now — sampai sekarang
as part of — dalam rangka
as well as possible — sedapat mungkin
as soon as possible — selekas mungkin
as the — sebagai
as the — seperti
as though — seakan-akan
as though — seolah-olah
as usual — seperti biasa
as well as — sebaik
as well as — serta
as well as — maupun (baik... maupun)
as well as — baik... maupun
as what? [concerning work] — sebagai apa?
as you already know — sebagaimana Anda telah tahu
ascend (to) — naik
ash — abu
ashamed (to be) — malu
ask (permission to do something) — permisi
ask (permission to take leave) — permisi
ask (please) — tanyakanlah
ask (something) — menanyakan
ask (to) — bertanya
ask [someone to go some place] — mengajak
ask about (to) — menanyakan
ask again and again (to) — bertanya-tanya
ask along [invite] — ajak
ask for (to) — minta

asked (to be, was) — ditanya
asked (to be, was) —
  ditanyakan
asleep — tidur
asleep (be sound) — tidur
  dengan nyenyak
asleep (fall) — tertidur
aspirant — calon
assassination — pembunuhan
assault — serangan
assault (to) — serang
assault (to) — menyerang
assaulted (to be, was) —
  diserang
assemble (to) —
  mengumpulkan
assemble (to) — berhimpun
assemble (to) — memasang
assembly — majelis
assent (yes, I give) — biar deh
assent (yes, I give)— biarlah
assessment [for parking] —
  retribusi
assests — aktiva
assets — modal
assignment — tugas
assignment (having the) —
  bertugas
assignment [work] —
  pekerjaan
assist (to) — membantu
assist (to) — bantu
assistance — bantuan
assistance (for the) — atas
  bantuannya
assistant — pembantu
assisted (to be, was) — dibantu
association [golf,
  tennis] — perkumpulan
assumed (to be, was) — diduga
at — pada
at — bertempat di....

at — di
at all — apa pun juga
at his will — semaunya
at that time — masa itu
at the time that — waktu
at your disposal — tersedia
atmosphere — suasana
atmosphere — udara
atomic energy commision —
  badan tenaga atom
atomic reactor center — pusat
  reaktor atom
attach (to) — melampirkan
attached (was)(to be) —
  terlampir
attachment — lampiran
attack — serangan
attack (to) — serang
attack (to) — serbu
attack (to) — menyerang
attacked (to be, was) —
  diserang
attain (to) — mencapai
attained (to be) — tercapai
attained (to be, was) — dicapai
attempt — usaha
attempt (to) — mencoba
attempt (to) — berusaha
attempted (to be, was) —
  dicoba
attend (to) — menghadiri
attend (to) — mengikuti
attend it (to) — menghadirinya
attendance — kehadiran
attended by (to be, was) —
  dihadiri
attention — perhatian
attention (pay) —
  memperhatikan
attention (your) — perhatian
  (saudara)
attitude — perilaku

attitude (of an) — bersikap
Attorney-General — Jaksa
  Agung
attract — menarik
attracted (to be) — tertarik
attractive — menarik
auction — lelang
auditorium — aula
aunt — bibi
author — pengarang
author — penulis
authorities (the) — berwajib
  (yang)
authority — kekuasaan
automatic — otomatis
automatically — dengan sendi-
  rinya
automobile — mobil
availability — tersedianya
available (to be) — bersedia
available — kesediaan
avenue — jalan
average — sedang
average (on the) — rata-rata
aviation — penerbangan
aviation company —
  perusahaan penerbangan
avoid (to) — menghindarkan
avoidance — pencegahan
awaited (to be, was) —
  dinantikan
awaited (to be, was) —
  ditunggu
award — hadiah
award certificate — surat peng-
  hargaan
aware (be) — sadar
aware of (to be) — mengetahui
away (pass) — meninggal
away (put) — menyimpan
awe-struck — kagum

B

baby — bayi
baby (to deliver a) —
  melahirkan
back — kembali
back (in the) — di belakang
back (in) — belakang
back (the) — belakang
back (to go) — kembali
back (to) — mendukung
backed (to be, was) —
  didukung
backside — belakang
bacteria — bakteri
bad — tidak baik
bad — buruk
bad — jelek
bad (not) — boleh juga
badly (not to) — tidak berapa
  buruk
badminton — bulu tangkis
bag — tas
bake (to) — membakar
baked by now (be) — sudah
  masak
balance — perimbangan
balance — imbangan
balance (in) — seimbang
balance sheet — neraca
  keuangan
balcony — balkon
bald-headed — botak
balloting (the) — pemungutan
  suara
bamboo — bambu
ban — pelarangan
ban (to) — melarang
banana — pisang
band — kelompok
bandage (to) — membalut

bandit (a) — penjahat
bank [i.e. of river] — tepi
bank (piggy) — celengan
banking — perbankan
banned (to be, was) — dilarang
banner — bendera
banquet — jamuan makan
barbed wire — kawat berduri
barbed wire — kawat dengan
  duri
barber — tukang cukur
barber — tukang pangkas
bargain (to) — tawar
barracks — asrama
barricade — barikade
base — asas
base — dasar
based on — atas dasar
based on — berdasar
based on — berdasarkan
bashful — malu-malu
basic — asasi
basic commodities — bahan
  pokok
basic education — pendidikan
  dasar
basic goods — bahan pokok
basic thing — pokok
basic training — pendidikan
  dasar
basic of (on the) — atas dasar
basket — keranjang
basketball — bola basket
bath (to have a) — mandi
bath (to take a) — mandi
bathe — mandi
bathroom — kamar mandi
bathroom (to go to the) — ke
  belakang
bathtub — bak tempat mandi
batter (to) — menggempur
batter (to) — gempur

battery — accu [*also* aki]
battery [dry cell] — baterai
battle — perang
battle — pertempuran
battle (to) — bertempur
battle field — medan
  pertempuran
bay — teluk
be (let it) — biar saja
be (let it) — biarkan saja
be (should probably) — mesti
be (to) — menjadi
be (to) — ada
be (to) — adalah
be (to) — jadi
be in a place — ada
be present — ada
beach — pantai
beam of wood — balok
bear (to) — tahan
bear (to) — tanggung
bear a child (to)— melahirkan
beard — janggut
beard — jenggot
beat (to) — memenangi
beat (to) — memukul
beat (to) — mengalahkan
beat (to) — pukul
beat each other (to)[i.e. hit] —
  berpukul-pukulan
beaten (to be, was)—
  dikalahkan
beautified (to be, was) —
  diperbagus
beautiful — bagus
beautiful [female] — cantik
beautiful — elok
beautiful — indah
beautify (to) — memperbagus
beauty — kecantikan
beauty — keindahan
because — sebab

because — karena
because (of) — oleh karena
become — jadi
become (to) — menjadi
bed — tempat tidur
bedroom — kamar tidur
bee — lebah
befall (to) — menimpa
before (imminent) —
 menjelang
before [i.e. in front] — di
 depan
before [i.e. in front] — di
 muka
before [i.e. sequence] —
 sebelum
before [i.e. sequence] —
 sebelumnya
before [i.e. sequence] — tadi
before [i.e. sequence] — lebih
 dahulu
before [i.e. sequence] — dulu
before this — tadinya
beforehand — sebelumnya
beforehand — lebih dahulu
beforehand — dulu
beggar — orang peminta-minta
beggar — pengemis
begin — mulai
begin (to) — memulai
begin (will) — dimulai (akan)
begining (in the) — pada
 permulaan
beginning — permulaan
beginning — awal
beginning (in the very) —
 mula-mula
beginning (in the) — semula
beginning (in the) — mula-
 mula
beginning of (the)— dimulainya
begun (to be, was) — dimulai

behalf of (on) — atas nama
behavior — kelakuan
behind — belakang
being — adanya
belief — pendapat
believe (to) — menganggap
believe (to) — merasa
believe (to) — percaya
believed (to be) — dianggap
believed (to be, was) — diduga
believed (to be, was) —
 dipercaya
belong (to) — termasuk
below — bawah
below — di bawah
bench — bangku
beneficial (to be)— bermanfaat
benefit (to) — bermanfaat
beside — sebelah
beside — di samping
beside — di sebelah
beside — di sisi
besides — selain
besides — kecuali
besides — lebih dari
besides — di samping
best, ultimate — ter- [perfix]
best — paling
better — lebih baik
between — antara
between — diantara
between fingers — sela jari
between us — di antara kami
bewildered — bingung
bi-weekly — sekali dua minggu
be-weekly — setengah bulanan
bicycle — sepeda
bid (to) — menawarkan
bide one's time — mengulur-
 ulur waktu
big — besar
big as (as) — sebesar

big brother — abang
bigger — lebih besar
biggest (the) — terbesar
bill [legal] — undang-undang
bill (the)[/i.e. shop, restaurant] — bonnya
bill [i.e. electric, drug store] — kuitansi
bill [i.e.shop, restaurant] — bon
billion — milyar
billow (to) — mengepul
bind [to be in a] — terjepit
bird — burung
birth — asal
birth (to give) — melahirkan
birthday — ulang tahun (hari)
birthday — hari lahir
birthday — hari ulang tahun
bit (a) — sedikit
bite — gigit
bite (to) — menggigit (gigit)
bitten (to be, was) — digigit
bitter [taste] — pahit
blackmarket — pasar gelap
blade (knife) — mata pisau
blame (to) — mempersalahkan
blamed (to be, was) — dipersalahkan
bleeding — berdarah
blessing — berkat
blessing (your) — doa restu (Anda)
blind — buta
block — balok
blond [hair] — pirang
blood — darah
blood pressure — tekanan darah
blow (to)[i.e. by mouth]— menghembus

blow (to)[i.e. by mouth] — meniup
blueprint — denah
board — badan
board [i.e. wood] — papan
board a vehicle (to) — naik
board of directors — dewan direksi
boarding-house — pemondokan
boarding-house — asrama
boast (to) — membual
boat — kapal
boat (fishing) — perahu
body — tubuh
body [corpse] — jenazah
body [i.e. organization, person] — badan
boil (to) — memasak
bolt — baut
bomb (to) — melakukan pemboman
bomb (to) — membom
bombed (to be, was) — dibom
bombing (the) — pemboman
bond [i.e. in business] — pinjaman
bond [i.e. in business]— surat obligasi
bone — tulang
book — buku
book (pass)[in a bank] — buku tabungan
bookkeeper — ahli tata buku
boom — dentuman
booming — dentuman
border — tapal batas
border — perbatasan
bored — bosan
born (to be) — lahir
born (to be, was) — dilahirkan
borrow (to) — meminjam
borrow (to) — pinjam

boss — tuan besar
boss — majikan
both — kedua
both — kedua-duanya
both — maupun (baik...)
both of them — keduanya
bother — ganggu
bother (don't) — tidak usah
bother (to) — menyusahkan
bother a moment —
  mengganggu sebentar
bother about (to) —
  memperdulikan
bother that child (don't) —
  jangan ganggu anak itu
bottle — botol
bottom — pantat
bottom — dasar
bought (to be, was) — dibeli
boulevard — jalan raya
bow (to) — membungkuk
bowl — pinggan
box — kotak
boxer — petinju
boy — anak laki-laki
bra — kutang
bracelet — gelang
bracelet — karet gelang
brain — otak
brake — rem
branch [tree or
  organization] — cabang
brand — merek
brand — buatan
brand — cap
brave — berani
break (a) — istirahat
break (to) — memecahkan
break (to) [i.e. a law] —
  melanggar
break (to) [i.e. in phone line] —
  putus

break down (to) — mogok
break down of
  [specification] — perincian
break off — putus
break thru (to) — menerobos
break-down of — perincian
breaker [in sea] — ombak
breakfast — sarapan
breakfast — makan pagi
breath — napas
breathe in — menghirup
breed (a) — turunan
breed — jenis
breed (to) — memelihara
breed (to) — menternakkan
bribe — suap (uang)
bribe [of gov't officials] —
  pungli
brick — bata
bride or bridegroom —
  mempelai
bridge — jembatan
brief — singkat
bright — cerah
bright [not dark] — terang
bring — bawa
bring (to) — membawa
bring (to) — mengantar
bring a case to the court —
  mendakwa
bring about (to) —
  menyebabkan
bring into being (to) —
  mengadakan
bring up (to) —
  mengemukakan
broad — luas
broad-screen — layar lebar
broadcast — siaran
broadcast (to) — siarkan
broadcast (to be, was) —
  disiarkan

broadcast (the) — penyiaran
broadcasting-station — stasiun pemancar
broader — perluasan [root, luas]
broaden (to) — memperlebar
broadened (to be, was)— diperlebar
broadened (to be, was) — diperluas
broader — perluasan [root, luas]
broken [i.e. phone connection] — putus
broken — rusak
broken [i.e. glass] — pecah
broken (often) — sering rusak
broken down — rusak
broken into pieces — pecah
broken, [something long, slender] — patah
broom — sapu
brother — saudara
brother/sister [younger] — adik
brotherhood — persaudaraan
brought (to be, was) — dibawa
brought about by (to be) — disebabkan
brought into being (to be, was) — diadakan
brought up (to be, was) — dikemukakan
bruise — memar
brush — sapu
brush (to) — menggosok
brutality — kebrutalan
bucket — ember
budget — anggaran belanja
budget — biaya
budget (entire)— keseluruhan
budget plan — anggaran belanja (rencana)

budgeting — pembiayaan
build (to) — bangun
build (to) — membina
build (to) — membuat
build (to) — mendirikan
build (to)[i.e. a building] — membangun
builder — pembina
building — bangunan
building — pembangunan
building — gedung
built (to be, was) — dibangun
built (to be, was) — didirikan
bull — sapi jantan
bullet — peluru
bureau — biro
bureau — jawatan
buried (to be, was) — dikebumikan
burn (to) — membakar
burn (to) — bakar
burned (to be, was) — dibakar
burning (the) — pembakaran
burns — luka-luka bakar
bus — bis
bus stop — perhentian bis
business — urusan
business — perdagangan
business — dagang
business (engage in) — berdagang
business (small) — perusahaan kecil
business (to be in) — berdagang
business behavior — tingkah laku perusahaan
business firm — perusahaan
businessman — usahawan
businessman — pedagang
businessman [or people] — pengusaha

bustling — ramai
busy — repot
busy — sibuk
but — tapi
but — tetapi
butcher — tukang daging
buttocks — pantat
buy (to) — membeli
buy (to) — beli
buy things — berbelanja
buyer — pembeli
buying — pembelian
by — pada
by — dengan
by — dengan jalan
by — dengan menumpang
by (pass) — lalu
by [a person] — oleh
by and by — nanti
by means of — dengan
by that way — dengan
  demikian
by this — dengan demikian
by two's — dua-dua
bye (it's over now) — sudah

C

cable — kawat
cabled (to be, was) —
  dikawatkan
cage [i.e. dog] — kandang
cake — kue
calamity — bencana
calamity (natural) — bencana
  alam
calculate (to) — hitung
calculated (to be, was) —
  dihitung
calculating — penghitungan
calculation — perhitungan

calculation — hitungan
calf [of leg] — betis
call — panggilan
call (to) — memanggil
call (to) — menyebut
call (to) — menyebutkan
call back (to)[telephone] —
  menelepon kembali
call on somebody (to) —
  singgah
call on the phone — telepon
call out (to) — menyerukan
called (to be, was) — dipanggil
called (to be, was) — disebut
called (to be, was) —
  disebutkan
called out (to be, was) —
  diserukan
called satire (it's) — namanya
  satire
called satire (it's) — namanya
  sindiran
calm — tenang
calmly — secara tenang
camera — tustel
camera — kodak
can — bisa
can — dapat
can [i.e. permission] — boleh
can afford — mampu
can be done (certainly it) —
  bisa saja
canal — gorong
canal — kali
cancel (to) — membatalkan
cancel (to) — batalkan
cancellation — penangguhan
cancelled (to be, was) —
  dibatalkan
candidacy — pencalonan
candidate — calon
candle — lilin

cane – tongkat
cannon – meriam
capability – kemampuan
capable of – mampu
capacity of (having a) – berkapasitas
capacity of (in) – sebagai
cape – tanjung
capital (money) – modal
capital city – ibu kota
capital letter – huruf besar
capture – penangkapan
capture (to) – menangkap
captured (to be, was) – ditangkap
card – kartu
card (post) – kartu pos
care about (to) – mengacuhkan
care for (to) – bela
care for (to)[i.e. geese] – memelihara
careful – seksama
careful (be) – awas-awas
careful (be) – hati-hati
caress (to) – membelai
cargo – muatan
carpenter – tukang kayu
carpentry (to do) – bertukang [kayu]
carpet – permadani
carriage – kereta
carried (to be, was) – diangkat
carried (to be, was) – dibawa
carried out (to be) – terlaksana
carried out (to be, was) – diadakan
carried out (to be, was) – dijalankan
carried out (to be, was) – dilaksanakan

carried out (to be, was) – dilakukan
carried out (to be, was) – dilancarkan
carried out (to be, was) – dilangsungkan
carried out (to be, was) – diselenggarakan
carry (to) – membawa
carry (to)[heavy objects] – mengangkat
carry off (to) – menggondol
carry on the back – menggendong
carry out (to) – melaksanakan
carry out (to) – melakukan
carry out (to) – melancarkan
carry out (to) – melangsungkan
carry out (to) – mengadakan
carry out (to) – mengerjakan
carry out (to) – menjalankan
carry out (to) – menyelenggarakan
carry out (to) – berbuat
carry out [i.e. program] – laksana [*root*]
carry out innovations (to) – mengadakan pembaruan
carry out observation (to) – mengadakan peninjauan
carry out one's duty (to) – menjalankan tugas
carrying out – pelaksanaan
carrying out – diadakannya
carrying out of – dilakukannya
cart – kereta
carve (to) – mengukir [ukir]
carving – ukiran
casanova [woman-chaser] – buaya darat

case (in that) — kalau begitu
case [i.e. business] — kasus
case [situation] — hal
cash — kas
cash — tunai
cash on the spot (pay) — bayar
  kontan
cashier — kasir
casualties — korban-korban
  manusia
casualty — korban
cat — kucing
catch (to) — menangkap
  [tangkap]
catch (to)[i.e. a bird, a ball] —
  menangkap (tangkap)
catch [of fish] — penangkapan
catching of (the) —
  ditangkapnya
category — golongan
caught (to be) — tertangkap
caught (to be, was) —
  ditangkap
cause (to) — mengakibatkan
cause (to) — menyebabkan
caused by (to be, was) —
  diakibatkan
caused by (to be, was) —
  disebabkan
caution (to) — mengingatkan
cautious (be) — hati-hati
cave — gua
ceiling — langit-langit
celebrate (to) — merayakan
celebrated — dirayakan
cement — semen
cemetary — makam
cemetary — pemakaman
census-taker — pencacah
census-taking (the) —
  pencacahan
center — tengah

center — pusat
center of road (in the) —
  tengah jalan (di)
centered in (to be) — berpusat
central — pusat
central — sentral
central bureau of statistics —
  biro pusat statistik
Central Java — Jawa Tengah
central leadership council —
  dewan pimpinan pusat
century — abad
ceremony — upacara
certain (a/the) — sementara
certain — tentu
certain — tertentu
certain — yakin
certain — nyata
certain — pasti
certain (a) — sesuatu
certainly — tentu
certainly — tentu saja
certainly — tentunya
certainly, that is so — memang
  demikian
certainty — kepastian
certainty — keyakinan
certificate — ijazah
chair — kursi
chair (to) — mengetuai
chaired (to be, was) — diketuai
chairman — ketua
challenge — tantangan
chamber — majelis
chamber of commerce —
  kamar dagang
champion — jagoan [formal]
champion — juara
championship — kejuaraan
chance — kesempatan
chance (by) — secara
  kebetulan saja

chance (by) — kebetulan

change — ubah [*root*]

change [i.e. in plans] — perubahan

change — berganti

change (to) — mengganti

change (to) — menggantikan

change (to) — mengubah

change (to) — berubah

change (to)[i.e. substitute, replace] — ganti

change (to)[i.e. money] — tukar

change (to)[i.e. money, clothes] — menukar

change [appearance] — berubah

change [mind] — berubah

change [situation] — berubah

change clothes (to) — bersalin

change clothing — berganti pakaian

change for a large bill — uang kecil

change for a large bill — kembalinya

change into something else — malih

change money — tukar uang

change places — pindah

change something — mengubah

changed (to be, was) — dibalik

changed (to be, was) — diganti

changed (to be, was) — digantikan

changed (to be, was) — diubah

changes — perubahan-perubahan

changing (keep) — ganti-ganti

channel [water or diplomatic] — saluran

channelled (to be, was) — disalurkan

chaos — kekacauan

chapters — bab

character — sifat

character [i.e. letter] — huruf

character — peranan

characteristic — sifat

characteristic of — bersifat

charcoal — arang

charge — dakwaan

charge (to be in) — berkuasa

charge (to) — menuduh

charge d'affaires — kuasa usaha

charged with (to be, was) — dipersalahkan

charged with (to be, was) — dituduh

chart [organization] — peta

chase (to) — memburu

chase (to) — usir [*root*]

chase out — usirlah

chase out (to) — mengusir

chat (to) — mengobrol

chat (to) — bercakap-cakap

cheap — murah

cheap as (as) — semurah

cheapest — paling murah

cheapness — kemurahan

check (please) — tolong periksa

check (to)[for errors] — memeriksa

check (to)[for errors] — periksa

checked (to be, was) — diperiksa

cheek — pipi

cheerful — girang

chemical — kimiawi

chess — catur

chicken – ayam
chief – kepala
chief (village) – lurah
chief editor – pemimpin
  redaksi
chief of staff – kepala staf
chief of state – kepala negara
child – anak
child (have a) – beranak
children – kanak-kanak
chili pepper – cabe
Chinaman – Cina
Chinese People Republic –
  Republic Rakyat Cina
chock-full – penuh sesak
choice – pilihan
choir – koor
choir – paduan suara
choose (to) – memilih (pilih)
chosen (to be, was) – dipilih
Christmas – Hari Natal
church – gereja
cigar – cerutu
cigarette – rokok
cinch – kepastian
circle – lingkungan
circle – bundaran
circle (government) –
  kalangan pemerintah
circle of people – kalangan
circulate (to)– mengedarkan
circulate (to) – edar
circulated (to be, was) –
  diedarkan
circulation – peredaran
circulation (in) – beredar
citizen, citizenzy – rakyat
citizen – warga negara
citrus fruit – jeruk
city – kota
city (destination) – kota
  tujuan

city hall – balai kota
civil rights union– persatuan
  hak-hak sipil
civil servant — pegawai negeri
civil service – pamong praja
civilian – sipil
civilian clothes [bus. suit] —
  sipil lengkap
claim – tuntutan
claim (to) – menuntut
claim [i.e. for express] –
  tagihan
claim to (to lay) – menuntut
claim to be (to) – mengaku
claimed (to be, was) —
  dituntut
clarification – penjelasan
clarification [slang] – jelasnya
clarified (to be,
  was) – dijelaskan
clarify – menjelaskan
clash – bentrokan
clash (to) – bentrok
clash (to) – hantam
clash with (to) – menghantam
class [ethnic] – kaum
class – kelas
classification – golongan
classification – jenis
classification – penggolongan
claw (to) – mencakar
clay – tanah liat
clean – bersih
clean (to) – membersihkan
  (bersihkan)
clean as (as) – sebersih
clean something (to) –
  membersihkan
cleaned (to be, was) –
  dibersihkan
cleaning (the) – pembersihan
cleanliness – kebersihan

clear — cerah
clear — jelas
clear [i.e. water] — bening
clear (it's not) — tidak begitu pasti
clear [liquids only] — jernih
clear (to make) — menerangkan
clear (to make) — menjelaskan
clear [not dark] — terang
clear as (as) — sejelas
clearly — terang-terang
clearly — jelas-jelas
clerk — pegawai
clerk (post office) — pegawai pos
clever — cerdik
clever — pandai
clever — pintar
climate — hawa
climax — puncak
climb (to) — menaiki
climb (to) — naik
climb (to)[i.e. production] — meningkat
climb (to)(i.e. mountain) — mendaki
climb a tree (to) — memanjat pohon
climb stairs — menaiki tangga
clipping — guntingan
clock — jam
clock water — pengamat waktu
clog up (to) — memacetkan
clogging up (the) — macetnya
close — rapat
close — akrab
close — dekat
close — erat
close (to)[i.e. door] — tutup
close (to)[i.e. door] — menutup

close to — di dekat
close to (come) — mendekati
close to (to be) — berdekatan
close [vicinity] — hampir
close watch over (the) — pengawasan
closed (to be, was) — ditutup
closed [i.e. door] — tertutup
closed [i.e. door] — tutup
closely — dekat-dekat
closing — penutupan
closing ceremony — upacara penutupan
cloth — kain
cloth material — kain
clothes — pakaian
clothes — baju
clothes hanger — gantungan baju
cloud — awan
cloudy — mendung
club — tongkat
club [i.e. association] — perkumpulan
clue — petunjuk
coal — batu bara
co-operation — kerja sama
co-wife — madu
coarse — kasar
coast — pantai
coast police — polisi pantai
coat — jas
coat of arms [family] — lambang keluarga
coat of arms [national] — lambang negara
cock — jago
cockroach — kecoa
coconut — kelapa
code — sandi
coffee — kopi
coffee (drink) — ngopi

coin — mata uang
coins — uang logam
coincide with (to) —
  bersamaan dengan
coincidentally — kebetulan
cold — dingin
cold (to have) — pilek
cold war — perang dingin
colder — lebih dingin
collapse — runtuh
collapse (to) — runtuh
collapse (to) — ambruk [*also*
  amberuk]
colleague — rekan
collect (to) — kumpulkan
collect (to) — mengumpulkan
collected (to be, was) —
  dikumpulkan
collection — pengumpulan
collection — himpunan
collection — kumpulan
collector [i.e. stamps] —
  pengumpul
college student — mahasiswa
collide with (to) — melanggar
Colonel — Kolonel
colonize (to) — menjajah
color — warna
color television — t.v. warna
column — ruangan
column [i.e. printed] — kolom
comb — sisir
comb (to) — menyisir
comb (to) — bersisir
combination — gabungan
combined — bergabung
combined (to be) — tergabung
come (to) — datang
come afterwards (to) —
  menyusul
come along (to) — ikut
come back — kembali

come frequently (to) — datang-
  datang
come from — berasal (dari)
come here — kemari
come here — mari
come home (to) — pulang
come home from work (to) —
  pulang kerja
come in (to) — masuk
come in contact with (to) —
  kena
come on — yok
come on — mari
come on — ayo
come on — ayo deh
come on — ayolah
come on (oh)[be serious or
  hurry up] — ayo dong
come on [to accompany] —
  ayolah
come on, let's — mari
come suddenly (to) —
  mendatang
come with (to) — ikut
comes (to take it as it) —
  begitulah
comfortable — senang
coming — yang akan datang
coming — kedatangan
coming — mendatang
command — komando
command — perintah
command (to) —
  memerintah(kan)
command post — pos
  komando
commanded (to be, was) —
  diperintahkan
commander — panglima
Commander of Police Forces —
  Panglima Angkatan
  Kepolisian

Commander of the Air
Force — Panglima Angkatan
Udara
Commander of the Army —
Panglima Angkatan Darat
Commander of the Navy—
Panglima Angkatan·Laut
commemorate (to) —
memperingati
commemorated (to be, was) —
diperingati
comemmoration — peringatan
commentary — bahasan
commentary — komentar
commerce — perdagangan
commerce — dagang
commission — pengangkatan
commitment — penjajakan
commitment (a) — perjanjian
committee — panitia
committee — pengurus
common — bersama
common — biasa
common — biasa saja
communicate with (to) —
menghubungi
communication — perhubungan
community — masyarakat
companion — teman
companion — kawan
company — perusahaan
compared (to be, was) —
dibanding
comparison — perbandingan
compel (to) — memaksakan
compelled (to be) — terpaksa
compete (to) — berebut-rebut
compete (to) — bersaingan
compete with (to) —
bersaingan dengan
competition — saingan
competition — persaingan

competitor — saingan
compilation — susunan
compile (to) — menyusun
compiled (to be, was) —
disusun
compilation — penyusunan
complain (to) — mengeluh
complaint — keluhan
complete — selesai
complete — sempurna
complete — lengkap
complete — penuh
complete — genap
complete (it is) —
selengkapnya
complete (to) — selesaikan
complete (to) — melengkapi
complete (to) — menyelesaikan
complete (to) —
menyempurnakan
completed — rampung
completed — selesai
completed (to be, was)—
diselesaikan
completely — sama sekali
completely — sepenuhnya
completely — habis
completion — penyelesaian
compliance (in) — sejalan
complicate (to) — mempersulit
complicated — report
complicated — rumit
complicated — sulit
complicated — seluk-beluk
complication — kesulitan
compose (to) — karang
compose (to) — mengarang
compose (to) — menggubah
composed of (to be)— terdiri
atas
composed of (to be) — terdiri
dari

composition [i.e. writing] — karangan
comprehensive — lengkap
computer — komputer
concept — paham
concept — gagasan
concerned (to be) — kuatir
concerned about (be) — kuatirkan
concerned with (to be) — bersangkutan
concerning — tentang
concerning — terhadap
concerning — mengenai
concerning — perihal
concerns something (as) — menyangkut
concessions (to make) — melakukan konsesi
conclude (to) — mengakhiri
concluded (to be, was)— diakhiri
conclusion — kesimpulan
concrete bunker — kubu beton
condemn (to) — mengutuk
condition — keadaan
condition — kondisi
condition — persyaratan
condition — syarat
conduct negotiations (to) — .mengadakan perundingan
confer (to) — berunding
conference — rapat
conference — rundingan
conference — konperensi
conference — permusyawaratan
conference — perundingan
conference (to hold a) — melakukan perundingan
conference (to hold a) — mengadakan perundingan

conference room — ruang sidang
confess (to) — mengaku
confess (to) — mengakui
confessed (to be, was) — diakui
confession — pengakuan
confirm (to) — membenarkan
confirm (to) — menegaskan
confirmed (to be, was) — ditegaskan
conflagration — kebakaran
conflict (in) — bertentangan
confront (to) — menghadapi
confronted by (to be, was) — dihadapi
confused (to be) — tidak keruan
confused (to be)(was) — bingung
confusion — kekacauan
congratulation — ucapan selamat
congratulation for — selamat atas
congratulations — selamat
connect — hubung [*root*]
connect (to)— menghubungkan (hubung)
connect (to) — berhubungan
connect (to) — hubungkan
connect (to) — menyambung
connected — berhubung
connected (to be) — terhubungkan
connected (to be, was) — dihubungkan
connected with — bertalian
connecting — berhubungan
connection — perhubungan
connection — hubungan
connection with (have) — berkaitan dengan

connection with (in) — sehubungan dengan

connection with (in) — berhubung dengan

connection with (in)— berkenaan dengan

connection with (in) — berkenaan dengan

connector [person] — penghubung

conquer (to) — menundukkan

conquered (to be, was) — ditundukkan

conscientious — seksama

conscious — sadar

concencus — keputusan bersama

consequence — akibat

consequence of (to have the) — mengakibatkan

consequently — jadi

consider (to) — mempertimbangkan

consider (to) — menanggapi

consider (to) — menganggap

consideration — pertimbangan

consideration (to take under) — mempertimbangkan

considered (to be, was) — dianggap

considered (to be, was) — dipertimbangkan

consist of (to) — terdiri atas

consist of (to) — terdiri dari

consistent — tetap

consistent — terus-menerus

consistently — terus-menerus

consolation — hiburan

constant — tetap

constitute (to) — merupakan

constitution — undang-undang dasar

constraint (free from)— merdeka

construct (to) — membangun

constructed (to be, was) — dibangun

construction — bina

construction — pembangunan

consul-general — konsul jenderal

consult (to) — berunding

consultant — konsultan

consultation — musyawarah

contact — hubungan

contact (to) — berhubungan

contact (to) — hubungkan

contact (to)[i.e. via telepon] — menghubungi

consumer — konsumen

consumption — konsumsi

contain (to) — kandung

contain (to) — memuat

contain (to) — mengandung

contain (to) — muat

contain (to) — berisi

contained in (to be, was) — dimuatkan

containing — berisi

content — puas

contents — isi

contended — senang hati

contest — pertandingan

continent — benua

continuation — sambungan

continuation — kelanjutan

continue — teruskan

continue (to) — sambung (ber)

continue (to) — terus

continue (to) — melanjutkan

continue (to) — meneruskan

continue a voyage (to) — melanjutkan pelayaran

continue to — tetap

continue (to) — lanjutkan
continued — gencar
continued (to be, was) —
dilanjutkan
continued (to be, was) —
diteruskan
continuously — secara terus-
menerus
contract — kontrak
contradict (to) — membantah
contradicted (to be, was)—
dibantah
contradictory — bertentangan
contrary (on the) — malahan
contrary (on the) — bahkan
contribute (to) — sumbang
contribute (to)— menyumbang
contribute (to) —
menyumbangkan
contributed (to be, was) —
disumbangkan
contribution — sumbangan
control — kekuasaan
control — pengawasan
control — pengendalian
control (to) — mengendali
control (to) — menguasai
control one self (to) —
mengendalikan diri
controlled (to be, was) —
dikendalikan
controlled by (to be, was) —
dikuasai
controller — pengendali
convene (to) — bersidang
convention hall — balai sidang
conversation — percakapan
convey (to) — sampaikan
convey (to) — menyampaikan
conveyed (to be, was) —
disampaikan
conviction — keyakinan

convinced — yakin
convoy — iring-iringan
cook — juru masak
cook (to) — masak
cook (to) — memasak
cook [person] — koki
cookie — kue kecil
cooking fat — minyak goreng
cooking oil — minyak goreng
cool — sejuk
cool — dingin
cooperate (to) — bekerja sama
cooperation — kerja sama
coordinated (to be, was) —
dikoordinir
Coordinating Minister —
Menteri Koordinator
coordination — pengaturan
copy — salinan
copy [i.e. c.c.] — tembusan
copyright — hak cipta
cordial — ramah-tamah
core — inti
corn — jagung
corner — sudut
corner — penjuru
corpse — mayat
corpse — jenazah
corporation — korporasi
correct — benar
correct — betul
correct (to) — membetulkan
correct (to) — mengkoreksi
correction — perbaikan
corrections — perubahan-
perubahan
corrections — kebenaran
correspondence— surat-
menyurat
corrupt — korupsi
corrupt — buruk
corrupt — busuk

corrupt — korup
corrupt (to) — membusukkan
corruption — kebusukan
corruption — korupsi
cost — ongkos
cost — biaya
cost — harga
cost — harganya
cost (high) — biaya tinggi
cost (high) — harga yang tinggi
cost (to) — menelan biaya
cost of renting — sewanya
cost-of-living — biaya hidup
costal police — polisi pantai
costing — seharga
costing ten — sepuluhan
costs — ongkos
cotton — katun
cotton plant — kapas
council — majelis
council — badan
counsel — nasihat
counseling — penyuluhan
count — hitungan
count (to) — menghitung
count (to) — hitung
counted (to be) — terhitung
counted (to be, was) — dihitung
counter-word for flat objects — lembar
counter [flat, thin object] — lembar
counterpart — rekan
counterword of animals — ekor
counterword for inanimate things — buah
counterword for people — orang

counterword for small round thing — butir
country — negara
country — negeri
country — desa
course — kursus
course (of) — tentu saja
course (of) — tentunya
course I want (of) — mau saja
course of (in the) — dalam rangka
course of (the) — jalannya
court — istana
court (law) — pengadilan
court of justice — mahkamah
court room — mahkamah pengadilan
court trial — pengadilan.
courtesy call — kunjungan perkenalan
courtesy call or visit — kunjungan kehormatan
cover (to) — meliputi
cover (to) — tutup
cover a news-story (to) — mengcover [also meliput]
cover of book — kulit
cover something (to) — menutupi
covered (to be) — tertutup
covering — tertutupi
covering (a) — penutupan
cow — sapi
cow — sapi betina
coward (a) — penakut
crack — retak
crack — belah
crane [construction] — kerekan
crash — kecelakaan
cream — krim
create (to) — menciptakan

create (to) — mengadakan
created (to be, was) —
  diadakan
creating of (the) —
  diadakannya
creation (the) — pembinaan
creative work — karya
credentials — surat-surat
  kepercayaan
crevice — belah
crew — awak
criminal — penjahat
crisis — kemelut
critical — gawat
criticize (to) — mengeritik
critique — bahasan
crop — hasil
crook — buaya darat
cross (to) — melintasi
cross (to)[street] —
  menyeberang
cross (to)[street] —
  menyeberangi
cross over (to) — melintasi
crowd (to) — berjejal-jejal
crowded — ramai
crowd — sesak
crowded — penuh sesak
crude — kasar
cruiser — kapal penjelajah
crush (to) — menyerut
cry (to) — menangis (tangis)
cube — kubus
cuisine — masakan
cuisine (its) — masakannya
cultivate (to) — mengusahakan
cultivated (to be, was) —
  diusahakan
cultivated land — tanah usaha
cultural center — pusat
  kebudayaan

cultural hall — balai budaya
culture — kebudayaan
cup — mangkuk
cup — cangkir
cupboard — lemari
cupcake — kue mangkuk
curfew — jam malam
currency — uang (mata)
currency — valuta
currency — mata uang
current [electric, ocean] — arus
current [up to date] — aktif
curse (to) — mengutuk
curtains(s) — tirai
curve (go in a) — belok
custom — kebiasaan
custom [i.e. tribal] — adat
custom and tradition — adat
  dan tradisi
custom and tradition — adat-
  istiadat
customarily — biasanya
customary — biasa
customers — langganan
customs [office] — pabean
customs and duties — bea
  cukai
cut (to) — potong
cut (to) — memotong
cut by a knifer blade tip
  (be) — kena mata pisau
cut hair — mencukur
cut hair — potong rambut
cut off — putus
cut someone's hair —
  mencukur
cut with scissors (to) —
  menggunting
cute [i.e. small child] — lucu-
  lucunya (sedang)
cyclone — topan siklon

D

dad — pak
daily — sehari-hari
daily — harian
daily essentials — kebutuhan hidup sehari-hari
daily paper — harian
damage — kerusakan
damage (to) — merusakkan
damaged — rusak
dance — tarian
dances — tari-tarian
danger — bahaya
danger signal — tanda bahaya
dangerous — berbahaya
dangerous — gawat
dare — berani
dark — gelap
darling — sayang
data — catatan
data — data
date — tanggal [tgl]
dated (to be) — tertanggal
daughter — tertanggal
daughter — puteri
daughter — anak perempuan
daughter [formal] — puteri
daughter-in-law — mantu perempuan
daughter-in-law — menantu perempuan
dawn — subuh
day — hari
day (good) — selamat siang
day (the following) — keesokan hari
day (the following) — besok
day (the following) — esok harinya
day after tomorrow (the) — lusa

day before yesterday (the) — kemarin dulu
daytime — siang (hari)
dead — mati
dead (to be, was) — dimatikan
deadly — bahaya maut
deaf — tuli
deal (it's a) — sudah
dealing with — pengurusan
death (a) — kematian
debate — perdebatan
debated (to be, was) — dibahas
debris — runtuhan
debt — hutang
debt(s) — hutang
deceased (honored) — almarhum
decent — sopan
decent — layak
decide (to) — memutuskan (putus)
decide on (to) — menentukan
decide on (to) — menetapkan
decided (to be, was)— diputuskan
decided (to be, was)(on) — ditetapkan
decided on (to be, was) — ditentukan
decision — putusan
decision — keputusan
decision (joint) — keputusan bersama
decision — ketetapan
decision — penentuan
decision (to make a) — mengambil keputusan
decision making — pengambilan keputusan
decision making — bikin keputusan
declaration — pernyataan

declare (to) — menyatakan
decline (the) — kurangnya
decline (the) — penurunan
decline (the) — turunnya
decline (to) — turun
decline (to) — menurun
decline (to) — merosot
decline (to) — mundur
decline (to) — berkurang
decorate (to) — menghiasi
decorated (to be, was) — didekorasi
decrease — berkurang
decrease (the) — kurangnya
decree — keputusan
decree (to) — menetapkan
dedicate (to) — resmikan
dedicate to (to) — mengabdi kepada
dedicate (to) — meresmikan
dedicated to (to be, was) — diresmikan
dedication — pengabdian (abdi)
dedication (his) — amal baktinya
deem something to be — menganggap
deep — dalam
deep study of — penelitian
deepen (to) — memperdalam
deepened (to be, was) — diperdalam
deer — rusa
defeat (to) — memenangi
defeat (to) — mengalahkan
defeated — kalah
defeated (to be, was) — dikalahkan
defend (to) — bela
defend (to)[i.e. opinion, country] — mempertahankan

defended (to be, was) — dipertahankan
defense — pertahanan
defense and security — pertahanan dan keamanan
defer (to) — bela
deficiency — kekurangan
deficit — kekurangan
defined — tertentu
definite — tertentu
definite — pasti
deflator — deflator
degree [temperature] — derajat
degree [Ph.D.] — doktor
degree — gelar
degree [intermediate] — doktorandus
degree-holder — sarjana
delay — penangguhan
delay (to) — menunda
delegation — utusan
delegation — perutusan
delegation — perwakilan
delegation — delegasi
deliberation — musyawarah
delicate — halus
delicious — sedap
delicious — lezat
delicious — enak
deliver (to) — mengantar
deliver (to) — mengantarkan
deliver (to) [orally] — mengucapkan
deliver a baby — melahirkan
delivered (to be, was) — disampaikan
demand — keperluan
demand (a) — tuntutan
demand [i.e. economic] — permintaan
demand (in) — laris
demand (to) — tuntut

demand (to) — meminta
demand (to) — menghendaki
demand (to) — menuntut
demanded (to be, was) — dikehendaki
demanded (to be, was) — dituntut
demonstrate (to) — berdemonstrasi
demonstrated (to be, was) — ditunjukkan
demonstration — demonstrasi
demonstrator — demonstran
den (study) — ruang kerja
denied (to be, was) — dibantah
denounce (to) — mengutuk
dense — lebat
dentist — dokter gigi
deny (to) — membantah
depart (to) — meninggalkan
depart (to) — berangkat
depart (to) — bertolak
depart from (to) — berangkat dari
department — jawatan
departure — pemberangkatan
depend on (to) — tergantung pada
depend on (to) — bergantung kepada
depend upon (to) — tergantung kepada
depends (it) — terserah
depends (it) — belum tentu
depends on (that) — tergantung pada itu
depleted — habis
deposit — penyetoran
deposit (to) — menyetor
depreciation — penyusutan
deputy — wakil

deputy chairman — wakil ketua
deputy chief — wakil kepala
deputy governor — wakil gubernur
Deputy Prime Minister — Wakil Perdana Menteri
derail (to) — menggelincirkan
descend (to) — turun
descend (to) — menurun
descendant — turunan
descent (the) — turunnya
described (to be, was) — digambarkan
design — rancangan
desire (a) — keinginan
desire — hasrat
desire — kehendak
desire — menghendaki
desire (to) — menginginkan
desire (to) — ingin
desire (your, his, her, its) — maunya
desired (to be, was) — dikehendaki
desk — meja tulis
despatching — pemberangkatan
desperate (to be) — kehilangan akal
despotically — sewenang-wenang
destiny — nasib
destroy (to) — melanda
destroy (to) — menggempur
destroyed — rusak
destroyed — hancur
destroyer — kapal penggempur
destroyer — kapal perusak
detail (in) — secara terperinci [*also* secara terinci]

detail (in) — terperinci [*also* terinci]
detail (in) — mendetil
detailed — terperinci [*also* rincian]
details — perincian
detain (to) — menahan
detained (to be, was) — ditahan
detect — ketahui
detective — reserse [*also* detektif]
detention — penahanan
determination — penentuan
determine (to) — menentukan
determine (to) — menetapkan
determine (to be, was) — ditentukan
determined (to be, was) — ditetapkan
develop (to) — membangun
develop (to) — memperkembangkan
develop (to) — mengembangkan
develop (to be, was) — dikembangkan
developing (film) — mencuci (film)
development (5 year) — PELITA (5 tahun)
development — pembangunan
development — pengembangan
development — perkembangan
deviation — kelainan
deviation — penyimpangan
devote attention to (to) — mencurahkan perhatian
diagnose — mengira
dial (to) — putar
dialogue — percakapan
diamond — intan

dictate (to) — dikte
dictionary — kamus
die (to)[person] — meninggal
die (to)[i.e. animal] — mati
die down — reda
died — meninggal dunia
diet (to) — kurangi makan
difference — ubah
difference — perbedaan
difference — beda
different — lain
different — berbeda
different [i.e. hotel] — lain [*i.e.* hotel]
difficult — repot
difficult — rumit
difficult — sukar
difficult — sulit
difficult — susah
difficult (to make) — mempersulit
difficult [task] — berat
difficulties (make) — menyusahkan
difficulty — kesukaran
difficulty — kesulitan
dig — menggali
diligence — kerajinan
diligent — rajin
diligent as (as) — serajin
diligently — rajin-rajin
diminish (to) — memperkecil
dining table — meja makan
diploma — surat tanda tamat belajar
diploma — ijazah
dipper (water) — gayung
direct — terus
direct (to) — memimpin
direct [to a person] — langsung pada

direct [telephone line] — langsung
directed (to be, was) — dikendalikan
direction — arah
direction — tujuan
direction — jurusan
direction of (in the) — ke arah
directions — petunjuk
director — direktur
director general — direktur jenderal
director-in-chief — direktur utama
directorate — direktorat
directorate-general — direktorat jenderal
directory — petunjuk
director — direktur
dirt — tanah
dirty — kotor
disabled — cacat
disappear (to) — menghilang
disappearance — kehilangan
disappearance — kehilangan
disappear (to) — hilang
disappoint (to) — mengecewakan
disappointed to (to be) — kecewa
disappointing — mengecewakan
disassemble (to) — membongkar
disassembled (to be, was) — dibongkar
disaster — bencana
discharge (to)[from job] — memecat
discharge (to)[i.e. gun] — menembaki

discharged (to be, was) — dipecat
discipline — ketertiban
discount [to get a] — mendapat potongan
discover (to) — menemukan
discovered (to be, was) — diketemukan
discovered (to be, was) — ditemukan
discuss — bicara-bicara
discuss (to) — berunding
discuss (to) — membahas
discuss (to) — membicarakan
discuss (to) — mendiskusikan
discuss — bicarakan
discussed (to be, was) — dibahas
discussed (to be, was) — dibicarakan
discussed (to be, was) — didiskusikan
discussed (to be, was) — diperbincangkan
discussion — musyawarah
discussion — pembicaraan
discussion — bahasan
discussion — diskusi
disease — penyakit
dish — pinggan
dish — piring
dish (of food) — hidangan
dismantle (to) — membongkar
dismantled (to be, was) — dibongkar
dismissed [i.e. fired] — dipecat
dismissed (to be, was) — dikeluarkan
disorder — kekacauan
dispatched (to be, was) — diberangkatkan
dispensary — apotek

disperse (to) — membubarkan
dispersed — cerai-berai
dispersed (to be, was) — dibubarkan
display — pameran
display (to) — memamerkan
dissolve (to) — membubarkan
dissolve (to) — bubar
dissolved (to be, was) — dibubarkan
distance — jarak
distant — jauh
distinction (to make a) — membedakan
distribute (to) — membagi-bagikan
distribute (to) — membagikan
distribute (to) — mengedarkan
distributed (to be, was) — dibagi
distributed (to be, was) — diedarkan
distribution — pembagian
distribution — penyaluran
distribution — peredaran
district — wilayah
district — kabupaten
district — daerah
district — pedesaan
disturb (to) — mengganggu
disturbance — kekacauan
disturbance — keributan
disturbance — kerusuhan
disturbance — gangguan
disturbed (to be) — terganggu
disturbed (to be, was) — diganggu
ditch — parit
ditto — idem
dive (to) — menukik
divide (to) — membagi
divide (to) — bagi

divided (to be, was) — dibagi
divided into (to be) — terbagi atas
divinity — ketuhanan
division — pembagian
division — pemisahan
division [organization] — bagian
divulge (to) — mengungkapkan
divulged (to be, was) — diungkapkan
dizzy — pusing
dizzy — pusing (kepala)
do (anything will) — yang mana saja
do (things to) — kerjaan
do (to) — kerja
do (to) — kerjakan
do (to) — melakukan
do (to) — membuat
do (to) — mengerjakan
do (to) — menjalankan
do (to) — berbuat
do (what shall I) — bagaimana, ya?
do it (to) — lakukan
do that (don't) — jangan gitu dong
do not — jangan
do not — janganlah
do something — mengerjakan sesuatu
do something (know how to) — pandai
do something (tell someone to) — menyuruh
do the wrong way — salah
dock (to) — merapat
dock (to) — berlabuh
doctor [medical] — dokter
doctrines — ajaran
document — naskah

does — kerja
dog — anjing
doing (be) — kerja
doing anything (I'm not) —
  begitu saja
doll — boneka
domestic — dalam negeri
dominate (to) — menguasai
dominate (to) — menjajah
domination — penjajahan
don't — jangan
don't bother yourself — jangan
  bikin sibuk
don't care — tidak peduli
don't touch — jangan sentuh
don't use ice — tidak pakai es
don't worry — jangan kuatir
donate (to) — sumbang
donate (to) — menyumbangkan
donated (to be, was) —
  disumbangkan
donations — sumbangan
done — selesai
done (be) — sudah jadi
done (certainly it can be) —
  bisa saja
done (certainly it can be) —
  bisalah
done (thing being) — kerja
done (to be, was) — dibuat
done (to be, was) — dijalankan
done (to be, was) — dikerjakan
done (to be, was) —
  dilaksanakan
done (to be, was) — dilakukan
door — pintu
door mat — kain keset
dormitory — asrama
double as (to) — merangkap
doubled — berganda
doubt (to) — sangsi
down — bawah

down — di bawah
down (to get) — turun
down (to go) — turun
downcast — suram
downstairs — di bawah
downwards — bawah (ke)
dozen — lusin
draft — naskah
draft (tough) — konsep
draft (to) — menyusun
draft (the) — rangka
draft resolution — usul resolusi
drafted (to be, was) — disusun
drafting (the) — penyusunan
drama — sandiwara
draw (to) [i.e. pull] — menarik
draw (to) — menggambar
draw near (to) — merapat
drawer — laci
dreadful — hebat
dredge up (to) — mencakup
dregs — ampas
dress — pakaian
dress (neat and informal) —
  pakaian bebas dan rapi(h)
dress [a wound] — membalut
dresser — lemari
dried herbs [medical] — jamu
drift (to) — layang
drift (to) — melayang
drink (a) — minuman
drink (to) — minum
drinking glass — gelas
drive (to) — menjalankan
drive (to) — mengendarai
drive a pedicab — tarik becak
driven (to be, was) —
  dikemudikan
driver — supir
driver — pengemudi
driver — pengendara

driver's license — surat izin mengemudi [SIM]

drizzle — gerimis

drop (the) — turunnya

drop (the) — jatuhnya

drop (to) — turun

drop (to) — menjatuhkan

drop (to) — menurun

drop (to) — jatuh

drop in (to) — singgah

drop in (to) — mampir

dropped (to be, was) — dijatuhkan

dropped (to be, was) — diturunkan

drown — terbenam

drug store — apotek

drum — genderang

drunk — mabuk

drunk (to be, was)[i.e. water] — minum

drunkard (a) — pemabuk

dry — kering

duck — bebek

duck — itik

duplication — rangkap

durable — tahan lama

duration — jangka waktu

during — selagi

during — selama

during — semasa

during — pada

during this time — selama ini

dust — abu

dust — debu

dusted (to be, was) — dilap

dusty — berdebu

Dutch — Belanda

Dutchman — orang Belanda

duties — cukai

duty — tugas

duty (levy) — pajak

duty (has the) — bertugas

duty (to be on) — dinas (sedang)

duty (tour of) — masa tugas

E

each — setiap

each — tiap

each — tiap-tiap

each — masing-masing

each and everything — segala sesuatu

each other (do to) — saling

eagle — garuda

ear — telinga

earlier — tadi

earlier — tadinya

earlier — terlebih dahulu

earlier — lebih dahulu

earlier — dini hari

earlier — dulu

early — sebelum waktunya

early — lekas

early — awal

early — dini hari

early in the morning — pagi-pagi

early in the morning (very) — pagi-pagi benar

early morning (to) — subuh

earn money (to) — berpenghasilan

earnings — penghasilan

earth — tanah

earth [world not dirt] — bumi

earth quake — gempa bumi

easement — kelonggaran

easier (to make) — memudahkan

easily — dengan mudah

East — Timur

East Java — Jawa Timur
Easter Day — Hari Paskah
easy — mudah
easy — gampang
easy chair — kursi malas
eat (to) — makan
eat less — kurangi makan
eaten (to be, was) — dimakan
eating (way of) — makannya
eclipse [i.e. sun] — gerhana
economy, finance and
  industry — EKUIN
economic — ekonomis
economical — hemat
economical — irit
economics — ekonomi (ilmu)
economist — ahli ekonomi
economizing (the) —
  penghematan
economy — ekonomi
edge — tepi
edge — pinggir
edge — pinggiran
edition — penerbitan
editorial — tajuk rencana
educate (to) — mendidik
education — pendidikan
education — pengajaran
Education and Training
  Center — PUSDIKLAT
Education and Training
  Center — Pusat Pendidikan
  dan Latihan
effect — pengaruh
effect — akibat
effect (to be in) — berlaku
efficiency — efisiensi
efficient — efisien
efficiently — secara efisien
effort — usaha
effort (common) — usaha
  bersama

effort (to make an) —
  mengusahakan
e.g. — misalnya
egg — telur
Egypt — Mesir
elaborate — panjang lebar
elaborately — panjang lebar
  (dengan)
elbow — siku
elbow to finger tips — tangan
eldest — sulung
eldest — paling tua
elect (to) — memilih
elected (to be, was) — dipilih
election (this type of) —
  pemilihan jenis ini
election — pemilihan
electric — listrik
electric lamp — lampu listrik
electric outlet — colokan listrik
electricity — listrik
element — anasir
elevator — lift
else (anything) — yang lain
else? (what) — apalagi?
embarrassed — malu
embarrassed — memalukan
  (malu)
embassy — kedutaan
embassy — kedutaan besar
embassy [center] — pusat
  kedutaan
embrace (to) — merangkul
embroider — menyulam
emerald — jamrud
emerge (to) — timbul
emerge (to) — muncul
emergence (the) — timbulnya
emergency — darurat
emission — pancaran
emotion (the) — perasaan
emperor — kaisar

emphasis – tekanan
emphasize (to) –
mengutamakan
emphasized (to be, was) –
ditekankan
empire – kerajaan
employee [in an office]–
pegawai
employer – majikan
employment – perburuhan
emptied (to be, was) –
dikosongkan
empty – kosong
enable (to) – memungkinkan
enclose (to) – melampirkan
enclosed (to be) – terlampir
[lampir]
enclosure – lampiran
encourage, pushed –
terdorong
encourage (to) –
menganjurkan
end – ujung
end – akhir
end (in the) – akhirnya
end [of film] – tamat
end [of life] – tamat
end [of studies] – tamat
end (to) – mengakhiri
end (to) – berakhir
endeavor – usaha
ended (to be, was) – diakhiri
ended (to be, was) –
diselesaikan
ending (the) – penyelesaian
endured (to be, was) –
ditahan
enemy – musuh
energetic – giat
energy – tenaga
engaged – bertunangan
engineer – insinyur

England – Inggris
English – Inggris
English language – bahasa
Inggris
enjoy – suka
enjoy (to) – menikmati
enjoy oneself – bersenang-
senang
enlarge (to) – membesarkan
enlarge (to) – memperbesar
enlarged (to be, was) –
dibesarkan
enlarged (to be, was) –
diperbesar
enormous – hebat
enough – cukup
enter (to) – masuk
enter into (to) – memasuki
entertain (to) – menghibur
entertainer – penghibur
entertaining [something] –
lucu
entertainment – hiburan
entertainment place – tempat
hiburan
entertainment pace [for
public] – tempat hiburan
umum
enthusiast – peminat
entice (to) – memancing
entire – segenap
entire – seluruh
entire morning – sepagian
entirely – seluruhnya
entirety – keseluruhan
entitled – berlaku
entourage – rombongan
entrepreneur – kewiraswastaan
entrepreneur – pengusaha
entrepreneur – usahawan
envelope – amplop
environment – suasana

environment — lingkungan
environs — sekitarnya
envoy — duta
equal — banding
equal — sama saja
equal (to) — sama dengan
equal (to be, was) — dibanding
equip (to) — melengkapi
equipment — peralatan
equipment — perlengkapan
equipment — alat-alat
equipped — lengkap
equivalent — banding
era — zaman
erase (to) — hapus
erect (to) — mendirikan
erected (to be, was) — didirikan
error — salah
error — kekhilafan
error (clerical) — keliru terus
error (in) — salah
error [typographical] — salah cetak
erupt (to) — meletus
escalate (to) — meningkatkan
escalation (to) — peningkatan
escalator — tangga berjalan
escape (to) — lolos
escape (the) — terlepasnya
escape (to) — meloloskan diri
escort (to) — mengantarkan
escorted (to be, was) — diantar
escorted (to be, was) — diantarkan
especial — istimewa
especially — terutama
especially — khususnya
especially — lebih-lebih
especially — apalagi
essay — karangan
essay — makalah
essence — inti sari

essential — mutlak
establish (to) — mendirikan
establish relations (to) — mengadakan hubungan
established (to be) — terbentuk
established (to be, was) — dibentuk
establishment — pembentukan
estate — perkebunan
esteem — penghargaan
estimate — anggaran
estimate (an) — taksiran
estimate (rough) — taksiran kasar
estimate (to) — menaksir
estimate — perkiraan
estimated (to be, was) — dikirakan
estimated (to be, was) — diperkirakan
etc. — dan lain-lain [dll.]
etc., etc. — dan sebagainya [dsb.]
ethnic group — suku
ethnic group — suku bangsa
evade (to) — menghindarkan
evaluate (to) — menilai
evaluation — penghargaan
even — rata
even — sekalipun
even — walau
even — walaupun
even — malahan
even — meskipun
even — pula
even — pun
even [fair] — adil
even — juga
even if — meskipun
even [though] — bahkan
even now (not) — belum juga
even though — sekalipun

even though – walau
even though – malahan
even though – meskipun
even though – biarpun
evening – sore
evening – malam
evening – petang
evening (the) – sore hari
evening (the) – nanti malam
event – kasus
event – kejadian
ever – pernah
ever become – pernah menjadi
every – saban
every – segenap
every – tiap
every – tiap-tiap
every morning – tiap pagi
every single thing – segala sesuatu
every time – setiap waktu
everyday – sehari-hari
every day – setiap hari
every day – tiap hari
everyone – siapa saja
everything – semuanya
everything (each and) – segala sesuatu
everywhere (to) – ke mana-mana
everywhere – di mana-mana
evidence – bukti
evident (to be, was) – dibuktikan
evident – tampak
evident – nyata
evidently – tampaknya
evidently – ternyata
evidently – nampaknya
ex- [i.e. former Minister] – bekas

exact – tepat
exactly – secara eksak
exactly – justru
exactly in front – tepat di depan
exactly the same – sama saja
exalted – agung
exalted guest – tamu agung
exam (to do the) – ujian
examination – ujian
examine – periksa
examine (to) – tinjau
examine (to) – memeriksa
examine (to) – menyelidiki
examined (to be, was) – diperiksa
examined (to be, was) – diselidiki
example – misal
example – contoh
example (for) – umpama
example (for) – umpamanya
example (for) – misalnya
excellent – utama
except for – kecuali
exchange [i.e. stock] – bursa
exchange – pertukaran
exchange (to) – menukar
exchange [things, thoughts] – tukar-menukar
exchanged (to be, was) – ditukar
excise – bea
excise – cukai
excursion (to go on an) – bertamasya
excuse – alasan
excuse me – maaf
excuse [me, someone, something] – maafkan
excuse me – permisi
excuse me – permisi dulu

excuse me — permisi, ya
execute (to)[i.e. a job] — melakukan
execute (to)[i.e. an order] — menjalankan
execution [i.e. an order] — pelaksanaan
execution of (the) — dilakukannya
executed of (to be, was) [i.e. an order] — dilakukan
exercise [gymnastics]— senam
exercise (to) [i.e. physical] — gerak badan
exercise [i.e. written] — latihan
exhausted [i.e. tired] — capai
exhausted [i.e. supply, finished] — habis
exhausted [i.e. tired] — habis tenaga
exhibit — pameran
exhibit (to) — memamerkan
exhibition — pameran
exiled (to be, was) — diasingkan
existence — adanya
exogenous — eksogen
expanded (to be, was) — diperluas
expect (to) — mengharapkan
expect (to) — menunggu
expectation — harapan
expected (to be, was) — diduga
expected (to be, was) — diharapkan
expected (to be, was)— dinantikan
expected (to be, was) — ditunggu
expedite (to) [i.e. a process] — melancarkan

expedited (to be, was) — dilancarkan
expel (to) — mengusir (usir)
expelled (to be, was) — dikeluarkan
expelled (to be, was) — diusir
expenditure — pengeluaran
expense — ongkos
expense — belanja
expense — biaya
expenses — pembiayaannya
expenses — biaya
expensive — mahal
expensive as (as) — semahal
experience — pengalaman (alam)
experience (to) — mengalami
experienced (to be, was) — dialami
experiment — percobaan
expert — tenaga ahli
expert — ahli
expertise — keahlian
explain — menjelaskan
explain (to) — terangkan
explain (to) — menegaskan
explain (to) — menerangkan
explain (to) — mengupas
explain (to) — menyatakan
explain (to) — beberkan
explain a lesson (to) — menerangkan pelajaran
explained (to be, was)— dijelaskan
explained (to be, was) — ditegaskan
explained (to be, was)— diterangkan
explanation — keterangan
explanation — penelitian
explanation — penerangan
explanation — penjelasan

explanation — pernyataan
explode (to) — ledak
explode (to) — letus
explode (to)[i.e. gun shot] — meletus
explode (to)[i.e. bomb] — meledak
explosion — ledakan
explosion — letusan
export — ekspor
express (to) — ucap
express (to) — ucapkan
express (to) — mengucapkan
express (to) — menyatakan
express thanks (to) — menghaturkan terima kasih
express the hope (to) — mengharapkan
express train — kereta api cepat
expressed (to be, was) — diucapkan
expression — ucapan
expression — pernyataan
extend (to) — memperpanjang
extend (to) — menyampaikan
extend the time (to) — mengulur-ulur waktu
extended (to be, was) — diperluas
extended (to be, was) — diperpanjang
extension — kelanjutan
extension — perpanjangan
extension [telephone] — pesawat [telepon]
extension — perluasan [root, luas]
extensive as (as) — seluas
extent — luasnya
extent (to a great) — bukan main

extent (to such-and-such an) — sekian
extinguish (to) — mematikan
extraordinary — luar biasa
extraordinary — bukan main
extremely — sangat
extremely — terlalu
eye — mata
eyeglasses — kaca mata

F

face — muka
face (to) — menghadapi
face (to) — berhadapan
face a fact (to) — menghadapi
face something (to) — menghadapi
faced (to be, was) — dihadapi
faced with (to be) — berhadapan dengan
facilitate (to) — memperlancar
facilitate (to) — memudahkan
fact — hal
fact (in) — sebenarnya
fact (in) — justru
fact which (a) — hal mana
faction [i.e. political group] — fraksi
factor — anasir
factory — pabrik
facts — kenyataan
faculty — fakultas
fail — gagal
faint (to) — pingsan
fair — lumayan
fair [equitable] — lumayan
fair [exhibition] — pameran
fair [just] — adil
fair — pekan

faith – agama
faith (of the) – beragama
faithful – setia
faithfulness – kesetiaan
fall (the) [slang] – jatuhnya
fall (to) – runtuh
fall (to) – jatuh
fall in a heap – jatuh tidak keruan
family – keluarga
family (have a) – berkeluarga
family [children and wife] – anak-isteri
family planning – keluarga berencana
family spirit – kekeluargaan
famous – terkenal
famous – kenamaan
famous – masyhur
fan – peminat
fantacize (to) – membayangkan
far – jauh
far (don't go too) – jangan jauh-jauh
Far East – Timur Jauh
fare – tarif
fare – ongkos
farewell – perpisahan
farmer – tani
farmer – petani
farming – pertanian
fast – cepat
fast (do) – lekas-lekas
fast (do) – cepat-cepat
fast (very) [i.e. mail] – sangat segera
fasten (to) – menyematkan
fastening of – penyematan
fasting – puasa
fat – gemuk
fate – nasib

father – ayah
father – bapak
father [real] – ayah kandung
father-in-law – bapak mertua
fatherland – tanah air
fatigued – letih
faucet – keran
fault (at) – salah
favor (ask a) – coba tolong
fear – takut
fear – ketakutan
fear – kuatirkan
fear (to) – kuatir
feast – pesta
feast/celebration – selamatan
feather – bulu
fed up – bosan
federated (to be) – tergabung
federation – gabungan
fee – bea
feel (one can) – terasa
feel (to) – rasa
feel (to) – merasa
feel cold – merasa dingin
feel hot – merasa panas
feel sick – merasa sakit
feeling (the/a) – rasa
feeling (the) – perasaan
feeling of regret – rasa menyesal
fell (to) – menebang
felt (one) – terasa
felt (to be)(was) – terasa
felt (to be, was) – dirasa
female – wanita
female – perempuan
fence – pagar
festival – pesta
festive – ramai
fever(ish) – demam
few – sedikit
few (a) – beberapa

fiancée, fiancé — tunangan
fiancée — pacar
field — lapangan
field — medan
field [academic] — jurusan
field [i.e. study, of work] —
  bidang
field of study — lapangan
field-piece — meriam
field [non-irrigated] — ladang
field [not irrigated] — tegal
fifteen (costing) — lima
  belasan
fifty (costing) — lima puluhan
fight — perjuangan
fight (to) — berjuang
fight (to) — berkelahi
fight (to) — bertempur
fight back (to) — bertahan
fighter-plane — pesawat
  tempur
figures(s) — angka
figure [i.e. graph] — gambar
figuring — penghitungan
file [i.e. folder office] — map
  gantung
file [in office] — arsip file
  [office]
file (to) — mengajukan
file (to)[i.e. office] — file
filed (to be, was) — diajukan
fill (to)[i.e. tank, form] —
  memenuhi
fill up (to)[i.e. tank] — mengisi
fill up [something] —
  memenuhi
filled (to be, was) — diisi
filled (to be, was) — dipenuhi
fill container (to) — mengisi
filled (was, to be) — penuh
filling in — pengisian
film director — sutradara

film producer — pembuat film
film story — film cerita
final — terakhir
finally — akhirnya
finance (to) — membiayai
finance (to) — biaya
finances — keuangan
financial — keuangan
financial statement — neraca
  keuangan
financing — pembiayaan
find (to) — ketemukan
find (to) — mendapat
find (to) — mendapatkan
find (to) — menemukan
find for someone —
  mencarikan
find out (to) — ketahui
find out (to) — mengetahui
finds it (as one) — seadanya
fine — bagus
fine — baik
fine — baik-baik
fine — dengan baik
fine (I'm) — kabar baik
fine [I'm just] — baik-baik
  saja
fine [i.e. by the court] —
  denda
fine [i.e. fabric] — halus
finger — jari
finish (to) — selesai
finish (to) — selesaikan
finish (to) — menyelesaikan
finish (you) — selesaikan
  (Anda)
finished — tamat
finishing (the) — penutupan
finished — habis
finished by now — sudah jadi/
  selesai

finished (not yet) — belum selesai
finished (to be) — selesai
finished (to be, was) — diselesaikan
finishing (after) — sehabis
fire — kebakaran
fire — api
fire (to be on) — terbakar
fire (to)[i.e. from job] — mengeluarkan
fire (to)[i.e. gun] — menembaki
fire (to) [someone] — melepaskan
fired (to be, was)[i.e. from job] — dikeluarkan
fired (to be, was)[i.e. from job] — dipecat
fired at (to be, was)[i.e. by a gun] — ditembaki
fireplace — tungku pemanas
firing — tembakan
firing (the) [i.e. from job] — pengeluaran
firm [i.e. company] — firma
firm belief — keyakinan
firmness — kekerasan
first — lebih dahulu
first — dulu
first (at) — semula
first (doing something) — mula-mula
first (ordinals) — pertama
first (the) — semula
first of all — pertama-tama
first time — pertama kali
fiscal estimate — anggaran biaya
fish — ikan
fish (to) — memancing

fisherman [livelihood] — nelayan
fishing — mancing
fitting — layak
five pillars — panca sila
five principles — pancasila
fix (to) — menetapkan
fixed — tentu
fixed — tetap
fixed — pasti
fixed (to be, was) — dipasang
fixed (to be, was) — ditetapkan
fixed price — harga mati
fixed price — harga tetap
flag — bendera
flag (having a) — berbendera
flag ceremony — upacara bendera
flame (to) — menyala
flank (to) — mendampingi
flanked by (to be, was) — didampingi
flare up (to) — menyala
flare up (to) — berkobar
flash by (to) — melintasi
flashlight — lampu senter
flat — rata
flat (tire) — kempis
flattery — pujian
flee (to) — meloloskan diri
flight — penerbangan
float (to) — layang
float (to) — melayang
floating (to be) — terkatung-katung
floating [i.e. currency] — mengapung
flood — banjir
floor — lantai
floor (what)? — lantai berapa?
floor plan — rencana denah
floors (having) — bertingkat

flotilla — iring-iringan
flour — tepung
flour (wheat) — terigu (tepung)
flow — arus
flower — kembang
flower — bunga
flu (to have) — pilek
fluent — lancar
fluently — lancar (dengan)
fly [insect] — lalat
fly (to) — terbang
fly low — terbang rendah
foe — lawan
fog — kabut
fold — lipat
fold (don't) — lipat (jangan)
fold (to) — melipat
folk song — lagu rakyat
follow (to) — susul
follow (to) — mengikuti
follow (to) — menyusul
follow (to) — ikuti
followed (to be, was) — diikuti
followed (to be, was) — disusul
follower — pengikut
following (the) — berikutnya
following day (the) — keesokan hari
following day (the) — esok harinya
follows (as) — sebagai berikut
foment (to) — mengobarkan
fond of — suka
food — makanan
food — pangan
food — hidangan
food (cooked) — masakan
food production — produksi pangan
foodstuffs — bahan makanan
foot [person's] — kaki

foot (one)[i.e. measurement] — satu kaki
foot [measurement] — kaki
for — untuk
for — pada
for — bagi
for — buat
for (as) — kalau
for [i.e. time terms] — selama
for example — misalnya
forbit (to) — larang
forbid (to) — melarang
forbidden (to be, was) — dilarang
force — kekerasan
force (to) — memaksakan
forced — paksa
forced (to be) — terpaksa
forced labor — paksa [kerja]
forceful — bertenaga
forceful — kuat
forcefully — dengan keras
forecast (to be, was) — diramalkan
forecasting — ramalan
foreign — ke luar negeri
foreign — luar negeri
foreign — asing
foreign exchange currency — devisa
foreign language — bahasa asing
foreign ministry — kementerian luar negeri
foreigner — orang asing
foreigner — bangsa asing
foremost — terkemuka
forenoon (late) — siang
forest — hutan
forget (to) — lupa
forget it (let's) — sudahlah

forget it [i.e. don't pay attention] — biar saja

forgetful — pelupa

forgive (to) — memaafkan

fork — garpu

form (to have the) — berbentuk

form (to) — menyusun

form (to) — merupakan

form [i.e. blank] — formulir

form [i.e. person figure] — rupa

form [i.e. structure] — bentuk

form of (to be in the)— berupa

formal — resmi

formally — secara resmi

formation — pembentukan

formation — penyusunan

formed — merupakan

formed (to be) — terbentuk

formed (to be, was) — dibentuk

formed of (be) — merupakan

formed of (be) — berbentuk

former — bekas

formerly — dahulu

formerly — dulu

forming of (the) — terbentuknya

forms ordinals [2nd, 3rd, etc.] — ke + (nomor)

formulate (to) — formulasi (mem)

formulation — perumusan

fort — benteng

forth (to put) — mengemukakan

forthrightness — kejujuran

fortunately — untunglah

forward — ke muka

forward (bring) — mengemukakan

forward (to put) — mengemukakan

forward (to)[i.e. a letter] — teruskan

found (to be) — terdapat

found (to be, was) — diketemukan

found (to be, was) — ditemui

found (to be, was) — ditemukan

found (to) — mendirikan

foundation — alas

foundtion — asas

foundation — dasar

foundation [house] — pondamen

foundation [philanthropic]— yayasan

founded (to be) — berdiri

founded (to be, was) — didirikan

founder (the) — pembina

fountainpen — pulpen

four (the) — keempat

fourth — keempat

fourth (a) — seperempat

fraction — fraksi

frame of — rangka

framework of (in the) — rangka (dalam)

framework of (in the) — dalam rangka

France — Prancis

frank (to be) — berterus terang

fraternity — persaudaraan

free — lepas

free [from constrainst] — merdeka

free — bebas

free (to set) — bebaskan

free (to) — membebaskan

free (to) [someone/something] — meloloskan
free trade — perdagangan bebas
freed (to be, was) — dibebaskan
freed (to be, was) — dilepaskan
freedom — kebebasan
freedom — kemerdekaan
freedom — merdeka
Freedom Palace — Istana Merdeka
freeing — pembebasan
frequently — sering
fresh — segar
fresh and fit — segar-bugar
Friday prayers — sembahyang Jumat
friend — sahabat
friend — teman
friend — kawan
friendly — ramah-tamah
friendly — bersahabat
friendly call — kunjungan persahabatan
friendly visit — kunjungan persahabatan
friends (be) — berkawan
friends (be) — berteman
friends (to be) — bersahabat
friends (to be) — berteman
friends (to have) — bersahabat
friendship — persahabatan
frighten (to) — menakuti
frightened (to be) — takut
fringe — pinggir
fringe — pinggiran
frog — katak
from — dari
from — daripada
from now on — seterusnya

from... until... again — dari... sampai... lagi
front — muka
front — depan
front (side) — hadap
front of (in) — depan
front of (in) — di depan
front of (in) — di muka
front of (to the) — ke muka
frown (to) — mengerutkan kening
fruit — buah
fruit (different kinds of) — buah-buahan
fry (to) — goreng
frying oil — minyak goreng
fuel — bahan bakar
fuel oil — minyak bakar
fullfill (to) — memenuhi
fulfill (to) — menunaikan
fulfill an invitation (to) — memenuhi undangan
fulfilled (to be, was) — dipenuhi
full — lengkap
full — penuh
full (chock-) — penuh sesak
fully — sepenuhnya
fun (it's) — ramai
fun (in the process being) — sedang lucu-lucunya
fun (lots of) — lucu
function — fungsi
function — jabatan
functioning (not) — rusak
functioning of (the) — jalannya
fundamentals — dasar
funds — dana
funds (allocated) — pendanaan
funny — lucu
funny thing is (the) — lucunya
fur — kulit berbulu

fur — bulu
furniture — mebel
furniture — perabot rumah tangga
furniture — alat-alat rumah tangga
furrow the brow (to) — mengerutkan kening
further — selanjutnya
further — lagi
further — lebih lanjut
further action — tindak lanjut
further meeting (a) — pertemuan lanjutan
furthermore — lagi pula
fusion — paduan
fuss — keributan
fuss (to make a) — melakukan keributan
future (in the) — selanjutnya
future — masa depan
future — waktu yang akan datang
future (in the near) — besok ini
future (in the) — di masa depan

G

gain the benefit of (to) — mendapatkan keuntungan
gamble — berjudi
gambler — penjudi
garage — bengkel
garage — garasi
garbage — sampah
garden — kebun
garden (to the) — ke kebun
gardener — tukang kebun
gasoline — bensin

gate — pintu gerbang
gate — pintu pagar
gather (to) — kumpulkan
gather (to) — mengumpulkan
gather (to) [by oneself] — berkumpul
get in touch with — berurusan
gather together — berkumpul
gathered (to be, was) — dikumpulkan
gathering (a) — pertemuan
gaze at — pandang
gaze at (to) — memandang
general — umum
General — Jenderal
general (in) — umumnya
general (in) — pada umumnya
general election — pemilihan umum
general election — pemilu [acronym]
general secretary — sekretaris umum
generally — umumnya
generally — pada umumnya
generation — angkatan
gentle — halus
gentleman — tuan
genuine — tulus
genus — jenis
German — orang Jerman
German Federal Republic — Republic Federasi Jerman
get (to) — memperoleh
get (to) — mendapat
get (to) — mendapatkan
get (to) — menerima
get (to) — mengambil
get (to) — dapat
get in touch with — berurusan
get off a vehicle — turun
get out (to) — enyah

get together (to) — berkumpul
get up (to) — bangun
get up on to — menaiki
get-acquainted visit —
  kunjungan perkenalan
getting along [with people]—
  bergaul
getting older — makin lama
getting ready [to leave]— siap-
  siap mau (berangkat)
getting strong — makin kuat
gift — pemberian
gift — antaran
gift — hadiah
girl — puteri
girl — anak perempuan
give (to) — kasih
give (to) — memberi
give (to) — memberikan
give (to) — mengantar
give (to) — beri
give a lecture (to) —
  memberikan ceramah
give a program (to) —
  mengadakan acara
give assent (yes, I) — biarlah
give away — memberikan
give birth to (to)— melahirkan
give gesture with hand (to) —
  memberi isyarat dengan
  tangan
give order — memerintahkan
give something — memberikan
give to somebody — memberi
give training (to) —
  mengadakan latihan
give up (to) — melepaskan
give up/in (to) — menyerah
given (to be, was) — diberi
given (to be, was) — diberikan
given incentive (to be, was) —
  didorong

given up (to be, was) —
  dilepaskan
giving (the) — pemberian
glad — gembira
glad — girang
gladly — senang-senang
glass — kaca
glass — gelas
glass [drinking] — gelas
glass jar with a stopper —
  stoples
glitter (to) — kilap
glitter (to) — mengkilap
globe — bumi
gloomy — suram
go (let it) — biar
go (take the trouble to) —
  repot-repot
go (to) — jalan
go about [in city] — bepergian
go along (to) — menyertai
go along (to) — ikut
go around (to) — keliling
go away (to) — pergi
go by (to) [i.e. train] —
  tumpang
go bay (to) — melalui
go by (to)[means of i.e. bus] —
  naik
go continuously (to) — pergi
  terus
go down (to) — turun
go down (to) — menurun
go forward (to) — maju
go home (to) — pulang
go in (to) — masuk
go onto (to) — naik
go out — usir [root]
go out (to) — keluar
go out (to) — pergi
go straight (to) — terus

go the wrong way — salah jalan
go thru (to) — melalui
go up (cause to)— menaikkan
go up (to) — naik
go up to something — menaiki
go via — lewat
go with (to) — turut
go with (to) — ikut
goal — sasaran
goal — tujuan
goal (has the) — bertujuan
God — Tuhan
going from small to large — dari kecil jadi besar
going to (be)[future] — akan
going to sleep [i.e. arms] — kesemutan/sebar
gold — emas
gone — hilang
gone (all) — habis
good — bagus
good — baik
good — jago
good (smells) — enak
good (tastes) — enak
good bye — selamat jalan
good bye — permisi dulu
good day — selamat siang
good evening — selamat sore
good in smell — enak
good in sound — enak kedengarannya
good in taste — enak
good morning — selamat pagi
good night — selamat malam
good way (in a) — yang baik
good will — muhibah
goodbye [to person leaving] — selamat jalan
goodbye [to person staying] — selamat tinggal

goodness! (my) — aduh!
goods — barang
goods (imported) — barang impor
goods (intermediate) — barang antara
goods (transit) — barang-barang transito
goose — angsa
gotten (to be, was) — didapat
gotten (to be, was) — diperoleh
govern (to) — memerintah (perintah)
government — pemerintah
government administration — pemerintahan
governor — gubernur
grade — angka
grade in school — kelas
graduated — tamat
grain — gandum
grain of (a) — butir
grand fair — pekan raya
grandchild or grandchildren — cucu
grandfather — kakek
grandmother — nenek
grass — rumput
grass (to cut) — memangkas rumput
grass (to cut) — memotong rumput
gratitude — terima kasih
grave [i.e. burial] — kuburan
grave — makam
graveyard — makam
great — agung
great — besar
great as (as) — sebesar
great degree (to a) — sangat
greater — raya

Greater Jakarta – Jakarta
　Raya
greater part
　(the) – kebanyakan
greater part (the) – sebagian
　besar
greatest (the) – terbesar
greedy – loba
green land – tanah hijau
greet (to) – menyambut
greeted (to be, was) –
　disambut
greeting (a/the) – sambutan
greetings – salam
grief – duka
grief [i.e. house of] – dukacita
　[i.e. rumah]
grilled (to be, was) [cooked] –
　dibakar/dipanggang
grilled, roasted – panggang
gross – bruto [bto]
gross [i.e. product] – bruto
　(bto)
gross [of income, profits] –
　kotor
grotto [cave] – gua
ground – tanah
group – kaum
group – para
group – rombongan
group – badan
group – golongan
group [ethnic] – suku
group of five – limaan
group of haji pilgrims –
　jemaah haji
grouping [i.e. separate] –
　pengelompokan
groups – kelompok
grow (to) – menanam
grow (to) – meningkat
grow (to) – tumbuh

grows cabbage (he) –
　menanam kol (ia)
growth (a) – pertambahan
growth – tambahnya
growth – pertumbuhan
guarantee – jaminan
guarantee (to) – menanggung
guarantee (to) – menjamin
guaranteed – ditanggung/dijami:
guard – pengawal
guard – penjaga
guard (to) – menjaga
guard (to) – jaga
guarded (to be, was)– dijaga
guerrilla – gerilya
guerrilla – gerilyawan
guess (to) – kira
guest – tamu
guidance – bimbingan
guidance – pengarahan
guidance – pimpinan
guide – pemimpin
guide (to) – memimpin
guide line – petunjuk
guilty – salah
gulf – teluk
gun – senjata
gun salute [i.e. 21] –
　dentuman meriam [21 kali]
gutter – saluran

H

habit – kebiasaan
habit – cara
habitually – kebiasaan
had by (to be, was) –
　dipunyai
hair – rambut
hair (to cut) – memangkas
　rambut

hair (to cut) — memotong rambut
hair (to cut) — mencukur rambut
hair dryer — mesin pengering rambut
haircut (get a) — pangkas rambut
haircut (to get) — berpangkas
half — separuh
half — tengah
half (a) — setengah
half day — tengah hari
half (two and a) — dua setengah
half an hour before [8, etc.] — jam setengah (8, dsb.)
half the night — tengah malam
hall — ruang
hall — ruangan
hall (a) — aula
hammer — palu, martil
hand — tangan
hand over — serah
hand over — serah terima
hand over something — memberikan
handicapped (physical) — cacat badan
handicraft — kerajinan
handicraft goods — barang-barang kerajinan
handicraft — kerajinan tangan
handkerchief — sapu tangan
handle (to) — menangani (tangan)
handling — pengurusan
handling (the) — penanganan
handsome [male] — cakap
handsome·[male] — gagah
handsome [waist up] — tampan

handsome [whole body] — gagah
hang (to) — menggantungkan
hang (to) — gantungkan
hang (to)[i.e. picture] — bergantung
hang something up (to) - menggantungkan
happened — terjadi
happened that (it has) — pernah
happens that (it) — kebetulan
happy — senang
happy — senang hati
happy — bahagia
happy — gembira
harbor — pelabuhan
hard — keras
hard [rain] — lebat [hujan]
hard working — rajin
hardware [i.e. counter] — perangkat keras
harmony [i.e. group] — rukun
harmony — rukun
harsh — keras
harshly — dengan keras
harshness — kekerasan
hat — topi
have — punya
have — ada
have (to) — mempunyai
have at one's side — didampingi
have opinion — berpendapat
have to — musti
have to — harus
have to (don't) — tidak usah
have (to) [own] — milik
having an area of — seluas
he — dia
he/she/it [colloquial] — ia
head — kepala

head — ketua
head (to) — mengetuai
head for (to) — menuju
head of (class) — jagoan [use in jest]
headache — pusing (kepala)
headed (to be, was) — diketuai
headed by (to be, was) — dipimpin
heading for — menuju
headquarters — markas besar
headquarters (having a) — bermarkas besar
heal — sembuh
health — kesegaran
health — kesehatan
health (good) — kesehatan baik
health service — pelayanan kesehatan
health service — dinas kesehatan
healthy — sehat
heap (fall in a) — jatuh tidak keruan
hear (to) — mendengar
hear (to) — dengar
heard (can be) — kedengaran
heard by (to be, was) — didengar
heart — hati
heart — jantung
heart attack — jantung (serangan)
heart-transplant — jantung cangkokan
heater — alat pemanas
heavy [i.e. tree with fruit] — lebat
heavy [object or in weight] — berat

heavy [thick sauce or liquid] — kental
heavyweight class — kelas berat
hectare — hektar
heed (to) — mengacuhkan
heel [foot] — tumit
height — tinggi
held (to be) — berlangsung
held (to be, was) — diadakan
held (to be, was) — dilangsungkan
held (to be, was) — diselenggarakan
held up (to be, was) — ditahan
helm — kemudi
help — bantuan
help (a) — pertolongan
help (ask for) — coba tolong
help (for the) — atas bantuannya
help (to) — membantu
help (to) — menolong (tolong)
help (to) — bantu
help (to) — tolong
helped (to be, was) — dibantu
helper — pembantu
helper — penolong
hemmorage — pendarahan
hen — ayam
henceforth — selanjutnya
henceforth — seterusnya
her — nya
her — dia
herb seller [traditional] — tukang jamu
here — sini
here — ini
here (at) — di sini
here (come) — kemari
here (come) — ke sini

here (look) [or like this] — begini
here (to) — ke sini
here and there — di sana-sini
here and there — di sini di sana
here it is — ini dia
herewith — bersama ini
herewith — dengan ini
hero — pahlawan
heroic death in battle (the) — gugurnya
hers — nya
hesitate (to) — ragu-ragu
hey [attract attention] — hai
hide (to) — menyembunyikan
hide (to) — sembunyi
hide [animal] — kulit
high — tinggi
high official — pejabat (penjabat) tinggi
high official — pembesar
high quality — berkualitas
highest — tertinggi
highest (at the) — paling tinggi
highest (at the) — setingi-tingginya
highway — jalan raya
hijack (to) — membajak
hijacking (a) — pembajakan
him — nya
him — dia
himself — dirinya
hire (to) — menyewa
his — nya
his mayesty — sri baginda
history — sejarah
hit — mengenai
hit (to) — memukul
hit (to) — menimpa
hit (to) — pukul
hit by — kena

hit by (to be, was) — dilanda
hit hard (to) — menghantam
hit hard (to) — hantam
hold (to) — melangsungkan
hold (to) — memegang (pegang)
hold (to) — memuat
hold (to) — berpegang pada
hold (to)[a meeting, party] — mengadakan
hold a roll-call ceremony (to) — mengadakan apel
hold a session — bersidang
hold an interview — mengadakan wawancara
hold discussions (to) — mengadakan pembicaraan
hold involve (to) — mengandung
hold office (to) — menjabat
hold something (to) — pegang
hold talks (to) — mengadakan pembicaraan
hold up (to) — menahan
hold up (to) — tahan
holder — pemegang
holding — diadakannya
hole — lubang
holiday — cuti
holiday — hari libur
holidays — liburan
Holland — Belanda
holy — suci
holy land — tanah suci
homage — penghormatan
home — rumah
home (come) — pulang
home (go) — pulang
home country — tanah air
home from work (come) — pulang kerja
home leave — cuti besar

homecoming — pemulangan
homeland — tanah air
honest — benar
honest — bersih
honest — jujur
honest — tulus
honesty — kebenaran
honesty — kejujuran
honey bee — lebah
honey [from bees] — madu
honor — kehormatan
honor (to) — menghormati
honor — penghormatan
honor guard — barisan
  kehormatan
honorably — secara terhormat
honored (to be, was) —
  dihormati
hood [auto] — kap
hope (a) — harapan
hope (to) — harap
hope (to) — semoga
hope for (to) — mengharapkan
hope that... (let's) — mudah-
  mudahan
hoped (to be, was) —
  diharapkan
hopefully — mudah-mudahan
horse — kuda
horticulture — perkebunan
hose [i.e. water] — selang
hospital — rumah sakit
hospital ship — kapal rumah
  sakit
host — tuan rumah
hostage — sandera
hot — panas
hot [discussion] — hangat
hot [emotional] — hangat
hot [stifling] — panas terik
hot [when it's] — panas-panas
hot as (as) — sepanas

hot season — musim panas
hotel — hotel
hour — saat
hour — jam
house — rumah
house — wisma
house (boarding) —
  pemondokan
house maid — pembantu
house warming party —
  selamatan rumah baru
household — keluarga
household — rumah tangga
household — isi rumah
housing (the) — perumahan
housework — pekerjaan rumah
how about it? — bagaimana?
how are things? — bagaimana?
how are you? — apa kabar?
how beautiful — bukan main
  cantiknya
how is —? — apa kabar —?
how is it possible? — mana
  bisa?
how is it possible? — masa?
how is it? — bagaimana?
how many? — berapa?
how many hours? — berapa
  jam?
how much was it? — berapa,
  ya?
how much? — berapa?
however — namun
however — pun
however — tapinya
however — akan tetapi
hubbub — keributan
hug (to) — merangkul
human behavior — tingkah
  laku orang
human being — manusia
human being — orang

humanity — perikemanusiaan
hundreds (by the) — ratusan
hundreds of — ratusan
hundreds of — beratus-ratus
hung (to be) — tergantung
hungry — lapar
hunt (to) — memburu
hunt (to) — berburu
hunt (to) — buru
hunter — pemburu
hurricane — topan
hurricane — angin puting
  beliung
hurriedly — secara tergesa-
  gesa
hurry (don't be in a) — jangan
  ngebut
hurry (in a) — terburu-buru
hurry (in a) — buru-buru
hurry oneself — bergegas
hurry something up — lekas-
  lekas
hurry something up — cepat-
  cepat
hurry up — cepat-cepat
hurt — luka
hurt — luka-luka
hurt (to) — sakit
husband — suami
husband — tuan besar
husband and wife — laki-bini
husband and wife — suami-
  istri
hut — pondok

I

I — ku
I — saya
I — saya (ini)
I [colloq.] — aku
I agree with you — saya setuju
  pada Anda

I pay money for overtime
  [work] — saya membayar
  uang kerja lembur
I write a letter for — saya
  menulis surat
ice — es
ice cream — es krim
ice cube — es batu
idea — pendapat
idea — pikir
idea — akal
idea — gagasan
idea — ide
idea (I have an) — punya
  gagasan (saya)
ideal — cita-cita
ideal — ideal
identification card — surat
  keterangan
identification card
  (yellow) — kartu kuning
ideology — paham
idle — malas
idler (an) — pemalas
i.e. — misalnya
i.e. — yaitu
i.e. — yakni
if — kalau
if — apabila
if — apakah
if — bila
if — jika
if possible — sedapat-dapatnya
if so — kalau begitu
ill — sakit
illegal — gelap
illegal — liar
illiterate — buta huruf
illness — penyakit
illuminate (to) — menerangi
illumination — penerangan
imagine — bayang

imagine (to) — membayangkan
imbalanced — ketidak-
imbangan
imitate (to) — meniru
immediately — langsung
immediately — segera
immediately — seketika
immerse in water (to) —
merendamkan
immigrant — pendatang
impetus — dorongan
implement — alat
implement (to) —
melaksanakan
implementation of—
pelaksanaan
implemented (to be) —
terlaksana
implemented (to be, was) —
dilaksanakan
implementor — pelaksana
implements — peralatan
import (to) — mendatangkan
import (to) — impor
importance — kepentingan
important — penting
imported (to be, was) —
diimpor
impossible — tidak mungkin
impress (to) — mengesankan
impressed (to be) — terkesan
impression — kesan
impression (to leave an) —
berkesan
impressive — mengesankan
impressive — berkesan
impressive — hebat
improve (to) — meningkatkan
improvement — peningkatan
improvement — perbaikan
improvement [make healthy] —
penyehatan

in — pada
in — bertempat di...
in — dalam
in — di
in — di dalam
in (come) — masuk
in (to come) — memasuki
in any case — setidak-tidaknya
income — pendapatan
income — penghasilan
income tax — pajak
penghasilan
increase (an) — pertambahan
indirect [i.e. tax] — tidak
langsung
inhale — mengisap
in order to — supaya
in order to — untuk
in order to/that — agar supaya
in public — di depan umum
in the long run — lama-
kelamaan
in vain — sia-sia
in view of — berhubung
dengan
in view of — berhubungan
dengan
in-law — ipar
inaugurate (to) — resmikan
inaugurate (to) — meresmikan
inaugurated (to be, was) —
diresmikan
inauguration — pelantikan
(lantik)
inauguration cabinet (new) —
peresmian kabinet (baru)
incentive — dorongan
incident — kejadian
incident — peristiwa
incite (to) — mengobarkan
inclined to (to be) —
cenderung

include — berisi
include (to) — meliputi
include (to) — memasukkan
include (to) — mengandung
include (to) — dimasukkan
including — termasuk
increase — kenaikan
increase — peningkatan
increase (the) — bertambahnya
increase (to) — menambah(kan)
increase (to) — meningkat
increase (to) — meningkatkan
increase or raise (the) — penambahan
increased (to be) — bertambah
increased (to be, was) — ditambah
increasing — meningkat
increasing of — peningkatan
increasingly — makin
increasingly — semakin
increasingly — bertambah
indeed — malahan
indeed — memang
indeed — bahkan
indeed, that is true — memang betul
indent [i.e. 5 spaces] — masuk ke dalam
independence — kemerdekaan
Independence Day — hari kemerdekaan
independent — merdeka
independent [i.e. person] — mandiri
indicate (to) — menunjukkan
indicate (to) — tunjukkan
indication — petunjuk
indication — tanda
indication — gejala
individual — pribadi

Indonesian language — bahasa Indonesia
Indonesian Armed Forces — Tentara Nasional Indonesia
industrial goods — barang-barang kerajinan
industrialist — usahawan
industrious — rajin
industry — industri
industry (small) — kerajinan
inexpensive — murah
infiltrate (to) — melakukan infiltrasi
influence — pengaruh
influence — pengaruhnya
influence (to have) — berpengaruh
influenced — terpengaruh
influential — berpengaruh
inform (to) — beri tahu
inform (to) — memberitahukan
inform (to) — menerangkan
informal — tidak resmi
informal [i.e. dress] — bebas
informal and neat [i.e. dress] — bebas dan rapi
information — penerangan
information [to inform] — keterangan
information bureau — biro penerangan
informed — maklum
informed (to be, was) — diberi tahu
inhabitant — penduduk
initiator — pemrakarsa
inject (to) — suntik
injection — suntikan
injured — luka-luka
injury — kerusakan
injury — luka-luka
injury (serious) — luka parah

innovation — penemuan
inscribed — bertulis
insect — serangga
insecticide — obat serangga
insert (to) — memasukkan
inserted (to be, was) —
dimasukkan
inside — dalam
inside — di dalam
inside (to be/was put) —
dimasukkan
insight — paham
insincere (to be) — bermuka
dua/tidak jujur
inspect (to) — memeriksa
inspect (to) — meninjau
inspection — inspeksi
inspection — pemeriksaan
install — pelantikan
install (to) — pasang
install in office (to) — melantik
installation — pelantikan
installed in office (to be,
was) — dilantik
installment payment —
angsuran
installment payment [yearly] —
sebagai pengganti
institute — lembaga
institute — yayasan
institution — lembaga
institution — panti
instruct (to) — menyuruh
instruction — perintah
instruction — pesan
instruction — amanat
instruction [subject of] — mata
pelajaran
instrument — pesawat
instruments — peralatan
instruments — alat-alat
insufficient — kurang

insult — penghinaan
insult (to) — menghina
insurance — asuransi
integrate (to) —
mengintegrasikan
intelligent — pandai
intelligent — pintar
intend (to) — menghendaki
intend (to) — bermaksud
intend to — hendak
intended for — dimaksudkan
untuk
intended (to be, was) —
dikehendaki
intended (to be, was) —
dimaksud
intended (to be, was) —
dimaksudkan
intensify (to) — memperhebat
intent — maksud
intention — maksud
intention of (have
the) — bermaksud
intentionally — dengan sengaja
inter-regional — antardaerah
interest — minat
interest — hati
interest [i.e. personal] —
perhatian
interest [self] — kepentingan
interest [on money] —
keuntungan
interest [on money] — untung
interest [on money] — bunga
interested (really)— berminat
interested in (to be) — tertarik
interested in (to be) —
berminat
interested in that problem
(I'm) — tertarik pada soal
itu (saya)

interested person (really) — peminat
interesting — menarik
interesting (very) — menarik hati
interfere — campur tangan
integrated — terpadu
intermediary — perantaraan
internal — dalam negeri
international — sedunia
international business — perusahaan internasional
interpret (to) — menafsirkan
interpretation — tafsir
interrogator — penanya
intersecting — silang
interview — wawancara
interview (to) — mewawancarai
interviewing — pewawancara
intimate — akrab
into — dalam (ke)
intricate — teliti
introduce (to) — kenal
introduce (to)[i.e. a speaker] — mengantarkan
introduce (to)[a person] — memperkenalkan
introduce (to)[a person] — mengenalkan
introduce (to)[someone] — perkenalkan
introduction — pendahuluan
introduction — pengantar
introduction — perkenalan
invade (to) — serbu
inventory — inventaris
invest (to) — tanam
investigate (to) — menyelidiki
investigated (to be, was) — diselidiki
investigation — pemeriksaan

investment (the) — penanaman modal (tanam)
investment — tanam
investment (foreign) (the) — penanaman modal asing
invincible — tak terkalahkan
invitation — undangan
invitation of (at the) — atas undangan
invite (to) — mengajak
invite (to) — mengundang
invite (to) — undang
invited (to be, was)— diajak
invited (to be, was) — diundang
involved — terlibat
involved with — bersangkutan
iron [metal] — besi
iron [clothes] — seterika
iron (to) [clothes] — seterikakan
iron [ore] — bijih besi
iron (to) — menyeterika
ironed (to be, was) — diseterika
irregular — tidak keruan
irregular — tidak tentu
irrigate (to) — mengairi
irrigated field (non) — ladang
irrigation — irigasi
irrigation — pengairan
is — adalah
is — ialah
is it? [really] — kan
is that so — begitu
island — nusa
island — pulau
islands — kepulauan
isn't it? [really] — kan
isn't (it) [slang] — kan
isolated (to be) — terpencil
isolated (to be) — terpisah

isolated (to be, was) — diasingkan
issuance — pengeluaran
issue — masalah
issue — persoalan
issue — soal
issue (to) — mengeluarkan
issue of (to make an) — mempersoalkan
issued (to be, was) — dikeluarkan
it — nya
it (for) — untuknya
it (from) — daripadanya
it doesn't matter — tidak apa-apa
it would be better if — sebaiknya
it's too bad — sayang (sekali)
itchy — gatal
its — nya
itself — dirinya

J

jail — penjara
jacket — jaket
jam, jelly — sele
jam [crowded] — berjejal-jejal
jam [i.e. traffic] — macet
jam up (to) — memacetkan
jamming up — macetnya
Japan — Jepang
jar with stopper (glass) — stoples
Java — Jawa
Jew — Yahudi
jewel — permata
Jewish — Yahudi
job — kerja
job — pekerjaan

job — jabatan
join in — turut
join up (to) — bergabung
join with (to) — turut
join with (to) — ikut
joint — bersama
joint — gabungan
joint decision — keputusan bersama
jointly — musyawarah
jointly — bersama-sama
joke — lelucon
journalist — wartawan
journalist (to the) — kepada pers
journey — perjalanan
judge — hakim
juice — sari
jump (to) — loncat
jump (to) — melompat
jump (to) — meloncat
jump up (to) — melonjak
jungle — hutan
jurisdiction — berwenang
just — saja
just [fair] — adil
just — hanya
just in case [slang] — kalau-kalau
just me — hanya saya saja
just mentioned (the one) — itu
just now — tadi
just now — tadinya
just now — baru
just now — baru saja
just so long as — asal saja
justice — keadilan
justice — kehakiman
justice (court of) — mahkamah
justified by (to be, was) — dipertanggungjawabkan

K

Kalimantan [Borneo] — Kalimantan
keep (to) — memegang
keep (to) — memelihara
keep (to) — menyimpan
keep (to) — simpan
keep on (to) — terus
keep on (to) — tetap
kept secret (to be, was) — dirahasiakan
kernel — inti
kerosene — minyak tanah
key — kunci
kick (to) — tendang
kick (to) — tendang-menendang
kidney — buah pinggang
kill (to) — matikan
kill (to) — mematikan
kill (to) — membunuh (bunuh)
kill (to) — menewaskan
killed (to be)[in action] — tewas
killed (to be, was) — dibunuh
killed (to be, was) — ditewaskan
killing — pembunuhan
kilogram — kilo
kilogram — kilogram
kilometer — kilometer
kilowatt — kilowatt
kind — bagai
kind — jenis
kind (of that) — semacam itu
kind (which) — yang bagaimana
kind as (the same) — semacam
kind of — macam
kind of (a) — semacam

kinds (all) — segala macam
kinds (several) — pelbagai
kinds of — macam-macam
king — raja
kingdom — kerajaan
kiss — ciuman
kiss (to) — mencium
kitchen — dapur
knee — lutut
kneel (to) — lutut (ber)
knife — pisau
knife blade — mata pisau
knock (to) — ketuk [*also* ketok]
knock (to) — mengetuk
knocked down by (to be, was) — dilindas
knocked out (to be) — habis terpukul
know (I don't) — entah
know (I don't) — entah, ya
know (I don't) — entahlah
know (I don't) — saya tidak tahu
know (let someone) — beri tahu
know (let someone) — beri kabar
know (to) — ketahui
know (to) — maklumi
know (to) — mengetahui
know (to) — tahu
know (to)[i.e. a person] — berkenalan
know facts — tahu
know [how to do something] — pandai
know someone — kenal
knowledge — pengetahuan
knowledge — ilmu pengetahuan
known (as) — terkenal

known (to be, was) — dikenal
known (to be, was) —
  diketahui

L

label [trade mark] — merek
label [trade mark] — cap
labor (person) — buruh
labor [i.e. organization] —
  perburuhan
labor class — kaum buruh
labor force — angkatan kerja
labor strike — pemogokan
laborer — buruh
lack — kurang
lack — kurangnya
lack (to) — kekurangan
ladder — tangga
lady — nyonya
lake — danau
lamp — kandil
lamp — lampu
land — lahan
land — tanah
land (to) — mendarat
landlord — yang punya rumah
language — bahasa
language (speak...) —
  berbahasa
language of instruction —
  bahasa pengantar
language (student, slang) —
  bahasa prokem
large — luas
large — besar
large [land] — luas [tanah]
large as (as) — sebesar
large part of — sebagian besar
largest (the) — terbesar
laser beam — cahaya laser

last — lalu
last — lewat
last [end] — terakhir
last [thing] — penghabisan
last [time] — yang baru lalu
last [time] — yang lalu
last days (these) — hari-hari
  terakhir ini
last night — tadi malam
last page — halaman terakhir
last until — berlangsung
late — lambat
late — lat
late — telat
late — terlambat
late in the afternoon — sore-
  sore
lately — akhir-akhir ini
later — lambat (lebih)
later (just make it) — nanti
  saja
later (on) — kemudian
later (till) — sampai nanti
later [time] — nanti
latest — paling lama
latest — paling lat
latest — terakhir
latter (the) — terakhir
laugh (to) — ketawa
laugh (to) — tertawa
laughing — tertawa
laughter (burst of) — bahak
laughter (roar with) —
  terbahak-bahak
launch (to) — melancarkan
launched (to be, was) —
  dilancarkan
laundry man — tukang cuci
law — hukum
law — undang-undang
law and order — ketertiban
lawyer — sarjana hukum

lay — perletakan
lay down something (to) — letakkan
lay off [i.e. work] — pengangguran
laying down of — perletakan
lazy — malas
lazy person (a) — pemalas
lead (to) — memimpin
lead (to) — mengetuai
lead (to) — pimpin
leader — kepala
leader — ketua
leader — pemimpin
leader — pimpinan
leader — jago
leader — tokoh
leadership — pimpinan
leading figure — tokoh
leading to — menuju
leaf — daun
leak — bocor
leap (to) — lompat
leap up (to) — melonjak
learn (to) — belajar
least (the) — terendah
least — terkecil
least — tersedikit
least (at) — sekurangnya
leasurely walk — jalan-jalan
leather — kulit
leave — cuti
leave — tinggalkan
leave (I must) — permisi, ya
leave (to go on) — bercuti
leave (to) — tinggalkan
leave (to) — meninggalkan
leave (to) — pergi
leave (to) — berangkat
leave (to) — bertolak
leave behind [accidently] — ketinggalan

leave behind (to) — meninggalkan
leave for (to) — berangkat (ke)
leave from (to) — dikeluarkan
leave without pay — libur tanpa gaji
lecture (to attend) — kuliah
lecture (university) — kuliah
lecture [not regular] — ceramah
lecture [regular] — kuliah
led (to be, was) — dipimpin
led by (to be, was) — dipelopori
left [direction] — kiri
left (to be) — tinggal
left hanging in the air — terkatung-katung
left high and dry (to be) — terkatung-katung
left over — bekas
left over — sisa
left up to (to be) — terserah kepada
left up to (to be) — terserah pada
left wing — sayap kiri
leg — kaki
legal — sah
legation — kedutaan
legislative body — badan legislatif
lend (to) — meminjamkan
lend out (to) — meminjami
length of (the) — sepanjang
lengthen (to) — memperpanjang
lens — lensa
less — kurang
less (become) — berkurang
lessen — berkurang

lessen (to) — memperkecil
lessen (to) — mengurangi
lessen (to) — menurunkan
lessening (the) — kurangnya
lessening (the) — penurunan
lesson — pengajaran
lesson [studies] — pelajaran
let — ayo deh
let it be — boleh saja
let it go — biarlah
let know — beri tahu
let me see how much? —
  berapa ya?
let us not — janganlah kita
let us try — kita coba
letter [mail] — surat
letter [mail] — warkat
letter [i.e. characters] — huruf
letter [of alphabet] — huruf
letter form [fold] — warkat
  pos
letter of appreciation — surat
  penghargaan
letters [capital] — huruf besar
level — permukaan
level — standar
level (to) — meratakan
level [i.e. position, degree] —
  taraf
level [for land] — datar
level [i.e. civil service] —
  angkatan
level [univ. grade, floor] —
  tingkat
level of (at the) — bertingkat
liabilitas — hutang
liberate (to) — melepaskan
liberate (to) — membebaskan
liberate (to) — bebaskan
liberated (to be, was) —
  dibebaskan
liberation — pembebasan

liberation day — hari
  pembebasan
liberty — kebebasan
library — perpustakaan
licence — izin
licence — surat izin
licensing — perizinan
lie down (to) — berbaring
Lieutenant-General — Letnan
  Jenderal
life — kehidupan
life — nyawa
life — hayat
life — hidup
life history — daftar riwayat
  hidup
lift (to) — mengangkat
  (angkat)
lifting (the) — pengangkatan
light — pelita
light — terang
light (provide with) —
  menerangi
light (to) — menyalakan
light [electric] — lampu
light [weight] — ringan
like — selaku
like (is) — seperti
like (to)[i.e. fond of] — suka
like [resemble] — laksana
  [root]
like [appearance] — bagaikan
like [appearance] —
  sebagaimana
like [appearance] — semacam
like [similar] — sebagai
like something [appearance] —
  merupakan
like that [slang] — kaya gitu
like that — semacam itu
like that — begitu
like this — begini

like this — seperti ini
like to (would) — mau
likes to work hard — sukar kerja keras
limit (to) — membatasi
limited — terhingga
limited (to be) — terbatas
limited [company] — perseroan terbatas (P.T.)
limited way (in a) — secara terbatas
line — baris
line — lin
line — garis
line (in) — sejalan
linger (to) — berlambat
link (to) — menghubungkan
linked (to be) — terhubungkan
linked (to be, was) — dihubungkan
lion — singa
list — daftar
list (to) — mendaftarkan
listen (to) — dengar
listen to (to) — mendengarkan
listen well — dengar dulu
listener — pendengar
little — kecil
little — sedikit
little brother — adik laki-laki
little sister — adik perempuan
live (to) — berdiam
live (to) — hidup
live (to)[i.e. reside] — tinggal
livelihood — pencarian
livelihood (means of) — mata pencarian
lively — ramai
liver — hati
livestock — ternak
living — pencarian
living — hidup

LLD (Lawyer) — Sarjana Hukum
load (to) — muat
load — muatan
load — angkutan
load — beban
load (to) — memuat
load (to)[i.e. a truck] — memuati
loaded (to be, was) — dimuatkan
loan — pinjaman (pinjam)
local [area] — setempat
local time — waktu setempat
located — terletak
located (it is) — terletak
located at/in — bertempat di...
location — tempat
location (its) — letaknya
lock — kunci
log — batang
long — panjang
long (for time) — lama
long (for...) — lamanya
long as (as) — sepanjang
long as (as)[i.e. time] — selama
long live —! — hidup
long term — jangka lama
long term — jangka panjang
long time (for a) — lama-lama
long time ago — sudah lama
long-range — jangka lama
longer — lagi
longer (any) — lagi
longer (don't do it any) — jangan lagi
longer (just a short while) — sebentar lagi
longer (no) — tidak lagi
longer (wait a bit) — sebentar lagi
look (to) — kelihatan

look (to) — melihat
look after (to)[i.e. children] — memelihara
look around (to) — melihat-lihat
look at (to) — memandang
look at — pandang
look at (pleasant to) — sedap dipandang mata
look for — cari
look for (to) — mencari (cari)
look into matter — memeriksa
look like (to) — menyerupai
looked at (to be, was) — dilihat
looked at (to be, was) — dicari
looker (on) — penonton
looking for (continue) — cari-cari
looks — rupanya
looks like — kelihatan
loose — lepas
lose (to) — kalah
lose (to) — kehilangan
lose (to) — rugi [financial]
lose one's way — kesasar
lose one's way — tersasar
lose something (to) — hilang
lose something (to) — menghilangkan
loss — kehilangan
loss (make a)[i.e. financial] — rugi
loss [financial] — kerugian
loss at what to do (be at a) — bingung
loss of life [i.e. in war] — korban-korban manusia
lost (be) — hilang
lot (a) — banyak
lot in life — nasib
loud — keras

love — kasih sayang
love — cinta
love — sayang
love (to) — mencintai
love (to) — mengasihi
love each other (to) — berkasih-kasihan
love triangle — cinta segi tiga
love — pencinta
low — rendah
low as (as) — serendah
lower — bawah
lower (to) — menurunkan
lower house — majelis rendah
lowered (to be, was) — diturunkan
lowering (the) — penurunan
lowest (the) — terendah
loyal — setia
loyal friendship — setia kawan
loyalty — kesetiaan
luck(y) — bahagia
luckily — untunglah
lucky — beruntung
luggage — barang
lung(s) — paru-paru
lure (to) — menggoda
luxury — mewah
luxury — kemewahan

M

ma'am — nyonya
ma'am — bu
ma'am — ibu
machine — mesin
machine — pesawat
madam — nyonya
made (to be, was) — diadakan
made (to be, was) — dibuat

made by (to be, was) — dibuatkan (oleh)

made more ripe — diperam

made official (to be, was) — diresmikan

made ready (to be, was) — disediakan

made ready (to be, was)— disiapkan

made smaller (to be, was) — diperkecil

magazine — majalah

maid — pembantu

maid-servant — babu

mail — pos

main — utama

main entrance — gerbang utama

main gate — gerbang utama

main point — pokok

main point is (the) — pada pokoknya

main road — jalan raya

main thing (the) — pokoknya

mainly — terutama

maintain — pelihara

maintain (to) — mempertahankan

maintain (to)[building] — memelihara (merawat)

maintained (to be, was) — dipertahankan

maintenance — pemeliharaan

maintenance — pembinaan

maintenance — perawatan

maize — jagung

major — keahlian

major field [i.e. of study] — jurusan

majorities — sebagian besar

majority — kelebihan

majority — sebagian besar

majority (the) — kebanyakan

make — buatan

make (to) — membikin

make (to) — membuat

make (to) — memperbuat

make (to) — mengadakan

make (to) — buat

make (to)[in kitchen] — bikin

make a sacrifice (to) — berkorban

make speech (to) — mengucapkan pidato

make a success of (to) — mensukseskan

make a trip (to) — mengadakan perjalanan

make a visit (to) — mengadakan kunjungan

make a visit (to)[sacred place] — berziarah

make an agenda (to) — mengadakan acara

make contact (to) — mengadakan hubungan

make efforts (to) — mengusahakan

make efforts (to) — berusaha

make leader — membuat pemimpin

make official (to) — meresmikan

make ready (to) — meresmikan

make ready (to) — menyediakan

make ready (to) — menyiapkan

make use (to) — mempergunakan

make use of — menggunakan

maker — pembuat

makes it (that) — jadi

making — diadakannya

making bigger [i.e. raising child] — membesarkan

male — laki-laki

male — lelaki
male, man — pria
man — laki-laki (orang)
man — lelaki
man — manusia
man — orang
manage (to) — kelola [*root*]
manage (to) — mengelola
managed (to be, was) — dikendalikan
management — pengelolaan
management — pengurus
management — pimpinan
manager — manajer
manager — pengelola
manager — pengemudi
manager — pengendali
mandataris [title in government] — mandataris
mandate — amanat
mandkind — manusia
manner — cara
manner (in a...) — secara...
manpower — tenaga kerja
manual — biasa
manual work — biasa
manual worker — tukang
manuscript — naskah
many — banyak
many (how)? — berapa?
many of — sebagian besar
map — peta
marijuana — ganja
marine(s) — marinir
mark — merek
mark — cap
mark — tanda
market — pasar
market — pasaran
marmalade — sele
marriage — perkawinan

marriage license — surat kawin
married (to be) — kawin
married (to be) — beristri
married (to be) — berkeluarga
marreid (to get) — menikah
marry (to) — kawin
mass [large amount] — massa
mass production — produksi massa
massage (to) — memijit
mat — tikar
mat seller — tukang tikar
match [for fire] — korek api
match [i.e. sports] — cocok
match (to) — cocok
material — bahan
materials — bahan-bahan
materials (intermediate) — bahan antara
maternity — bersalin
matter — masalah
matter — persoalan
matter — bahan
matter — hal
matter -- soal
matter (it doesn't) — tidak apa
matter (it doesn't) — tidak apa-apa
matter (that) — hal (itu)
matter (what is the) [slang] — kenapa sih?
matter (what is the) — ada apa?
matter which (a) — hal mana
matters — urusan
mature — dewasa
may — boleh
may — semoga
may I ask [informal] — boleh tanya, ya?

may I ask a question — boleh saya bertanya?
may I ask a question — boleh tanya, ya
may... [wish] — mudah-mudahan
maybe — mungkin
maybe [slang] — kali
maybe — kiranya
maybe — barangkali
mayor — walikota [*also* wali kota]
me — ku
me — aku
me — saya
me — saya (ini)
meal — makanan
mean (to) — berarti
mean (to) — bermaksud
meaning — maksud
meaning — arti
meaning of (have the) — berarti
meaningful — berarti
means — alat
means — jalan
means of (by) — dengan jalan
means of (by) — dengan menumpang
means of payment [currency] — alat pembayaran
meant for — dimaksudkan untuk
meant (to be, was) — dimaksud
meant (to be, was) — dimaksudkan
meantime (in the) — sementara itu
meanwhile — dalam pada itu
meanwhile — sementara

meanwhile — sementara itu
measure — langkah
measure — tindakan
measure (to) — mengukur
measure (to) — ukur
measured for depth (to be, was) — dijajaki
measurement — ukuran
measures (to take) — mengadakan tindakan
measures (to take) — bertindak
meat — daging
mechanic — montir
medal — medali
meddle (to) — memasuki
medical science — ilmu kedokteran
medicine — obat
Mediterranean Sea — Laut Tengah
meet — bersidang
meet (to) — ketemu
meet (to) — berjumpa
meet (to) — bertemu
meet (to) — jumpa
meet with (to) — menemui
meet with (to) — bertemu dengan
meeting (a) — pertemuan
meeting (a) — rapat
meeting (to hold a) — mengadakan pertemuan
meeting lasting for two hours — rapat berlangsung selama dua jam
meeting lasting until two pm — rapat berlangsung sampai jam dua
meeting outside — rapat di luar
meeting room (a) — aula

meeting without previous notice — rapat mendadak

member — anggota

member — warga

memorize (to) — menghafal

mental — rohani

mention (to) — menyebut

mention (to) — menyebutkan

mention (to) — sebut

mention (to)[over and over] — menyebut-nyebut

mention it — sebutkan

mentioned — tersebut (tsb.)

mentioned (to be) — tersebut

mentioned (to be, was) — disebut

mentioned (to be, was) — disebutkan

mentioned [repeatedly] — disebut-sebut

merchant — pedagang

merchant — saudagar

merely — hanya

merely — saja

merit award — Karya Satya

message — pesan

message — amanat

message (to leave) — berpesan

messenger — utusan

met with (to be, was) — ditemui

metal — logam

method — cara

method — secara

method [with what] — jalan

midday — tengah hari

middle — menengah

middle — tengah

middle — pertengahan

middle of June — pertengahan Juni

middle of the month — pertengahan bulan

midnight — tengah malam

midst of (to be in the) — tengah

militarily — secara militer

military (the) — tentara

military base — pangkalan militer

military district commander — panglima daerah militer

military officer — perwira

military police [p.m.] — polisi militer [PM]

military-man — tentara

million — juta

millions (by the) — jutaan

million (of) — jutaan

mind — akal

mind — hati

mind — pikiran

mind (keep coming into one's) — terbayang-bayang

mind (never) — biar

mind (never) — biarkan saja

mind (never) — biarlah

mind (never) — sudahlah

mind (never), [also: no need to] — tak usah

mind (never) — tidak apalah

mine — punya saya

mine (to)[i.e. coal, oil] — bertambang

mine [i.e. coal] — tambang

mining (the) — pertambangan

minister — menteri

ministerial-level conference — konperensi tingkat menteri

ministry — kementerian

minus — kurang

minute — menit

minute (for a) — dulu

minute (for a) — sebentar
mirror — kaca
mirror — cermin
miscellaneous — serba-serbi
misery — kesengsaraan
misfortune — kecelakaan
Miss — nona
Miss — Saudari
miss [i.e. the train] —
  ketinggalan
miss [i.e. target] — tidak kena
missing — hilang
mission — missi (misi)
mistake — kekhilafan
mistake — salah
mistaken — salah
misunderstanding — salah
  pengertian
mix (to) — mencampur
mix (to) — mengaduk
mix (to) — aduk
mixed — campur
mixer (good social) — pandai
  bergaul
mixer [i.e. one who mixes] —
  pencampur
mixture — campuran
model — contoh
modest [humble] — rendah
  hati
modestly — secara sederhana
molest — mengganggu
Moluccas (the) — Maluku
moment — saat
moment (a or one) — sebentar
moment (at the) — pada saat
moment (at the) — waktu ini
moment (at this) — saat ini
  juga
money — uang
money — uang (mata)
money (to)(save) — menabung

monkey — kera
monkey — monyet
monkey wrench — kunci
  inggris
monsoon — musim hujan
month — bulan
month (a) — sebulan
month (next) — bulan depan
monthly — bulanan
monthly report — laporan
  bulanan
moon — bulan
moonlight — terang bulan
moor (to) — merapat
mopped up (to be)[military
  usage] — dibersihkan
moral — moril
morale — semangat
more — lagi
more — lebih
more — tambah
more (all the) — makin
more (become) — bertambah
more (even) — lebih lagi
more (much) — lebih banyak
more (no) — habis
more (one) — satu lagi
more and more — bertambah
more and more — semakin
more detailed — lebih lanjut
more or less — kurang lebih
more or less — lebih kurang
more (no) — habis
more than — lebih dari
more... the more... (the) —
  makin... makin...
moreover — lagi pula
moreover — apalagi
morning — pagi
morning — paginya
morning (earlier in the) — pagi
  (lebih)

morning (good) — selamat pagi
morning (this) — pagi tadi
morning (very early in the) — pagi buta
morning (very early in the) — pagi-pagi benar
mortal remains — jenazah
Moslem fasting month — Ramadan
mosque — mesjid
mosquito — nyamuk
mosquito net — kelambu
mosquito repellent — obat nyamuk
most — paling
most — sebagian besar
most (the) — paling banyak
most (at the) — sebanyak-banyaknya
most (the) — kebanyakan
most expensive — kebanyakan
most expensive — paling mahal
most part (for the) — kebanyakan
most probably — jangan-jangan
most recent — terakhir
most respected (the) — yang terhormat
most respected (the) — yth.
most-favored nation — negara yang paling didahulukan
mother — Bu
mother [may mean wife]— ibu
mother-in-law — ibu mertua
motherland — tanah air
motion of non-confidence — mosi tidak percaya
motor vehicle — kendaraan bermotor
motor-car — mobil

mount (to) — menaiki
mountain — gunung
mountain area — pegunungan
mourning — berdukacita
mouse — mencit
mouse — tikus
mouse trap — perangkap tikus
moustache — kumis
mouth — mulut
move (to) — bergerak
move (to)[to a house] — pindah
move forward — maju
move from place to place — berpindah-pindah
move to another place (to) — pindah
moved (to be) [emotionally] — terharu
moved (to be, was) — dipindahkan
movement — gerakan
movie screen — layar
moving stairs — tangga berjalan
Mr. — tuan
Mr. [older male] — pak
Mrs. — nyonya
much — banyak
much (too) — terlalu
much as (as) — sebanyak
much as (as) — sebesar
muddy — becek
Munich — Munchen
municipality — kotapraja
murder (the) — pembunuhan
murder (to) — bunuh
mulder (to) — matikan
murderer — pembunuh
music ensemble — rombongan musik
musician — musikus

Muslim community — jamaah/ jemaah
must — musti
must — harus
mustache — kumis
mutual — saling
mutual help — tolong-menolong
mutually accusing — saling tuduh
my — ku
my — aku
my — saya (ini)
my! — aduh!
my! — waduh
my! — wah!
myself — saya sendiri

N

nail [i.e. finger]— kuku
nail [to hammer] — paku
naked — telanjang
name — nama
name (his) — namanya
name (the) — namanya
name (to) — menyebut
name (to) — menyebutkan
name (to) — sebut
name of (in the) — atas nama
name of a medal — Satya Lencana
name of a merit award — Satya Lencana
named (to be, was) — disebut
named (to be, was) — disebutkan
namely — ialah
namely — yaitu
namely — yakni
narrate (to) — menceritakan

narrow — sempit
narrowed down (to be, was) — diciutkan
narrowing down of — penciutan
nasty — celaka
nation — negara
nation — bangsa
national — kebangsaan
National Administration Institute — Lembaga Administrasi Negara
National Defense Institute — Lembaga Pertahanan Nasional
National Electricity Company — Perusahaan Listrik Negara
National Film Company — Perusahaan Film Negara
National Tourism Institute — Lembaga Pariwisata Nasional
nationality — kebangsaan
nationality (to have) — berkebangsaan
nationalization — dinasionalisir
native [person] — pribumi
native country — tanah air
natural — alam
nature — alam
nature — sifat
nature (of a) — bersifat
navel — pusar
navel — pusat
navigation — pelayaran
navigation company — perusahaan pelayaran
navy — laut
navy — laut (angkatan)
Navy Admiral — Laksamana Laut

Navy Chief of Staff — Kepala Staf Angkatan Laut
navy headquarters — markas besar angkatan laut
near — dekat
near — di dekat
near to (to be) — berdekatan
near future — waktu dekat
near future (in) — dalam waktu dekat
nearly — hampir
neat — rapih
neatly — secara rapih
necessary — perlu
necessary (as) — seperlunya
necessary (not)[always negative] — usah (tidak)
necessity — keperluan
neck — leher
necktie — dasi
need — keperluan
need (to) — perlu
need (to) — membutuhkan
need (to) — memerlukan
need (not) — perlu (tidak)
need not — usah (tidak)
need of (be in) — membutuhkan
need of (be in) — memerlukan
need of (be in) — perlu
need of (be in) — butuh
need time (to) — memerlukan waktu
needed (to be, was) — dibutuhkan
needed (to be, was) — diperlukan
needle — jarum
needs — kebutuhan
negotiations — perundingan
negotiations (to carry out) — melakukan perundingan

neighbor — tetangga
neighborhood association — rukun tetangga
nephew — kemenakan
nervous — gugup
net — jala
net — netto
net [mosquito] — kelambu
network — jaringan
neutral — netral
never — tidak pernah
never (yet) — belum pernah
never mind — biar
never mind — biar saja
never mind — sudahlah
never mind — tidak apa-apa
never mind — tidak usah
nevertheless — meskipun demikian
nevertheless — namun
nevertheless — tetapi
new — baru
new year — tahun baru
New Zealand — Selandia Baru
news — kabar
news — berita
news — warta
news agency — kantor berita
news broadcast — warta berita
newspaper — koran
newspaper — surat kabar
newspaper (daily) — surat kabar harian
newsprint [paper] — kertas koran
newsreel — warta berita
next — mendatang
next — berikut
next — berikutnya
next — depan
next day (the) — (b)esok harinya

next day (the) — hari esoknya
next morning (the) — esoknya
next time — lain kali
next to — di dekat
next to — di samping
next to — sebelah
next week — minggu depan
next year — tahun depan
nice — baik
nice — enak
nice (very) — hebat
nice [to the senses] — sedap
nice looking — bagus
nicely — dengan baik
niece — kemenakan
night — malam
nigh (all thru the) — semalam suntuk
night (good) — selamat malam
night (last) — kemarin malam
night (last) — semalam
night (last) — tadi malam
night (late at) — malam (lebih)
night (one) — semalam
night (spend the) — menginap
night long (all) — semalam suntuk
night market — pasar malam
night of that day — malam harinya
night through (all) — semalam-malaman
night-time — malam hari
no — bukan
no — tak
no — tidak
no matter what — apa pun juga
no need to add more — tidak usah tambah lagi
no need to buy more — tidak usah beli lagi
no one — tidak seorang
no problem — tidak jadi soal
noble — agung
nod (to) — mengangguk
noise — keributan
noise — suara
noise (to make) — beribut-ribut
noisy — berisik
noisy — ramai
noisy — ribut
nomination — pencalonan
non-oil — bukan minyak
nonsense — omong kosong
noon — tengah hari
normal — biasa
normal — normal
normally — biasanya
North — Utara
North Sulawesi (Celebes) — Sulawesi Utara
North Sumatra — Sumatera Utara
North Vietnam — Vietnam Utara
northwest — barat laut
nose — hidung
not — kurang
not — tak
not — tidak
not (or) — tidaknya
not [negating nouns or phrases] — bukan
not at all — ah tidak
not bother (do) — tidak usah
not enough — kurang
not good — kurang baik
not have to (do) — tidak usah
not less than — tidak kurang dari

not possible — tidak mungkin
not so (is it) — bukan
not so [what you think is] — kok
not yet — belum
not yet determined — belum tentu
notation — catatan
note [currency] — uang
note (to) — memperhatikan
note (to)(make a) — mencatat
note-taker — pencatat
note-taking — pencatatan
noted (to be, was) — tercatat
noted down (to be, was) — dicatat
notes — catatan
nothing — tidak apa-apa
nothing (it's) — tidak ada apa-apa
nothing in particular — tidak apa-apa
nothing (is) [i.e. left] — habis
notice — perhatian
notice (to) — memperhatikan
notice [i.e. in newspaper] — pengumuman
noticeable — terasa
notify (to) — memberitahukan
notion — paham
novel — roman
now — kini
now — saat ini
now — sekarang
now (by) — sudah
now (by) — telah
now (just make it) — sekarang saja
now (just) — baru ini
now (only so much up to) — baru
now (right) — sekarang ini

nowadays — dewasa ini
nowadays — zaman sekarang
nowadays — sekarang ini
nuclear — nuklir
nucleous — inti
number — nomor
number — angka
number — jumlah
number of — banyaknya
number of (a) — sejumlah
number of (in the) — sebanyak
numbering — berjumlah
nurse — juru rawat
nurse (to) — merawat
nurse (to) — rawat
nut [for bolt] — mur
nutmeg plantation — pala (perkebunan)
nutmeg tree — pala (pohon)
nutrition — gizi

O

o'clock — jam
obedient — patuh
obey (to) — mematuhi
obey (to) — patuh
object (to) — keberatan
objection — keberatan
objective — obyektif
objective — tujuan
objective (has the) — bertujuan
obligation — kewajiban
obligatory — wajib
obliged (to be) — berwajib
observation — pengamatan
observation — peninjauan
observe (to) — memperhatikan
observe (to) — tinjau
observe/watch (to) — meninjau
observer — peninjau

obtain — peroleh
obtain — dapat
obtain (to) — memperoleh
obtain (to) — mendapat
obtain (to) — mendapatkan
obtained (to be, was) — didapat
obtained (to be, was) — diperoleh
obviously — nampaknya
obviously — ternyata
occasion — kesempatan
occupant — penghuni
occupied by (to be, was)— diduduki
occupy (to) — menduduki (duduk)
occupy (to) — duduki
occurred — terjadi
of — dari
of — daripada
of (consist) — terdiri dari
of course — tentu saja
off (break) — putus
off (get)[a vehicle] — turun
off (to be, was turned) — dimatikan
offer — tawaran
offer (to) — menawarkan
offer (to) — tawar
offered (to be, was) — diajukan
office — ruang kerja
office (import) — pabean
office (post) — kantor pos
office [i.e. manager] — jabatan
office [physical space] — kantor
office [phyisical space] — jawatan
office clerk (post) — pegawai pos

office [higher officials] — pejabat (penjabat)
officer [lower officials]— petugas
official — dinas
official — resmi
official — sah
official (high) — pejabat (penjabat)
official (make) (to) — resmikan
official (senior) — pejabat (penjabat)
official [high official] — pembesar
official place — berkedudukan
officially — dengan resmi
officially — secara resmi
officials — karyawan
officials — tenaga-tenaga
often — banyak
often — sering
oh no! [regret] — ah!
oil — minyak
oil (crude) — minyak mentah
oil rig — desa minyak
old — kuno
old — tua
old [i.e. time] — lama
old age — masa tuanya
old age — waktu tuanya
old are/is (how) — berapa umur...
old as (as) — setua
old city of Jakarta — Kota
old person — orang tua
older — lebih tua
older brother — kakak
older brother — abang
older male — bapak
older sibling — kakak
older sister — kakak
older woman — ibu

on – pada
on – atas (di)
on – di
on account of – saking
on behalf of – selaku
on purpose – dengan sengaja
on returning – sekembalinya
on top – di atas
on top of – atas (di)
once – pernah
once – sekali
once (all at) – sekaligus
once upon a time – pada suatu hari
one – satu
one – se
one – sebuah
one – seekor
one – seorang
one – suatu
one (which)? – yang mana?
one after another – secara berturut-turut
one after another – secara beruntun
one and only (the) – satu-satunya
one another – saling
one by one – satu persatu
one by one – satu-satu
one foot – sebelah kaki
one leg – sebelah kaki
one of [people, person] – salah seorang
one of [thing] – salah satu
one of two or many – yang satu
one part – sebagian
one person – seorang
one side – sebelah
one(s) that is/are (the) – yang
one-half – setengah

one's self (by) – sendiri
only – cuma
only – hanya
only – saja
only – tunggal
only (now) – baru saja
only me – hanya saya saja
open (to be) – buka
open (to) – membuka
opened (to be, was) – terbuka
opened (to be, was) – dibuka
opening (the) – pembukaan
opening of (the) – dibukanya
operate (to) – mengoperasi
operate (to) – beroperasi
operation – operasi
operation – pembedahan
operation of (the) – jalannya
operational – operasional
operationally – secara operasional
opinion – pendapat
opinion – pendirian
opinion, views – pikiran
opinion (of the) – berpendapat
opium – candu
opponent – lawan
opportune – tepat
opportunity – kesempatan
oppose (to) – melawan
oppose (to) – menentang
opposed by (to be, was) – ditentang
opponent – penyanggah
opposite [i.e. physical position] – seberang
opposite [i.e. word] – lawan [i.e. kata]
oppression – penindasan
optic nerve – saraf optik
optimum – optimal
opus – karya

or — atau
oral — lisan
orbit — peredaran
order — perintah
order — urutan
order (an) — pesanan
order (be put in, was) — dibereskan
order (give an) — memerintahkan
order (in)[tidy] — beres
order (in) — secara bergelombang
order (to) — memerintahkan
order (to) — pesan
order (to) — berpesan
order (to)[i.e. food, ticket] — memesan
order (to)[instruction] — menyuruh
order that (in) — biar
order that (in) — supaya
order to (in) — buat
order to (in) — guna
order to (in) — untuk
ordered (to be, was) — diperintahkan
ordered (to be, was) — dipesan
orderliness — ketertiban
orderly — rapi(h)
orderly way (in an) — dengan tertib
ordinary — biasa
ordinary — biasa saja
organ — instansi
organization — organisasi
organization — penyelenggaraan
organizational behavior — tingkah laku organisasi
organize (to) — menyelenggarakan
organize (to) — mengusahakan

organize (to) — menyusun
organized (to be, was) — diselenggarakan
organized (to be, was) — disusun
organized (to be, was) — diusahakan
organizer — pelaksana
organizer — penyelenggara
organizing — penyusunan
origin — asal
origin — tempat asal
original — asli
original — aslinya
originally from (to be) — berasal dari
originate from — berasal (dari)
originating from — asal
other — lain
other (the) — lain (yang)
other hand (on the) — sebaliknya
other one (the) — yang satu lagi
other people — orang lain
other side (go to the) — menyeberang
other than — selain
ought to — harus
ought to — seharusnya
our [all included] — kita
our [exclusive of audience] — kami
out — luar
out (come) — keluar
out (have gone) — pergi (sudah)
out (to be, was put) — dikeluarkan
out (to be, was taken) — dikeluarkan

out (to take) — mengeluarkan
out of — dalam (dari)
out of stock — terjual
out of town — ke luar kota
out-of-order — rusak
outer — luar
outer space — angkasa luar
outer space — antariksa
outer space — keangkasaan luar
outgo — pengeluaran
outside — luar
outside — di luar
outskirts of town — pinggir kota
outstanding — terkemuka
outwards — dalam (dari)
oven — kompor
over — atas
over — di atas
over [i.e. age 60] — ke atas
over -- selesai
over (all) — di seluruh
over (left) — tinggal
over-all — keseluruhan
over (to turn) — balikkan
overlined [like underlined]— digaris
over ripe [fruit] — terlalu masak
overcome (to be, was) — diatasi
overcome (to) — mengatasi
overcooked — hangus
overnight (to stay) — menginap
overtake (to) [i.e. pass a car] — mendahului
overthrow — menggulingkan
overtime — lembur
overtime pay — uang lembur
overtime work — kerja lembur
overturn (to) — menggulingkan

overturn (to) — jungkirkan
own (I) — saya punya
own (to) — memiliki
own (to) — mempunyai
own (to) — punya
own car [i.e. to use] — bermobil sendiri
owned (to be)(was) — dimiliki
owned (to be, was) — dipunyai
owner — pemilik
owner — yang empunya
owner — yang punya

P

pack (a) — sebungkus
pack (to) — mengepak
pack (to) — bungkus
pack of cards (one) — sepak kartu
package — kiriman
package — bungkusan
page — lembar
page — halaman
paid — setor
paid (to be, was) — dibayar
paid attention (to be, was) — diperhatikan
pain — sakit
pain [suffer] — kesakitan
painful — sakit
paint — cat
paint (to) — mengecat
painter — pelukis
painting — lukisan
palace — istana
palace guard — pengawal istana
palm — tapak tangan
palmsugar — gula aren

pan (cook in a frying) — menggoreng
pane — kaca
pants — celana
paper — kertas
paper bills — uang kertas
paper money — uang kertas
parallel — garis lintang sejajar
parallel — sejalan
paralyse (to) — melumpuhkan
parcel — bungkusan
parents — orang tua
parents — ibu-bapak
parents-in-law — mertua
park — taman
park (to) — memparkir
parliamentary — parlementer
part — peranan
part — bagian
part (a) — sebagian
part (in) — sebagian
part time — sebagian waktu
part time job — pekerjaan untuk sebagian waktu
partially — sebagian
participant — pengikut
participant — peserta
participate (to) — mengikuti
participate (to) — menyertai
participate (to) — ikut serta
participated in (to be, was) — diikuti
participated in (to be, was) — disertai
participation — keikutsertaan
particular — khusus
particular (nothing in) — tidak apa-apa
particular (the)[specifies] — si
parting — perpisahan
parts (spare) — suku cadang
party — pesta

party — rombongan
pass (to) — lalu
pass (to) — lewat
pass (to) — melalui
pass (to)[an exam] — lulus
pass around (to) — mengedarkan
pass by (to) — lalu
pass by (to) — lewat
pass on (to) — menyampaikan
pass on to (to) — meneruskan
pass thru — lalu
pass thru (to) — lewat
passbook — buku tabungan
passed [for judgment to be] — menjatuhkan hukuman
passed on (to be, was)— disampaikan
passed on to (to be, was) — diteruskan
passed out/around (to be, was) — diedarkan
passenger — penumpang
passing — lewat
passport — paspor
past [i.e. last week] — lalu
past — lewat
past — yang baru lalu
past — yang lalu
past (in the) — di masa yang lalu
path — jalan
path — jalanan
patience — sabarnya
patient — sabar
patient (the)[sick person]— si sakit
patient [sick person] — pasien
pave the way — meratakan jalan
pay (to) — membayar
pay (to) — bayar

pay (to) – menyetor
pay attention (to) – memperhatikan
pay attention to (to) – mengacuhkan
pay cash (to) – menunaikan
pay heed (to) – memperhatikan
pay note (to) – mengacuhkan
pay visit – bertamu
payment – pembayaran
payment – penyetoran
payment – pungutan
payment – bayaran
peace – keamanan
peace – perdamaian
peace – damai
peaceful – aman
peaceful – damai
peaceful way (in a) – secara damai
peacefully – secara damai
peacefully – secara tenang
peak – puncak
peasant – petani
peasant – tani
pedicab – becak
pedicab (drive a) – tarik becak
pedicab driver – tukang becak
peel (the) – kulit
peel (to) – kupas
peel (to) – mengupas
peep (to) – mengintip
peep (to) – intip
pen – pulpen
pencil – pensil
pencil – potlot
penetrate (to) – menerobos
people – orang
people – bangsa

people – rakyat
people (the) – masyarakat
people say – katanya
people there – penduduk
pepper [chili] – cabe
percentage – prosentase
perch – hinggap
perch on – menghinggapi
perdiction – ramalan
perfect – sempurna
perfect (to) – menyempurnakan
perfecting of (the) – penyempurnaan
perform (to) – melangsungkan
perform (to) – mempertunjukkan
perform (to) – menjalankan
performance – pekerjaan
performance (stage) – pertunjukan
performance – jalannya
performed (to be, was) – dijalankan
performed (to be, was) – dilangsungkan
performed (to be, was) – dipertunjukkan
performing of – dilakukannya
perhaps [slang] – kali
perhaps – kiranya
perhaps – mungkin
perhaps – barangkali
perhaps – jangan-jangan
peril – bahaya
period – masa
period – jangka
period – titik
period [of time] – zaman
period [of time] – jangka waktu
permanent – tetap

permanently – secara tetap
permission – izin
permission [to ask] – permisi
permit – izin
permit (to) – mengizinkan
permitting (the) – dibolehkannya
persent (to) – mengemukakan
person – orang
person (one) – seorang
person [young] – pemuda
person concerned (the) – bersangkutan (yang)
person who is responsible – penanggung jawab
personal – pribadi
personal [i.e. deliver letter] – langsung
personal [i.e. duty, problem] – sendiri
personnel – pegawai
personnel – personil
petrol – bensin
petroleum – minyak bumi
petroleum – minyak tanah
phase – babak
phone – telepon
phone (call on the) – menelepon
phone (call on the) – telepon
phrase – ucapan
phrase – ungkapan
physical – jasmani
physics – ilmu alam
pick up (to) – menjemput
pick up (to) – jemput
pick up (to)[i.e. with a car] – menjemput
picked up (to be, was) – diangkat
picked up (to be, was)(will be) – dijemput

pickpocket – pencopet
picture – gambar
pictures (take) – bikin gambar
pig (wild) – babi hutan
pig (wild) – celeng
piggy bank – keruntung
piggy bank – celengan
pill [medicine] – pel
pillow – bantal
pilot – penerbang
pin (to) – menyematkan
pine-tree – cemara
pink – merah muda
pinning on of – penyematan
pioneered by (to be, was) – dirintis
pity (it's a) – sayang (sekali)
pity (to have) – kasihan
place – tempat
place (public) – tempat umum
place (to take) – mengambil tempat
place (to take) – berlaku
place (to) – menempatkan (tempat)
place (to) – meletakkan
place across the street – seberang
place to bathe – tempat mandi
placed (to be, was) – ditempatkan
place called [i.e. telephone] – kota tujuan
plain – jelas
plain – sederhana
plan (five year development) – repelita
plan – rancangan
plan (a) – rencana
plan (ground) – denah
plan (to) – merencanakan

plan (to) — bermaksud
plank — papan
planned (to be, was) —
  direncanakan
planning (the) — perencanaan
plant — pabrik
plant — tanaman
plant — tumbuh-tumbuhan
plant (a) — tumbuhan
plant (to) — menanam
plant (to) — menanami
plant (to) — tanam
plant [i.e. mgf] — pabrik
plantation — kebun
plantation — perkebunan
plastic bag — tas plastik
plate — piring
plate [dish] — pinggan
platform — peron
play (a) — sandiwara
play (to) — main
play (to) — bermain
play about (to) — bermain-
  main
play around — main-main
play around — bermain-main
played (to be, was) —
  dimainkan
player — pemain
plead (to) — minta
pleasant — menyenangkan
pleasant — enak
pleasant — sedap
pleasant as (as) — seenak
please — sudi
please (do) — coba
please (to) — tolong
please (to) — menyenangkan
please [in invitation] — silakan
please be quiet — harap
  tenang

please don't touch — harap
  jangan sentuh
please excuse it
  [sarcastic] — maaf saja
please pay attention — harap
  perhatikan
please take it — ambillah
pleased — senang
pleased (not) — tidak senang
pleasing — sedap
pleasure of (to have the) —
  berkenan
plenary — pleno
pliers — gegep, tang
plough (to) — membajak
plural [to make noun] —
  para...
plus — tambah
pocket — kantung
poem — sajak
point — ujung
point (main) — pokok
point [decimal] — titik
point at (to) — menunjuk
point of view — komentar
point out (to) — menunjukkan
point out (to) — tunjukkan
point that (to the) — hingga
point that (to the) — sehingga
pointed out (to be, was) —
  ditunjukkan
poison — racun
pole — tiang
police — polisi
police (the) — kepolisian
police force — angkatan
  kepolisian
policeman — polisi
policy — kebijaksanaan [also
  kebijakan]
policy — politik

policy (public) —
kebijaksanaan umum
polish — gosok
polish (to) — menggosok
polite call — kunjungan
kehormatan
polite visit — kunjungan
kehormatan
political — politik
political party — partai
political science — ilmu politik
politics — politik
poll (the) — pemungutan suara
polling — pemungutan suara
pollution — polusi
pollution — pencemaran
polygamy — permaduan
pomelo — jeruk bali
pomp — pompa
pond — kolam
pool [i.e. swimming] — kolam
poor — miskin
poor and needy (the) — fakir
miskin
pope — paus
popular — laris
popular — terkenal
populate — penduduk
population [affairs] —
kependudukan
population — penduduk
port — pelabuhan
portfolio — map
portray (to) — melukiskan
position — kedudukan
position — letak
position — jabatan
position (having a) —
berkedudukan
position (to) — menempatkan
positioned (to be, was) —
ditempatkan

possess — punya
possess (to) — memiliki
possess (to) — mempunyai
possessed (to be, was) —
dipunyai
possession — kepunyaan
possession — milik
possessor — pemilik
possibility — kemungkinan
possible — mungkin
possible (as adjective as) — se-
(adjektive) mungkin
possible (how is it)! — masa'
possible (if) — kalau mungkin
possible (to be, was) —
dimungkinkan
possible (to make) —
memungkinkan
possible (will also be) — bisa
juga
possible (will also be) — juga
bisa
possible (would that be)? —
apa bisa?
possibly — kiranya
possibly — mungkin
post — pos
post — jabatan
post — tiang
postage stamp — perangko
postoffice — kantor pos
postoffice clerk — pegawai pos
postpone (to) —
memperlambatkan
postpone (to) — mengundurkan
(undur)
postpone (to) — menunda
postpone (to) — undurkan
postponement — penangguhan
posture (having the) —
bersikap
potentiality — kemungkinan

potluck — seadanya
pound (to) — menggempur
pound (to) — gempur
powder — bubuk
powder [i.e. talc, face] — bedak
powdered milk — susu bubuk
power — kekuasaan
power — kekuatan
power (be in) — berkuasa
power (having) — berkekuatan
power [i.e. electric, machine] — tenaga
power limit — batas daya
power over (to have) — menguasai
powerful — berkuasa
practically — praktisnya
practice (in) — praktisnya
Prague — Praha
praise — pujian
pray (to) — mendoakan
pray (to) — berdoa
pray (to) — bersembahyang
pray (to) — sembahyang
pray (to) — mendoa
pray for (to) — mendoakan
prayer — doa
preceded by (to be, was) — didahului
pre (i.e. before] — pra
precise — tepat
precisely — dengan tepat
precisely — justru
precisely — tepat
precision (with) — dengan tepat
predicted (to be, was) — diramalkan
prediction — perkiraan
prediction — ramalan
preface — kata pengantar

prefer — lebih suka
pregnant — berisi (badan)
pregnant — mengandung
preliminary — pendahuluan
preliminary conference — perundingan pendahuluan
preliminary negotiations — perundingan pendahuluan
preparation — pengolahan
preparation — persiapan
prepare (to) — membuat
prepare (to) — mempersiapkan
prepare (to) — menyediakan
prepare (to) — menyiapkan
prepare (to) — sediakan
prepared — sedia
prepared (to be) — siap
prepared (to be, was) — disediakan
prepared (to be, was)— disiapkan
presence — kehadiran
presence — adanya
present — hadiah
present (to)[i.e. to stage] — mementaskan
present (a) — pemberian
present — mengemukakan
present (at) — kini
present (at) — pada waktu ini
present (at) — dewasa ini
present (at) — sekarang ini
present (to be) — ada
present (to be) — hadir
present (to) — mementaskan
present (to) — mempersembahkan
present (to) — mempertunjukkan
present (to) — mengajukan
present (to) — menghadiahkan
present (to) — menyajikan

present (to) — haturkan
present [small gift] — oleh-oleh
presentation — pergelaran
presented (to be, was) — diajukan
presented (to be, was) — dibawakan
presented (to be, was) — dikemukakan
presently — dewasa ini
preside over (to) — mengetuai
presided over by (to be, was) — diketuai
president — presiden
presidential decree — penetapan presiden
presidential regulation — peraturan presiden
press (the) — pers
press agency — badan pers
press clipping — guntingan pers
press foundation — yayasan pers
pressure — tekanan
pressure (to) — mendesak
prestige — prestise
prestige — derajat
pretending to be better than one is — sok
pretending to be better than one is — sombong
prevent — mencegah
prevent (to) — menghindarkan
prevention — pencegahan
previous — pencegahan
previous — sebelumnya
previous, first — terdahulu
previous letter — surat terdahulu
previously — lebih dahulu

previously — dahulu
previously — dulu
previously — tadinya
previously — terlebih dahulu
price — harga
price (fixed) — harga mati
price (fixed) — harga pasti
price (fixed) — harga tetap
price of (at a) — seharga
primarily — terutama
primary election — pemilihan pendahuluan
prime — utama
Prime Minister — Perdana Menteri
prince — pangeran
principal [i.e. of school] — kepala sekolah
principle — utama
principle — secara prinsip
principle (in) — secara prinsipiil
principles — asas
print (to) — mencetak
printing machine — mesin cetak
prior (to) — menjelang
prison — penjara
prisoner [i.e. of war] — tawanan
private — partikelir
private — pribadi
private — swasta
private company — perusahaan swasta
private school — sekolah pertikelir
private sector — swasta
privilege — hak
prize — hadiah
probably [slang] — kali
probably — kiranya

probably — mungkin
probably — barangkali
probably — kemungkinan
  besar
problem — kesulitan
problem — masalah
problem — persoalan
problem [i.e. math] — soal
problem (be a) — menjadi soal
procedure — acara
procedure — cara menjalankan
procedure (work) — cara
  bekerja
proceeds — hasil
process — proses
process (in the) — sedang
  dikerjakan
process of (in) — sedang
processing [i.e. data, food] —
  pengolahan
produce — hasil-hasil produksi
produce (to) — memproduksi
produce (to) — menghasilkan
produce (to) — hasilkan
produced (to be, was) —
  dihasilkan
produced goods — hasil-hasil
  produksi
producer — produsen
product — buatan
product — hasil
production — produksi
production — pembuatan
production control —
  pengawasan produksi
profession — profesi
profit — keuntungan
profit (make a) — untung
program — acara
program — rencana
program (having a) — beracara
progress — kemajuan

progress (to) — maju
progressive — maju
progressive tense auxiliary —
  sedang
prohibit (to) — larang
prohibit (to) — melarang
prohibited (to be, was) —
  dilarang
prohibition — larangan
prohibition — pelarangan
project — proyek
project (to) [i.e. into future] —
  ramal
projection — proyeksi
prolong (to) — memperpanjang
prominent — terkemuka
prominent — utama
promissary note — aksep
promise (a) — perjanjiaan
promise (to) — janji
promise (to) — menjanjikan
promise (to) —
  menyanggupkan
promise (to) — berjanji
promised (to be) — dijanjikan
promote (to) — memperlancar
promoted (to be, was) —
  dinaikkan
pronounce (to) —
  mengucapkan
pronounced (to be, was) —
  diucapkan
proof — keterangan
proof — bukti
proofread (please) —
  periksalah
proofread (to) — memeriksa
propaganda — propaganda
proper — layak
property — kepunyaan
property — milik
property — harta

property tax — pajak harta
prophesy — ramal
prophet [i.e. David] — nabi
proposal — usul
propose (to) — mengusulkan
propose as a candidate —
mencalonkan
proposed (to be, was) —
diusulkan
proposed motion — usul mosi
processing (the) [i.e. data,
food] — pengolahan
prosperity — kemakmuran
prosperity — kesejahteraan
prosperous — makmur
prosperous — sejahtera
protect (to) — lindungi
protect (to) — melindungi
protection — perlindungan
protest (to) — memprotes
proud — bangga
prove (to) — membuktikan
proved (to be, was) —
dibuktikan
proverb — peribahasa
provide (to) — menyediakan
provide with light —
menerangi
provided — asal
provided (to be, was) —
disediakan
provided that — asal
province — propinsi
provisional — sementara
proxy — kuasa usaha
prudent — bijaksana
public — rakyat
public — umum
public (in) — di muka umum
public (the) — administrasi
negara
public prosecutor — jaksa

public prosecutor's office —
kejaksaan
public relations — hubungan
masyarakat
public servant — abdi rakyat
publicist — publisistik
publicity — publisistik
publish (to) — menerbitkan
published (to be, was) —
dimuat
published (to be, was) —
disiarkan
published (to be, was) —
diterbitkan
publisher — penerbit
publish (the) — penyiaran
pull — tarik
pull out/back (to) — menarik
pulled out/back (to be, was) —
ditarik
punish (to) — menjatuhkan
hukuman
punished (to be, was) —
dijatuhi hukuman
pupil — murid
puppet — boneka
purchase — pembelian
purchase — beli
purchase (to) — membeli
purchased (to be, was) —
dibeli
purchaser — pembeli
purchasing power — tenaga
pembeli
pure — tulus
pure [i.e. metal] — murni
purpose — keperluan
purpose — maksud
purpose — tujuan
push (to) — mendorong
push-cart — gerobak dorong
put (to) — meletakkan

put (to) — menaruh
put (to) — taruh
put away — menyimpan
put down — menaruh
put forth (to be, was) —
  dikemukakan
put forward (to) — ke muka
put in (to be, was) —
  dimasukkan
put in (to) — memasukkan
put in order — membereskan
put off indefinitely (to) —
  memperlambatkan
put off time and again (to be,
  was) — ditunda-tunda
put on — sok
put clothing — mengenakan
put out (to) — mengeluarkan
put something down (to) —
  letakkan
put thru Training Center — di-
  TC-kan
putting out (the) —
  pengeluaran
puzzle — teka-teki

Q

quake — gempa
quality — sifat
quality — mutu
quality control — pengawasan
  mutu
quality (having the) — bersifat
quality (of) — mutunya
quality (the) — mutunya
quantitative — kuantitatif
quantity — jumlah
quarel (to) — setori
quarter — triwulan
quarter — perempat

quarter — seperempat
quarterly — sekali tiga bulan
quarterly — triwulan
queen — ratu
question — soal
question — masalah
question (a) — pertanyaan
question (may I ask a)? —
  boleh tanya, ya?
question (on being the) — atas
  pertanyaan
question (to ask) — bertanya
question (to the) — atas
  pertanyaan
question (to) — menanyakan
question-answer session —
  tanya jawab
questioned about (to be,
  was) — ditanyakan
quick — cepat
quick — cepat-cepat
quick; quickly — lekas-lekas
quickly — lekas
quiet — sepi
quiet — sunyi
quiet — tenang
quiet — bungkam
quiet — diam
quiet (be) — diamlah
quiet as (as) — sediam
quiet as (as) — setenang
quietly — dengan diam-diam
quiet — berhenti

quiet (to) — menghentikan
quite — agak
quite — benar
quite — betul
quite — juga
quota [annual] — jatah
  tahunan
quotation — kutipan

R

race — bangsa
race riot — kerusuhan ras
rags (in) — compang-camping
rain (heavy) — hujan lebat
rain (to) — hujan
rain [drizzle] — gerimis
rain dust — hujan debu
raise — kenaikan
raise (to) — memelihara
raise (to) — menaikkan
raise flag — menaikkan
  bendera
raise your hand — tunjukkan
  tangan
raise your hand — angkat
  tangan
raise (to be, was) — diangkat
raised (to be, was)[i.e. child] —
  dibesarkan
raising (the) — pengangkatan
ran — berlari
rank — urutan
rank — menggolongkan
ranking (its) — urutannya
rapid — cepat
rapid — pesat
rarely — jarang
rat — tikus
rate [i.e. participation] —
  tingkat
rate(s) — angka
rated (to be, was) — dinilai
rather — agak
rather than — daripada
ratification — persetujuan
ratified (to be, was) —
  disetujui
ratify (to) — menyetujui
ratio — rasio

ratio — perbandingan
raw — baku
raw, line — baris
raw [i.e. food] — mentah
ray — sinar
razor — pisau cukur
rd., st., ave., blvd. — jalan
re [i.e. retype] — kembali
reach (to) — capai
reach (to) — mencapai
reached (to be) — tercapai
reached (to be, was) — dicapai
react to (to) — menanggapi
reaction — tanggapan
read (to) — baca
read (to) — membaca
read as follows (to) — berbunyi
reader — pembaca
ready — sedia
ready — siap
ready (to be) — tersedia
ready (to be) — bersedia
ready (to get)[oneself] —
  bersiap-siap
ready (to get)[something] —
  menyiapkan
ready (to make) —
  mempersiapkan
ready (to make) —
  menyediakan
real — riil
realization — realisasi
realize (to) — mengetahui
really — sebenarnya
really — sesungguhnya
really — benar-benar
really — betul
really — betul-betul
really know (I don't) — entah
really know (I don't) —
  entahlah
rear — belakang

Rear Admiral — Laksamana Muda
reared (to be, was) — dibesarkan
reason — sebab
reason — alasan
reason — karena
reason of (by) — oleh karena
reasonable — beralasan
reasonable — lumayan
rebel — pemberontak
rebel (to) — berontak
rebel (to) — memberontak
rebellion — pemberontakkan
recapitulation — ulangan ringkas
receipt [for payment] — kuitansi
receive (to) — sambut
receive (to) — menerima
receive (to) — menyambut
receive an award (to) — mendapat penghargaan
received (to be, was) — disambut
received (to be, was) — diterima
receiver — penerima
receiving (the) — penerimaan
receiving (upon) — seterima
recently — akhir-akhir ini
recently — baru saja
recently — baru-baru ini
recently (just) — baru
reception — sambutan
reception — penerimaan
recess — istirahat
recipient — penerima
reckoning — perhitungan
recognition — pengakuan
recognition — pengenal
recognize — kenal

recognize (to) — mengakui
recognized (to be, was) — diakui
recommend (to) — memujikan
recommend (to) — menganjurkan
recommend (to) — menyarankan
recommendation — rekomendasi
recommendation — anjuran
recommended (to be, was) — dianjurkan
record [written] — catatan
record — catatan
recorded (to be) — tercatat
recorded (to be, was) — direkam
recorder [person] — pencatat
recording — catatan
recover — sembuh
rectangle — persegi panjang [empat]
red — merah
red cross — palang merah
reddish — kemerah-merahan
reduce (to) — memperkecil
reduce (to) — mengurangi
reduce (to) — menurunkan
reduced (to be, was) — diturunkan
reduction (the) — penurunan
refer to (to) — menyebut
refer to (to) — menyebutkan
refer to (to)[repeatedly] — menyebut-nyebut
referee — wasit
reference — perihal
reference to (with) — berkenaan dengan
referendum (to hold a) — mengadakan referendum
referred to (to be) — tersebut

referred to (to be, was) — dimaksudkan

referred to (to be, was) — disebut

referred to (to be, was) — disebutkan

referred to (to be, was) [repeatedly] — disebut-sebut

referred to earlier — tadi

refined sugar — gula pasir

reflect (to) — bayang

reflected (to be) — berbayang

refugee — pengungsi

refusal — penolakan

refuse — penolakan

refuse (to) — menolak

refused (to be, was) — ditolak

refute (to) — membantah

regard (to) — menganggap

regarded (to be, was) — dianggap

regardless of — apa pun juga

regards — salam

regards (to give) — menyampaikan salam

regency — kabupaten

region — daerah

region — wilayah

regional dances — tari-tarian daerah

register (to) — daftar

register (to) — mencatat

register (to)[in school] — mendaftarkan

registered (to be) — tercatat

registered (to be, was) — dicatat

registered [i.e. trademark] — terdaftar

registrar — pencatat

registration — pencatatan

regret (to) — menyesalkan

regretted (to be, was) — disayangkan

regular — tetap

regularly — secara tetap

regulation — aturan

regulation — penetapan

regulation — peraturan

reinforcements — bala bantuan

reject (to) — menolak

rejected (to be, was) — ditolak

rejection — penolakan

relate (to) — menceritakan

relations — hubungan

relations — perhubungan

relationship — hubungan

relative — saudara

relative(s) (my) — saudara saya

relax — santai

relax — istirahat

relaxing — kelonggaran

release — pembebasan

release (to) — melepaskan

release (to) — membebaskan

released (to be, was) — dibebaskan

released (to be, was) — dilepaskan

reliable — terpercaya

reliable (to be, was) — dipercaya

reliable — terpercaya

relied on (to be, was) — dipercaya

religion — agama

religion (of the) — beragama

religious — agama

religious (to be) — beragama

religious fast — puasa

remain (to) — tinggal

remainder — selebihnya

remainder — sisa
remains — bekas
remember (to) — ingat
remember (to) — mengingat
remind (to) — ingatkan
remind (to) — mengingatkan
remnants — peninggalan
remodeling — pembaruan
remote (to be) — terpencil
remove (to) — mengambil
remove (to) — mengeluarkan
remove (to) — menyingkirkan
remove (to) — pindahkan
removed (to be, was) — diambil
removed (to be, was) — dikeluarkan
removed (to be, was)[from office] — digeser
renew — memperbarui
renew (to) — mengadakan pembaruan
renewal — pembaruan
renovation — pembaruan
rent — sewa
rent (to) — menyewa
rent [for use of equipment] — setoran
rent out (to) — menyewakan
renting (cost of) — sewanya
rentor — penyewa
reorganize (to) — mereorganisir
repair — perbaikan
repair (to) — membetulkan
repair (to) — memperbaiki
repaired (to be, was) — dibetulkan
repaired (to be, was) — diperbaiki
repeat — ulangi
repeat (to) — ulang

repeat (to) — mengulang
repeat (to) — mengulangi
repel something (to) — menolak
replace — ganti
replace (to) — mengganti
replace (to) — menggantikan
replaced (to be, was) — diganti
replaced by — digantikan
replacement — pengganti
reply — balasan
reply — jawaban
reply (to) — menjawab
report — berita
report — kabar
report — laporan
report (to) — lapor
report (to) — melaporkan
report (to) — mengabarkan
reported (it is) — kabarnya
reported (to be, was) — diberitakan
reported (to be, was) — dikabarkan
reported (to be, was) — dilaporkan
reportedly — kabarnya
reporter — wartawan
reporting — reportase
represent (to) — merupakan
represent (to) — mewakili
representation — perwakilan
representative — wakil
represented (to be, was) — diwakili
republic — republik
Republic of Indonesia — Republik Indonesia
Republic of Indonesia Radio — Radio Republik Indonesia
request — permintaan
request — permohonan

request (to) — mohon
request (to) — minta
request to resign —
  permohonan menarik diri
require — mengharuskan
require (to) — tuntut
require (to) — memerlukan
require (to) — meminta
require time (to) —
  memerlukan waktu
required (to be, was) —
  diperlukan
requirement — syarat
requirement (a) — tuntutan
rescind (to) — membatalkan
research — riset
research — penelitian
research [activity] — penelitian
research center — pusat
  penelitian
resemble (to) — menyerupai
resemble (to) — mirip
resemble (to) — merupakan
reservation — pesan tempat
reservation — pesanan tempat
reserve a place (to) —
  memesan tempat
reserve — serep
residence — kediaman
residence — tempat tinggal
resident — penduduk
resign from office —
  meletakkan jabatan
resist (to) — bertahan
resolve (to) — menyelesaikan
resource — sumber
respect — hormat
respect — penghargaan
respect (to) — menghargai
respect (to) — menghormati
respect to (with) —
  sehubungan dengan

respect to (with) — berhubung
  dengan
respected — berwibawa
respected (to be, was) —
  dihargai
respected (to be, was) —
  dihormati
respective goals [each to
  their] — masing-masing
respectively — masing-masing
respond (to) — membalas
responsibility — tanggung
  jawab
responsibility — tanggungan
responsible — tanggungan
responsible (to be) —
  bertanggung jawab
responsible (to be) —
  menanggung
responsible (to be) —
  menjamin
responsible (the ones) —
  berwajib (yang)
rest — sisa
rest (remainder) — sisa
rest (the) — selebihnya
rest (to) — istirahat
restaurant — restoran
restoration of (the) —
  dipulihkannya
restrict (to) — membatasi
restricted (to be) — terbatas
restroom — kamar kecil
result — akibat
result — hasil
result — perolehan
result in (to) — mengakibatkan
result of (to be a, was a) —
  diakibatkan
retail — eceran
retail business — perdagangan
  menengah

retail trade — perdagangan menengah
retire (to)[i.e. from job] — mengundurkan
retreat (to) — mundur
retrieve (to) — mendapat kembali
return (to) — kembali
return (to) — pulang
return home — pemulangan
return home (to) — pulang
returned (to be, was) — dikembalikan
reveal (to) — mengungkapkan
reveal (to)[i.e. a secret] — menyingkap
revealed (to be, was) — diungkapkan
revenue — pendapatan
revenge (to take) — membalas
reverse (to) — mundur
reversed (to be, was) — dibalik
review (to) — mengulangi
revision — perbaikan
revoke — hapus
revoke (to) — membatalkan
revoke (to) — menghapuskan
revolt — pemberontakan
revolution — pemberontakan [*also* revolusi]
rice (fried) — nasi goreng
rice (retail) — beras eceran
rice [cooked] — nasi
rice [hulled, uncooked] — beras
rice field [wet] — sawah
rich — kaya
riddle — teka-teki
tide in (to) — tumpang
ride in (to) — naik
ride on a pedicab — naik becak

ride on/in (to) — menaiki
riding on (by) — dengan menumpang
right — tepat
right [direction] — kanan
right (a) — hak
right (all) — biarlah
right (all) — bolehlah
right (it's all) — bisalah
right (that would be all) — bolehlah
right [correct] — benar
right [correct] — betul
right now — sekarang ini
right now — sekarang juga
ring — cincin
ring (to)[bell] — bunyikan
riot — kekacauan
riot — keributan
riot — kerusuhan
rioter — perusuh
ripe [cheese] — disimpan sudah lama [keju]
ripe [fruit] — masak
rise — timbul
rise (to) — terbit
rise (to) — meningkat
rise (to) — naik
rise up — bangkit
rite — upacara
river — sungai
river — kali
road — jalan
road — jalanan
roast in a frying pan — goreng
robber — perampok
rock — batu
role playing — berperan
role playing — main peran
roll — daftar
roll up (to) — menggulingkan
roof — atap

room — bilik
room — kamar
room (court) — mahkamah pengadilan
room [meeting] — ruang
room [meeting] — ruangan
room [place] — tempat
room (rest)[toilet] — kamar kecil
room [large] — ruangan
room for play — kelonggaran
root — akar
rotate — pusing
rotate (to) — putar
rotate (to) — berputar
rotten — busuk
rough — kasar
rough [i.e. draft] — konsep
round — babak
round — bundar
round out (to) — menyempurnakan
row — baris
row (in a) — secara beruntun
row (in a) — berturut-turut
royal — kerajaan
rub against — gosok
rub on — gosok
rubber — karet
rubbing (keep) — gosok-gosok
rubbing something on something (keep) — menggosok-gosokkan
rubbish — sampah
rubble — runtuhan
rubber band — karet gelang
rudder — kemudi
rude — kasar
rug — permadani
ruined — rusak
ruling queen — ratu
rumor — kabar angin

run (to) — berlari
run (to) — lari
run away (to) — lari
run out of something (to) — kehabisan
run over by (to be, was) — dilindas
rupiah — rupiah
rupiah (one) — serupiah
rutal — pedesaan
rural area — desa.

S

sabotage (to) — sabot
sacred — suci
sacrifice — korban
sad — sedih
sad — susah
sad event — musibah
safe — selamat
safe — aman
safe (your area is) — daerah Anda aman
safe and sound — sehat dan afiat
safe box — brankas
safely — dengan selamat
safety — keamanan
safety — kesejahteraan
safety — keselamatan
said (he/she) — katanya
said (it is) — katanya
said (to be, was) — dikatakan
sail — layar
sail boat — perahu layar
sailor — pelaut
salary — gaji
sale — lelang
sale — omzet
sale — penjualan

sale (be on) − dijual
sale (on) − jual
sale [things for] − dagangan
sale [things for] − jualan
sale of the day (first) − penglaris
sales tax − pajak penjualan
salted fish − ikan asin
same − sama
same − sejalan
same (exactly the) − sama saja
same kind as (the) − semacam
same line [of thought] − sejalan
same street − sejalan
same time (at the) − sekalian
same time (at the) − sekaligus
same time (at the) − dalam pada itu
same time as (at the) − bersamaan dengan
sample − contoh
sand − pasir
sanitary napkin − balut
sanitation − penyehatan
satisfactorily − memuaskan (puas)
satisfactory − memuaskan
satisfied − senang hati
satisfied − puas
satisfy (to) − memuaskan
satisfying − memuaskan
saucer − piring kecil
save (to) − menghemat
save (to) − mengumpulkan
save money − menabung
save very much time − sangat menghemat waktu
savings − tabungan
saving (the) − penghematan
saving (postal) − tabungan pos
say − kata

say (they) − kabarnya
say (they) − kata orang
say (to) − berkata
say (to) − bilang
say (to) − katakan
say (to) − mengatakan
say that (don't) − jangan gitu dong
saying (a) − peribahasa
scale (on a small) − kecil-kecilan
scale [for weight] − timbangan
scale [for weighing] − neraca
scatter − taburkan
scenery − pemandangan
schedule − rencana
schedule − acara
schedule − jadwal
schedule (having a) − beracara
schedule (to) − merencanakan
schedule (travel) − jadwal perjalanan
scheduled (to be, was) − direncanakan
scholar − sarjana
scholarship − beasiswa
school − sekolah
school (private) − sekolah partikelir
school (to attend) − sekolah
school (to go to) − bersekolah
school of − fakultas
science − ilmu pengetahuan
scientific − ilmiah
scientist − sarjana
scissors − gunting
scissors (be accidentally cut by) − kegunting
scissors [be unintentionally cut by] − tergunting
scissors (cut with) − menggunting

scissors (cut with) — menggunting
scoop up (to) — mencakup
scorched — hangus
scorpion — kala
"scram" (to) — enyah
scrape (to) — korek
scrape (to) — mengorek
scratch (to) — menggaruk
scratch (to)[by animals] — mencakar
scream (to) — berteriak
scream (to) — menjerit
screaming (keep) — menjerit-jerit
screw — sekrup
screwdriver (Philips) — obeng bintang
sea — laut
search — cari
search — pencarian
search (to) — mencari
seashore — pantai
season — musim
second — detik
second — kedua
second (do for a) — dulu
second (just a) — sebentar lagi
secret — rahasia
secretary — sekretaris
secretary — penulis
secretary (private) — sekretaris pribadi
secretary-general — sekretaris jenderal
secretly — diam-diam
section — seksi
section [i.e. of organization] — bagian
section (to) [i.e. of a fruit] — pangkas
sector — sektor

sector — bidang
secure — aman
security — keamanan
security — tanggungan
see (let me) — coba, saya lihat
see (to) — lihat
see (to) — melihat
see off (to) — melepas
see off (to) — mengantarkan
see somebody — bertemu
see with one's own eyes (to) — menyaksikan diri
seek (to) — mencari
seemingly — rupanya
seemingly — seakan-akan
seemingly — seolah-olah
seemingly — tampaknya
seems — rupanya
seems — kelihatan
seems (it) — rupanya
seems (it) — kelihatannya
seems (it) — nampaknya
seen — tampak
seen (it can be) — terlihat
seen (it can be) — kelihatan
seen (to be) — terlihat
seen (to be) — kelihatan
seen (to be, was) — dilihat
seen (to be, was) — dipandang
seen off (to be, was) — diantarkan
seen off (to be, was) — dilepas
seen present — tampak hadir
seen with one's own eyes (to be, was) — disaksikan
seize (to) — memperebutkan
seize (to) — merebut
seized (to be, was) — direbut
seizing (the) — perebutan
seldom — jarang
select (to) — tunjuk
select (to) — memilih

selected (to be, was) — dipilih
selected (to be, was) —
  ditunjuk
selectively — secara selektif
self — sendiri
self — diri
self protection — lindungi diri
self-determination [of fate] —
  penentuan nasib sendiri
sell (to) — menjual
seller — penjual
seller (mat) — penjual tikar
selling (the) — penjualan
semi yearly — tengah tahunan
send (to) — kirim
send (to) — kirimkan
send (to) — mengirim
send (to) — mengirimkan
send a cable (to) — mengirim
  kawat
send off — mengirimkan
sender — pengirim
sending — pemberangkatan
sending (the) — pengiriman
sensational — hebat
sense — arti
sense (to make) — masuk akal
senses [pleasant to the
  senses] — enak
sensible — sadar akan
sensible — bijaksana
sent (to be, was) —
  diberangkatkan
sent (to be, was) — dikirim
sent (to be, was) — dikirimkan
sentence [i.e. death] —
  hukuman
sentence [grammatical] —
  kalimat
sentence (to) — menjatuhkan
  hukuman

sentenced (to be, was) —
  dijatuhi hukuman
separate [divoerse] — cerai
separate [rooms, plane, car] —
  pisah
separate (to) — memisah
separated (to be) — terpisah
sequence (in) — secara
  bergelombang
sequence (in) — secara
  berturut-turut
sequence (in) — berturut-turut
serenely — secara tenang
series — rentetan
serious — keras
serious illness — parah
serious wound — parah
seriously — benar-benar
seriously — bukan main
servant — pelayan
servant — pembantu
serve (to) — berbakti
serve (to) — hidang
serve (to) — menghidangkan
serve (to) [i.e. waiter] —
  menyajikan
serve as (to) — menjadi
service — dinas
service — kedinasan
service — pelayanan
service — perbantuan
service (to give) —
  diperbantukan
service shop [i.e. for cars] —
  bengkel
serviceable — baik
session — sidang
session — persidangan
set — setel
set free (to) — melepaskan
set out for (to) — menuju

set something down (to) — letakkan

set the dog free (to) — melepaskan anjing

set up — aturan

set up — persiapan

set up (to be) — terbentuk

set up (to be, was) — dibentuk

set up cooperation (to) — melaksanakan kerja sama

setting up of — diadakannya

setting up of (the) — terbentuknya

setting up (the) — pembentukan

settle — tetap

settle (to) — menetapkan

settle (to) — menyelesaikan

settled — rampung

settled — tetap

settled (to be, was) — diselesaikan

settled (to be, was) — ditetapkan

settlement — penyelesaian

sever (to) — memutuskan, memisahkan

several — beberapa

several times — beberapa kali

severe — keras

severely — dengan keras

sew (to) — jahit

sew (to) — menjahit

shade — teduh (tempat)

shadow — bayang

shady — teduh (tempat)

shake — geleng

shake — goyang

shake (to) — kocok

shake (to) — mengocok

shake hands (to) — salam

shake hands (to) — bersalaman

shake hands (to) — jabat tangan

shall [future] — akan

shallow — dangkal

shampo — sampo

shape — bentuk

shape (to have the) — berbentuk

shaped (to be, was) — dibentuk

shark — ikan hiu

sharp — tajam

shave (get a) — cukur

shave (to) — mencukur (cukur)

shave [someone] — mencukur

shave oneself — bercukur

shaved (to be, was) — dicukur

she — dia

sheep — domba

sheet — seprei

sheet — lembar

sheet [i.e. paper] — helai

shelf [i.e. book] — rak

shell [i.e. sea] — kerang

shelter (to take) — berteduh

shelter (to) — berteduh

shift (to) — pindah

shifted (to be, was) — dipindahkan

shine (to) — kilap

shine (to) — mengkilap

shingle [i.e. roof] — sirap

ship — kapal

ship (to) — mengirim

ship (to) — mengirimkan

ship crewman (a) — seorang awak kapal

ship in — mendatangkan

shipcrew — awak kapal

shipment — pengiriman

shipped (to be, was) — dikirim

shipped (to be, was) — dikirimkan

shipping (the) — pengapalan

shipping (the) — pengiriman

shipyard — galangan kapal

shirt — kemeja

shoes — sepatu

shoot (to) — tembak (men)

shoot (to) — menembak

shoot (to) — menembaki

shoot at each other (to) — bertembak-tembakan

shooter — penembak

shop — toko

shop [small] — warung

shopping — belanja

shopping — berbelanja

shopping (to do) membeli-beli

shore (off) — lepas pantai

short — singkat

short — pendek

short (make) — memendekkan

short while — sebentar

shortage — kekurangan

shortly — dalam waktu dekat

shot — tembakan

shot (to be, was) — ditembak

shot at (to be, was) — ditembaki

should — seharusnya

should — harus

should — hendaknya

should be — mesti

shoulder — bahu

shout (to) — berteriak

shout out (to) — meneriakkan

shouting (keep) — berteriak-teriak

shovel, spade — sodok

show — pameran

show (to) — memperlihatkan

show (to) — mempertunjukkan

show (to) — tunjukkan

showed (to be, was) — diperlihatkan

shower [bath] — pancuran

shown (to be, was) — ditunjukkan

shrewd — panjang akal

shut (to be, was) — ditutup

shut off (to)[i.e. gas] — menutup

shut up [stop speaking] — tutup mulut

shy — malu

shy (not) — berani

sick — sakit

sick person (the) — si sakit

sickness — penyakit

side — sebelah

side — segi

side — sisi

side — tepi

side (a) — pihak

side — pinggir

side — pinggiran

side (go to the other) — menyeberang

side (on the) — di sebelah

side (to take) — pihak

side of (at the) — di samping

side of (to be at the) — mendampingi

side of road (at the) — pinggir jalan (di)

sided — persegi

sidewalk — trotoar

sign — tanda

sign — gejala

sign — petunjuk

sign (to) — menandatangani

signal — tanda

signature — tanda tangan

signed (to be, was) — ditandatangani
significant — berarti
signify (to) — berarti
signing (the) — penandatanganan
silent — bungkam
silent — bungkem
silly — bodoh
silver — perak
silver coin — ringgit
silver coin — uang perak
similar — sama
similar — serupa
similar to — hampir sama dengan
simple — sederhana
simple interest — bunga tidak berganda
simplyfication — penyeder-hanaan
simply — secara sederhana
simultaneous — sekaligus
simultaneously — sekaligus
since — sejak
sincere — jujur
sincere — polos
sing (to) — menyanyi
singer — penyanyi
single [unmarried female] — perawan
single [unmarried male] — bujang
single thing (every) — segala sesuatu
singular — tunggal
sink (to) — tenggelam
sink — terbenam
sip — hirup
sir — tuan
sister — saudara
sister-in-law [older] — kakak ipar perempuan
sister-in-law [younger] — adik ipar perempuan
sit down (to) — duduk
site — tempat
situated (is) — terletak
situated here (my house is) — terletak di sini (rumah saya)
situation — keadaan
size — ukuran
size [i.e. shirt] — besarnya
size [measurement] — ukuran
skeleton — rangka
skill — ketrampilan
skilled worker — juru
skin — kulit
skirmish — tembak-menembak
skirt — rok
skull — tulang tengkorak
sky — langit
slave — budak
sleep (to) — tidur
sleep well — selamat tidur
sleepy — mengantuk
sleeve — lengan
slice — helai
slice — potong
sliced (get) — tergelincir
slip — gelincir (ter)
slip — kekhilafan
slip [i.e. form] — formulir
slip (to)[on street, etc.] — tergelincir
slippery — licin
sloping [that picture is] — miring (gambar itu)
slow — lambat
slow — pelan
slower (to make) — memperlambatkan
slowly — pelan-pelan
slowly — perlahan-lahan

small — kecil
small bridge — titian
small change [of money] —
uang kecil
small of body (to be) —
bertubuh kecil
small scale (on a) — kecil-
kecilan
small shop — warung
smaller — lebih kecil
smaller (to make) —
memperkecil
smallest — paling kecil
smallest (the) — terkecil
smart — cerdik
smart — pintar
smell — bau
smell (to)[with nose] —
mencium (cium)
smell good (to) — berbau enak
smell remains — bau yang
tersisa
smelly (be) — berbau
smile (to) — tersenyum
smoke — asap
smoke (to) — merokok
smooth — lancar
smooth only — tenang-tenang
saja
smooth the way (to) —
meratakan jalan
smoothly — lancar
smuggled in (to be, was) —
diselundupkan
snacks — penganan
snake — ular
snow — salju
so — begitu
so — demikian
so — demikianlah
so — dengan demikian
so — jadi

so — maka
so (isn't that) — ya
so (it is) — kan
so (that is) — memang betul
so (that is) — memang
demikian
so as to — sehingga
so as to — supaya
so far — sampai begitu jauh
so far — sebegitu jauh
so far — begitu jauh
so happens that (it) —
kebetulan
so is — demikianlah
so that — sehingga
so that — supaya
so that — agar
so that — biar
so that — hingga
soap — sabun
soap-suds — air sabun
soccer — sepak bola
social activities — kegiatan
sosial
socialize (to) — bergaul
society — masyarakat
sociology — sosiologi
socks — kaus
soft — lunak
soft [for meat] — empuk
software [i.e. computer] —
perangkat lunak
soil — tanah
soil — bumi
soil (till) — bercocok tanam
sold (to be, was) — dijual
sold (was) — terjual
sold out — terjual habis
soldier — tentara
soldier — laskar
sole — tapak kaki
sole — tunggal

solicitor — pengacara
solution — penyelesaian
solve (to) — memecahkan
solve (to) — menyelesaikan
solved (to be, was) —
diselesaikan
some — sebagian
some — suatu
some — beberapa
something — sesuatu
something — apa-apa
sometime (for) — selama
beberapa waktu
sometime ago — tadi
sometime ago — beberapa
waktu yang lalu
sometime earlier [today]— tadi
sometimes — kadang-kadang
somewhat — agak
son — putra
son — anak laki-laki
son-in-law — menantu laki-laki
song — lagu
soon — segera
soon after — segera setelah
soonest — paling cepat
sorry (I'm) — maaf
sorry about (to be) —
menyesalkan
sort of (a) — macam
sort (of that) — semacam itu
sort (what) — yang bagaimana
sort of — semacam
sorts (all) — segala macam
sorts of things (all) — segala
macam
sought (to be, was) — dicari
soul — nyawa
soul [of dead person] — arwah
sound — suara
sound — bunyi
sound (good) — merdu

sound (make a) — berbunyi
sound (to) — berbunyi
sound asleep (be) — nyenyak
sounded out (to be, was) —
dijajaki
sounding out of — penjajakan
soundly — dengan nyenyaknya
source — sumber
source — asal
source [i.e. water, oil] —
bersumber
south — selatan
South Vietnam — Vietnam
Selatan
southeast — tenggara
southwest — barat daya
souvenir — tanda mata
souvenir — oleh-oleh
space (outer) — antariksa
space — ruang
space — ruangan
space — tempat
space — lapangan
spacious — lapang
spacious — luas
spark plug — busi
speak (to) — berbahasa
speak (to) — berbicara
speak (to) — bicara
speaking — berbahasa
speaking [I, myself] — saya
sendiri
special — khusus
special — tersendiri
special diet — kurangi makan
tertentu
specialist — ahli
specific — tertentu
spectator — penonton
speech — amanat
speech — pidato
speech (make a) — berpidato

speed up (to) − memperlancar
spend (to) − mengeluarkan
spend the night − menginap
spending − pembiayaan
spending (the) − pengeluaran
sphere − bidang
spices − bumbu
spirit [personal] − semangat
spirit, life − roh
spiritual − rohani
spite of (in) − sekalipun
spite of (in) − walau
spite of (in) − walaupun
spite of (in) − meskipun
split − belah
spoke − berbicara
spokesman − juru bicara
sponsor − penyelenggara
sponsor (to) −
  menyelenggarakan
sponsored (to be, was) −
  disponsori
sponsored by (to be, was) −
  diselenggarakan
spoon − sendok
sports − olahraga
sports palace − istana
  olahraga
spot light − lampu sorot
spray (to) − siram
spray (to) − menyiram
spray (to) − memancar
spread − sebar
spread (its) − penyebarannya
spread (to be, was) −
  diperluas
spread widely (to) −
  menyebarluaskan
spreading (the) − penyiaran
sprinkle (to) − siram
sprinkle (to) − menyiram
squad − regu

square − persegi empat
stab − tusuk
stable [i.e. horse] − kandang
stadium − stadion
staff − staf
staff − pegawai (para)
stage [i.e. time, condition] −
  babak
stage [i.e. platform] −
  panggung
stage [i.e. platform] − pentas
stairs, staircase − tangga
stake − kepentingan
stall − warung
stall (to) − mogok
stamp (to) − mencap
stamped (to be, was) − dicap
stance (having the) − bersikap
stand − warung
stand (to) − berdiri
stand up (to) − berdiri
standard − taraf
star − bintang
start − permulaan
start (to) − memulai
started (to be, was) − dimulai
starting of (the) − dimulainya
startled − kagum
startled (was) − terkejut
state − menjelaskan
state (to) − terangkan
state (to) − menegaskan
state (to) − menerangkan
state (to) − mengatakan
state (to) − mengucapkan
state (to) − mengungkapkan
state (to) − menyatakan
state (to) − menyebut
state (to) − menyebutkan
state (to)[over and over] −
  menyebut-nyebut

state [i.e. of a country] — negara

state [i.e. part of a country] — negeri

state [situation, condition] — hal

state [to utter] — katakan

state [within a country] — negara bagian

state ceremony — upacara kenegaraan

state company — perusahaan negara

state of panic — keadaan panik

stated — letak [root only]

stated (to be, was) — dijelaskan

stated (to be, was) — dikatakan

stated (to be, was) — disebut

stated (to be, was) — disebutkan

stated (to be, was) — ditegaskan

stated (to be, was) — diterangkan

stated (to be, was) — diucapkan

stated (to be, was) — diungkapkan

stated (to be, was)[repeatedly] — disebut-sebut

statement — ucapan

statement — keterangan

statament — penerangan

statement — penjelasan

statement — pernyataan

statement (bank) — rekening koran

station — stasiun

station (to) — menempatkan

stationed (to be, was) — ditempatkan

stationed at (to be) — berkedudukan

statistic — angka

statistician — pencacah

statue — patung

status — kedudukan

status — prestise

status — status

status [i.e. of project] — keadaan

status (having a) — berkedudukan

status [position] — derajat

stay (to) — tinggal

stay (to) — berdiam

stay calm — tenang-tenang saja

stay overnight — menginap

steal (to) — curi

steal (to) — mencuri (curi)

steam — ucap

steam, evaporate (to) — menguap

steel — baja

steep — terjal

steering — pengarah

steering wheel — kemudi

step — langkah

step by step — tahapan demi tahapan

step forward (to) — tampil

step on — menginjak

steps (to take) — bertindak

stern — keras

sternly — dengan keras

stewardess — pramugari

stick — tongkat

stick — batang

still — tapi
still — tetapi
still — belum juga
still — masih
still — namun
still going on — berlangsung
still not yet — belum juga
still not yet — belum lagi
still tired — masih capek
stimulated (to be, was) — didorong
stimulus — dorongan
stingy — kikir
stipulation — syarat
stir, mix — aduk
stir up (to) — mengobarkan
stock (in) — tersedia
stock market — pasar bursa
stockings — kaus
stolen (to be, was) — dicuri
stomach — perut
stomach (sick) — perut sakit
stone — batu
stood — berdiri
stop (to) — berhenti
stop (to) — menghentikan
stop by (to) — singgah
stop in (to) — menyinggahi
stop off at (to) — menyinggahi
stopper [for a glass jar] — toples
stopping place — penghentian
storage room — gudang
store — toko
store (to) — simpan
store (to) — menyimpan
stored (was) — disimpan
stories (having) — bertingkat
storm [also hurricane] — angin topan
story — riwayat
story — cerita

story telling — cerita
stove — kompor
straight — lurus
straight — terus
straighten up (to) — meluruskan
strain — ketegangan
strange — aneh
strategy — siasat
straw — jerami
street — jalan
street (side of the) — pinggir jalan
street light tax — bea penerangan jalan umum
strength — kekuatan
strength (having) — berkekuatan
strengthen (to) — memperkuat
strengthened (to be, was) — diperkuat
stress — tekanan
stress (to) — menekan
stressed (to be, was) — ditekankan
stretch out the time (to) — mengulur-ulur waktu
strike — pukul
strike (to carry out a)[labor] — melakukan pemogokan
strike (to) [something] — melanda
strike (to) — menimpa
strike (to) — mogok
striker — pemogok
strive for (to) — mengusahakan
striven for (to be, was) — diusahakan
strong — erat
strong — gagah
strong — kuat

strong wind — angin kencang
struck — terkena
struck by — kena
struck by (to be, was) — dilanda
struck by loss — kena kerugian
struggle — perjuangan
struggle (to) — berjuang
stubbornly — dengan gigih
student — siswa
student — murid
student — pelajar
student [at university/college] — mahasiswa
student [who is an official] — karya siswa
studied (to be, was) — dipelajari
studied (to be, was) — diselidiki
study — bersekolah
study — ruang kerja
study (to) — belajar
study (to) — menyelidiki
study center — pusat penelitian
study thoroughly (to) — mempelajari
stupid — bodoh
style — model
style (hair) — potongan
style (short) — model pendek
stylish — tampan
sub-district — kecamatan
subdue (to) — menundukkan
subject — topik
subject — mata pelajaran
subject — pokok
subject — perihal
subject of instruction — mata pelajaran

submarine — kapal selam
submit (to) — mengajukan
submit a request (to) — mengajukan permintaan
submitted (to be, was) — diajukan
subsequently — selanjutnya
subsequently — seterusnya
substitute — ganti
substitute — pengganti
suburbs — pinggir
suburbs — pinggir (kota)
subway — kereta api bawah tanah
succeed (to) — berhasil
success — hasil
successful (to be) — berhasil
succession (in) — secara berturut-turut
successively — berturut-turut
succinct — ringkas (dengan)
such — demikian
such a — semacam
such and such an extent (to) — sekian
such as — seperti
such as — berupa
such as that — semacam itu
suck in — menghirup
suddenly — mendadak
suddenly — tiba-tiba
suds (soap) — air sabun
sue for (to) — menuntut
suffer — penderita
suffer (to) — derita
suffer (to) — menderita
suffer damage (to) — mengalami kerusakan
suffer loss — rugi
sufferer — penderita
suffering (the) — penderitaan
sufficient — cukup

suffix (stress) — lah
suffix (stress) — pun
sugar — gula
suggest (to) — mengajukan
suggest (to) — mengemukakan
suggest (to) — mengusulkan
suggest (to be, was) — dikemukakan
suggestion — saran
suitable — layak
suitable — prayoga
suitable with — sesuai dengan
suitcase — kopor
sum — jumlah
Sumatra — Sumatera
summarize (to) — meringkaskan
summary — ringkas
summary — ringkasan
summer season — musim panas
summit — puncak
summon (to) — memanggil
summoned (to be, was) — dipanggil
summons — panggilan
sun (the) — matahari
sunshine — sinar matahari
Sundanese (the) — suku Sunda
superior [value] — lebih baik
superiority — kemenangan
supervision — pengawasan
supervisor — pengawas
supplement(al) — tambahan
supplemented (to be, was) — ditambah
supplied (to be, was) — disediakan
supplier — leveransir
supply — perlengkapan
supply — persediaan (sedia)
supply (to) — melengkapi

supply (to) — menyediakan
support — bantuan
support — dukungan
support [i.e. endorsement] — dukungan
support (to) — bantu
support (to) — membantu
support (to) — mendukung
support (to) — menopang
supported (to be, was) — didukung
suppose (to) — kira
suppose — mengira
supposed (to be, was) — diumpamakan
supposing — misalnya
supposing that — andaikata
suppression — penindasan
supreme — tertinggi
supreme court — mahkamah agung
sure — yakin
sure — pasti
sure (for) — kepastian
sure thing (a) — kepastian
surface (to) — muncul
surgery — pembedahan
surmount (to) — mengatasi
surmounted (to be, was) — diatasi
surplus/excess — kelebihan
surprised (to be) — tercengang
surprised (to be) — heran
surrender — penyerahan
surrender (to) — serahkan
surrender (to) — menyerah
survey — survei
surveyed (to be, was) — disurvei
suspected (to be, was) — diduga

suspend – gantung
suspended (to be) – tergantung
sustained – gencar
swallow (to) – menelan
sweep (to) – menyapu
sweet – manis
sweet (voice) – merdu
sweetheart – jantung hati
swell (to) – membengkak (bengkak)
swim – renang
swim (to) – berenang
swimming pool – renang (kolam)
swimming race – renang (lomba)
switch on (to) – memasang
swollen – bengkak
sword [short], knife – parang
symptom – gejala
syrup – sirop
system – penataan
system – sistem
system [i.e. political] – tata
systematically – tertib (dengan)

T

table – meja
table [i.e. of figures] – tabel
tactic – siasat
tail – ekor
tailor – penjahit
tailor – tukang jahit
take – ambil
take (to) – membawa
take (to) – mengambil
take (to) – mengangkat
take (to) – mengantarkan
take (to)[people, things] – antarkan
take (to)[to some place] – antarkan
take along – membawa
take down (to) – menurunkan
take out (to) – keluarkan
take out (to) – mengeluarkan
take over (to) – mengambil alih
take part in (to) – turut
take part in (to) – ikut
take part in (to) – ikut serta
take part in (to) – menyertai
take part in (to)[i.e. test] – mengikuti
take pictures – bikin gambar
take place (not) – tidak jadi
take something for someone – mengantarkan
take the form of (to) – merupakan
take there – mengantar
take(s) place – berlangsung
take (to be, was) – diambil
take (to be, was) – diantarkan
take (to be, was) – dibawa
taken down (to be, was) – diturunkan
taken over (to be, was) – diambil alih
taken under consideration (to be) – dipertimbangkan
taking out (the) – pengeluaran
taking over of (the) – pengambilalihan
talk – musyawarah
talk (to) – berbicara
talk (to) – bercakap
talk (to) – bicara
talk (to) – mengobrol

talk about (to) — bicarakan
talk about (to) — membicarakan
talk(s) (the) — pembicaraan
talked about (to be, was) — dibicarakan
talked about (to be, was) — diperbincangkan
tall — tinggi
tallest — tertinggi
tame — jinak
taped (to be, was) — direkam
target — sasaran
target — target
tariff rates — pentarifan
tariff — tarif
task — tugas
task (having the) — bertugas
task (that) — tugas (itu)
taste (to) — merasa
tasty — enak
tax — bea
tax — cukai
tax — pajak
taxi — taksi
tea — teh
teach (to) — mengajar
teacher — guru
teacher — pengajar
teaching (the) — pengajaran
teaching institute — perguruan
teachings — ajaran
team — regu
team (11 men) — kesebelasan
technical, technique — teknik
technician — ahli
teen [numbers] — belas
teens (by the) — belasan
teens of — belasan
telegram — kawat
telegraphed (to be, was) — dikawatkan

telephone — telepon
telephone extension — pesawat
televised (to be, was) — ditelevisikan
tell (to) — bercerita
tell (to) — beri tahu
tell (to) — berkata
tell (to) — katakan
tell (to) — menceritakan
tell (to) — mengatakan
tell a story (to) — menceritakan
tell about — menceritakan
tell to do something — menyuruh
temperature — temperatur
temple [Hindu] — candi
temporary — sementara
ten (costing) — sepuluhan
tenaciously — dengan gigih
tend to (to) — cenderung
tendency — cenderung
tendency — kecenderungan
tender [food] — empuk
tender [for meat] — lunak
tennis court — lapangan tennis
tension — ketegangan
terminated — putus
terminated (to be, was) — diakhiri
termite — rayap
term to call waiter — mas
term — syarat
terrific — sengit
territory — wilayah
territory — daerah
test — ujian
test — percobaan
test (to) — uji
test (to) — menguji
test [entrance] — ujian (masuk)

testify (to) — menyajikan
textile industries — perindustrian tekstil
Thailand [Thai] — Muangthai [Muang Thai]
than — dari
than — daripada
than usual — dari biasa
thank you — terima kasih
thank you for — terima kasih atas
thanks — terima kasih
thanks to — berkat
that — yang
that — itu
that (like) — begitu
that (like) — seperti begitu
that (like) [slang] — kaya gitu
that (so) — sehingga
that (so) — supaya
that (so) — agar
that (so) — biar
that... — bahwa...
that cannot be so — mana ah!
that is it — itu dia
that is the case (if) — kalau begitu
that is why — itulah sebabnya
that is why — makanya
that one — yang itu
that other one — yang itu
that so (is) — o, begitu
that's him — itu dia
that's life — begitulah
that's the way it is — begitu saja
the — nya
The Almighty [God] — Yang Mahakuasa
theatrical group — sandiwara
their — mereka
their — nya

them (all of) — semuanya
them — mereka
them — nya
then — kemudian
then — lalu
then — maka
then (and) — pun
there — situ
there — di sana
there — di situ
there (is, are) — ada
there (take) — mengantar
there (to) — ke sana
there are — terdapat
there's always something — ada-ada saja
therefore — dengan demikian
therefore — jadi
therefore — maka
these — ini
they — mereka
they are no longer young — mereka tidak muda lagi
they say — kata orang
they say — katanya
thick — tebal
thick — lebat
thief — pencuri
thigh — paha
thin — halus
thin (used with tea) — encer
thing — hal
thing (the main) — pokoknya
thing made — buatan
thing which (a) — hal mana
things — barang
things of various types — barang-barang
things remaining from fire — barang-barang sisa kebakaran
think — anggap
think (to) — rasa

think (to) — pikir
think (to) — kira
think (to) — menganggap
think (to) — mengira
think (to) — merasa
think about — memikirkan
thinking (the) — pemikiran
thinking (the) — pikiran
thinned out (to be, was) —
  diciutkan
thinning out of — penciutan
third — ketiga
thirsty — haus
thirteenth — ketiga belas
this — ini
this — nih
this (before) — tadinya
this afternoon [future] — nanti
  sore
this evening — nanti malam
this is it — ini dia
this morning — tadi pagi
this one — yang ini
this time (at) — dewasa ini
thorn in the flesh — duri
  dalam daging
thorny — duri
thorny skin — kulit berduri
thorough — saksama
those — itu
those present — hadirin
though — walaupun
though (even) — biarpun
thought (the) — pemikiran
thought (the) — pikiran
thought (to be, was) — diduga
thousand — ribu
thousands — beribu-ribu
thread — benang
threat — ancaman
threaten (to) — ancam
threaten (to) — mengancam

threatened (to be, was) —
  diancam
three (the) — ketiga
three month period — triwulan
through (all night) — semalam-
  malaman
through (all night) —
  sepanjang malamnya
through out — seluruh
through out — di seluruh
throw — lempar
throw (to) — melempar
throwing (the) — lemparan
thumb — ibu jari
thumb — jempol
thus — demikian
thus — demikianlah
thus — jadi
thus — maka
thus — dengan demikian
ticket — karcis
tidied (to be, was) —
  dibereskan
tidy [put in order] — beres
tidy up (to) — bereskan
tie — dasi
tiger — harimau
tiger — macan
tight, firm — terik
tighten (to) — terik
till — sampai
time — saat
time — waktu
time — kala
time — masa
time (at any) — setiap waktu
time (at one) — sekali
time (at the) — sewaktu
time (at this) — pada saat ini
time (at this) — pada waktu ini
time (do several things at the
  same) — sekalian

time (don't take too much) — jangan lama-lama
time (have) — sempat
time (it's) — saatnya
time (it takes) — makan waktu
time (next) — lain kali
time (one more) — sekali lagi
time (one) — sekali
time (present) — sekarang ini
time (reminder of) — sisa waktu
time (same) — waktu yang sama
time (this) — sekali ini
time (what)? — jam berapa?
time (what)? — pukul berapa?
time period — jangka waktu
time that (at the) — waktu
times [occurences] — kali
tip — ujung
tired — capai
tired — cape [*colloquial*]
tired — lelah
tired — letih
title — gelar
title [for man] — datoe
title [of respect for a man] — pak
title [pilgrimage to Mecca] — haji
titled (was) (is) — berjudul
to — untuk
to — bagi
to (have) — harus
to (in order) — untuk
to [a person] — kepada
to [a place] — ke
to [going] — ke
to and from — bolak-balik
to be in/at — berada
toasted — panggang
toasted bread — roti panggang

today — hari ini
toe — jari
together — sama
together — sama-sama
together — bersama
together — bersama-sama
together with — serta
together with — bersama-sama
together with — beserta
together with (to be) — bersamaan dengan
toilet — kakus
toilet — kamar kecil
toilet — W.C.
toilet (to the) — belakang (ke)
told (to be, was) — diberi tahu
told (to be, was) — diceritakan
told (to be, was) — dikatakan
tomorrow — besok
tomorrow — esok
tongue — lidah
tonight — malam ini
tonight (later on) — nanti malam
too — terlalu
too — juga
too — pula
too — pun
too (it would be fine) — bisa juga
too (so-and-so is o.k.) — juga bisa
too bad — sayang sekali
too much — terlalu
took — membawa
took — mengambil
took place — terjadi
tool — alat
tools — alat-alat
tools — peralatan
tooth — gigi
tooth paste — pasta gigi
top (on) — di atas

top of (to the) — ke atas
topic — acara
topic — berjudul
topple — runtuh
torch — obor
torn (be) — sobek
total — jumlah
total up (to) — menjumlahkan
totaling — berjumlah
totality — keseluruhan
totality — secara keseluruhan
touch — pegang
touch — sentuh
touch (don't) — pegang (jangan)
touch (don't) — sentuh (jangan)
touch (keep in) — berhubungan tetap
touch with (keep in) — berhubungan dengan
touched [of feelings] — terharu
touched on (to be, was) — disinggung-singgung
tour — perjalanan
tour — perlawatan
tour (to) — tinjau
tour (to) — keliling
tourism — kepariwisataan
tourism — pariwisata
tourist — pelancong
toward [a person] — kepada
towards — terhadap
towards — ke arah
towards — menuju
town — kota
town (home) — kampung
toy — mainan
traces — bekas
trade — dagang
trade — niaga
trade — perdagangan
trade — pertukaran

trade (engage in) — berdagang
trademark — cap
trademark — merek
trademark — merek terdaftar
trade union — serikat kerja
trader — pedagang
tradition — tradisi
trafic — lalu lintas
traffic signal — lampu lalu lintas
train [i.e. railroad] — kereta
train [i.e. railrowad] — kereta api
train (to)[teach] — melatih
train (to)[i.e. teach] — mengajari
trained worker — juru
training — latihan
training — pendidikan
transfer — penyerahan
transfer (to) — serahkan
transfer (to) [something] — memindahkan (pindah)
transfer (to)[trains, planes] — pindah
transffered (to be, was) — dipindahkan
transit trade — perdagangan transito
transmigration — transmigrasi
transmit (to) [i.e. radio] — memancar
transplant — cangkokan
transplantation — pencangkokan
transport (to) — angkut
transport (to) — mengangkut
transport capacity — daya angkut
transport fare — tarif angkutan
transport tariff — tarif angkutan
transportation — angkutan
transportation — pengangkutan

transported (to be, was) — diangkut
trash — sampah
travel — kepergian
travel (to) — bepergian
treasurer — bendahara
treasury, financial — perbendaharaan
treat (to) — rawat
treat (to) [care for] — merawat
treat alike (to) — sama-menyamakan
treatment — pengobatan
treaty — perjanjian
treaty — persetujuan
tree — pohon
tremble (to) — bergetar
tremble (to) — gemetar
tremendous — hebat
trench — parit
trial (court) — pengadilan
triangle — segi tiga
tribe — suku bangsa
tried (to be, was) — dicoba
trip — kepergian
trip — perjalanan
trip (take a) — melawat
triplicate (in) — rangkap tiga
troops — tentara
troops — laskar
troops — pasukan
trophy cup — piala
tropical disease — penyakit tropis
trouble — susah
trouble (to make) — melakukan keributan
trouble to go (take the) — repot-repot
trousers — celana
true — benar
true — betul

truly — sesungguhnya
truly — benar-benar
truly — betul-betul
trust (to) — percaya
trusted (to be, was) — dipercaya
truth — kebenaran
try (to) — berusaha
try (to) — coba
try (to) — mencoba
try on (to) — cobakan
tub — bak
tumble — jungkirkan
tumble (to) — menjungkirkan
tumble down (to) — tumbang
tumbled (to be, was) — dijungkirkan
tune — lagu
turn [my] — giliran
turn (on)[something round] — putar
turn [left or right] — belok
turn around — putarkan
turn off — matikan
turn off (to)[i.e. light] — memadamkan
turn on (to)[i.e. light] — memasang
turn on — nyalakan
turn on [i.e. light] — pasang
turn on (to) — menyalakan
turn on (to) — memutar
turn over position — serah terima jabatan
turn something over to someone — serahkan
turn upside down — dibalikkan
turn on (to be, was) — dinyalakan
turned out (as it) — ternyata
turned out that (it) — ternyata
turning (keep) — putar-putar

turning something (keep) — berputar-putar
turning something (keep) — memutar
turnover — omzet
twin(s) [match] — kembar
two (the) — kedua
two and a half — dua setengah
two by two — dua-dua
two feet [not measurement] — dua belas kaki
two legs — dua belas kaki
two's (by) — dua-dua
type — bagai
type — jenis
type (to) — ketik (mengetik)
type (to) — mengetik
type of — macam
typed (to be, was) [i.e. letter] — diketik
typewriter — mesin tik
typewriter — mesin tulis
typhoon — topan
typist — juru tik
tyranically — sewenang-wenang

U

ugly — buruk
ugly — jelek
umbrella — payung
umpire — wasit
unanimity — keragaman
unanimously — dengan suara bulat
unbeaten — tak terkalahkan
uncertain — tidak menentu
uncle — uak
uncle — paman
unconditional — mutlak
unconditionally — tanpa syarat

under — bawah (di)
under water (place) — rendam
undergo (to) — mengalami
undergone — dialami
underground [i.e. secret] — gelap
underlings — bawahan
underneath — di bawah
understand — maklum
understand (to) — mengerti
understanding — pengertian
undertake (to) — melakukan (lakukan)
undertaken (to be, was) — dilakukan
underwear — pakaian dalam
unemployment — pengangguran
unfold (to) — beberkan
unhappy — susah
unification — paduan
unilateral — sepihak
unintentional — tidak disengaja
unintentionally cut by scissors — tergunting
union — gabungan
union (labor) — serikat buruh
unit — satuan
unit — kesatuan
unite (to) — mempersatukan
united — serikat
united — bergabung
united (to be) — tergabung
united (to be, was) — dipersatukan
United Nations — Perserikatan Bangsa-Bangsa
United States of America — Amerika Serikat
universal envoy — Caraka Buana

university — sekolah tinggi
university — universitas
university student — mahasiswa
university tuition — uang kuliah
unlimited — terhingga (tak)
unlimited — terbatas (tak)
unlucky — celaka
unmarried — menikah (tak)
unofficial — tidak resmi
unripe — muda
unsteady — goyang
until — sampai
until — sehingga
until — hingga
unusual — luar biasa
up — di atas
up (cause to go) — menaikkan
up (go) — naik
up onto (get) — menaiki
up till now — sampai sekarang
up till now — selama ini
up to — sampai
up to — sampai dengan
up to — sehingga
up to — hingga
up to and including — sampai dengan
up to (it is) — terserah pada
up to now — sampai sekarang
up to now — hingga saat ini
up to this moment — sampai saat ini
upon — atas
upon attention — atas perhatian
upon returning — sekembalinya
upper — atas
upper half of arm — pangkal lengan

upper most — atas sekali
upset (to be, was) — dijungkirkan
upset (to) — menjungkirkan
upwards — atas (ke)
urge (to) — mendesak
urge (to) — mengajak
urged — diajak
urgent — penting
us [exclude person addressed] — kami
us [include person addressed] — kita
usage — pemakaian
usage — penggunaan
use — pemakaian
use — penggunaan
use [imperative] — gunakan
use (there is no) — tidak ada gunanya
use (its) — gunanya
use (to) — memakai
use (to) — mempergunakan
use (to) — menggunakan
use (to) — pakai
use of (make) — menggunakan
used — bekas
used (to be, was) — digunakan
used (to be, was) — dipakai
used (to be, was) — dipergunakan
used to be — dulu ada, pernah ada
used to be young — dulu kita muda
used to do (be)[something] — biasa
used up — habis
useful — baik
useful — berfaedah
useful (to be) — berguna
useful (to be) — bermanfaat

useful (to be) — bernilai
user — akseptor
user(s) — pemakai
using — memakai
using (the) — penggunaan
usual — biasa
usual — biasa saja
usually — biasanya
utensils — alat-alat
utensils — perabot
utilization — penggunaan
utilize (to) — mempergunakan
utilize (to) — menggunakan
utilized (to be, was) —
 digunakan
utilized (to be, was) —
 dipergunakan
utter — mengucapkan
utterance — ucapan
uttered (to be, was) —
 diucapkan

V

vacancy — lowongan
vacant — kosong
vacation — liburan
vaccination — cacar
vague — tidak menentu
valid (to be) — berlaku
valuable — berharga
valuable [to have value] —
 bernilai
valuation — penghargaan
value — harga
value — nilai
value — nilainya
value (to) — menghargai
value (i.e. medical) — khasiat
value of (at a) — seharga

value of (know the) —
 menghargai
**value of a silver coin (having
 the)** — ringgitan
valued (to be, was) — dihargai
valued (to be, was) — dinilai
variety (of great) — bermacam-
 macam
various — berbagai
various — macam-macam
various — pelbagai
various — bermacam-macam
various [i.e. sorts] — ragam
vast — luas
vast as (as) — seluas
vegetable — sayur
vegetable man — tukang sayur
vegetables [various] — sayur-
 mayur
vegetables of various kinds —
 sayur-sayuran
vegetation — tumbuh-tumbuhan
vehicle — kendaraan
veranda — beranda
verb — kata kerja
verdict — putusan hukum
very — sangat
very — sekali
very — benar-benar
very — betul-betul
very — bukan main
very crowded — penuh sesak
very early in the morning —
 pagi-pagi sekali
very easy — mudah saja
very hot — terik
very interesting — sangat
 menarik
very interesting [used more] —
 menarik sekali
very least (at the) — sekurang-
 kurangnya

very much — sangat
very much — sekali
very soon — sebentar
veterinarian — dokter hewan
via — dengan menumpang
via — lewat
via (to go) — melalui
vibrate (to) — bergetar
vibrate (to) — menggetar
vice president — wakil presiden
vice- [i.e. vice chairman] — wakil
vice-versa — sebaliknya
victim — korban
victory — kemenangan
vie (to) — berebut-rebut
vie for (to) — memperebutkan
vie for (to) — merebut
Vienna — Wina
viewed (to be, was) — dilihat
village — desa
village — kampung
village chief — lurah
violate (to) — langgar
violate (to) — melanggar
violence — kekerasan
violent — hebat
violent, fierce — sengit
vip — pembesar
visible — kelihatan
visible (to be) — tampak
visit (a) — kunjungan
visit (a place) (to) — mengunjungi
visit (make a) — berkunjung
visit (to make a) — melakukan kunjungan
visit (to) — kunjungi [i.e. a person]
visit (to) — melihat [i.e. see a person]

visit (to) — mengunjungi [i.e. a person]
visit (to)[cemetary] — berziarah
visit (to)[i.e. a person] — berkunjung
visited (to be, was) — dikunjungi
visitor — tamu
visitor — pengunjung
vocalist — penyanyi
vocational — kejuruan
voice — suara
volcano — gunung api
volley — rentetan
vomit up (to) — memuntahkan
vote — suara
voyage — pelayaran
vying for (the) — perebutan

W

wage — upah
wage (high) — upah tinggi
waist — pinggang
wait — menantikan
wait (to) — tunggu
wait (to) — menanti
wait (to) — menunggu
wait a second — sebentar
wait a second — tunggu
wait don't go yet — tunggu dulu
wait for (to) — menunggu
wait listed — daftar masuk
wait listed — daftar tunggu
waited for (to be, was) — dinantikan
waiter for (to be, was) — ditunggu
waiter — pelayan
waitress — pelayan

wake (to) [someone] — membangunkan
wake someone up (to) — bangunkan
wake up (to) — bangun
walk (go for a) — jalan-jalan
walk (to have a) — berjalan-jalan
walk (to) — berjalan
walk about to and from (to) — mundar-mandir [*also* mondar-mandir]
walk off with (to) — menggondol
wall [masonry] — tembok
wall — dinding
wallet — dompet
want (to) — mau
want (to) — hendak
want (to) — ingin
want (to) — menghendaki
want (to) — menginginkan
want (to) — kepingin
war — peperangan
war — perang
war (to be at) — berperang
wardrobe [cabinet] — lemari
warehouse — gudang
warm — hangat
warm — panas
warn (to) — mengingatkan
warning — peringatan
warship — kapal perang
wash (the) — cucian
wash (to) — cuci
wash (to) — mencuci
washer [person] — tukang cuci
washer [person] — pencuci
waste — sisa
wasteful — boros
watch — arloji
watch — jam

watch — jam tangan
watch (to) — tonton
watch (to) — menonton
watch (to) — menyaksikan
watch [observer] — pengamat
watch carefully (to) — memperhatikan
watch out — hati-hati
watch out (to) — awas
watched (to be, was) — dijaga
watched (to be, was) — disaksikan
watched carefully (to be, was) — diperhatikan
watcher — penjaga
water — air
water (piped)[running] — air leding
water (territorial) — perairan
water (to) — siram
water dipper — gayung
waters — perairan
wave — gelombang
wave (to)[goodbye] — lambai
wave (to)[goodbye] — melambai
wave [in sea] — ombak
waves (in) — secara bergelombang
wax — lilin
way — cara
way — jalan
way (by the) — sih
way (go the wrong) — salah jalan
way (in that) — demikian
way (lose one's) — kesasar
way cleared by (have the) — dipelopori
way of (by) — dengan jalan
way of (in the) — secara
way of doing things — olah

way of eating — makannya
way out (a) — jalan keluar
we [exclude person addressed] — kami
we [include person addressed] — kita
weak [person] — lemah
weak [i.e. tea] — encer
wealth — harta
wealth — kekayaan
wealthy — kaya
weaponry — persenjataan
weapon — senjata
wear (to) — memakai
wear (to) — pakai
weather — udara
weather — cuaca
weave — menganyam
wedding — perkawinan
wedding ceremony — upacara pernikahan
week — minggu
week — pekan
week (a) — seminggu
week (next) — minggu depan
week (per) — seminggu
week end — akhir minggu
weekend (to) — berakhir pekan
weekly — mingguan
weigh (to) — timbang
weigh (to) — menimbang
weight (light)[used with tea] — ringan
welcome — sambutan
welcome (to) — menyambut
welcome (you're) — kembali
welcomed (to be, was) — disambut
welcoming (a/the) — sambutan
welfare — kesejahteraan
well — baik-baik

well — dengan baik
well — nah
well (sleep) — selamat tidur
well-being — kesejahteraan
well-known — terkenal
well-known — kenamaan
well-rounded — sempurna
well-to-do — berada
were — adalah
west — barat
West — Barat
West Germany — Jerman Barat
West Indonesia Time — Waktu Indonesia Barat [WIB]
West Irian — Irian Barat/Jaya
West Java — Jawa Barat
West Sumatra — Sumatera Barat
Western — Barat
wet — basah
wet (become) — menjadi basah
whale — ikan paus
what [after verb] — apa
what all — apa saja
what are you doing? — sedang apa?
what can be done? — apa boleh buat?
what do you mean by — ? apa maksud Saudara dengan — ?
what do you mean? — apa maksud Saudara?
what else? — apa lagi?
what for — buat apa
what is the name of [person] — siapa nama
what is it? — ada apa?
what is the reason? — apa sebabnya?
what so ever — apa pun juga

what time — jam berapa
what time — pukul berapa
what way (in) — bagaimana
what's the answer? — apa jawabnya?
what's the sickness — sakit apa
whatever there is will do — apa-apa sajalah
whatever way — bagaimana saja
whatsoever — mana pun juga
wheat — gandum
wheel — roda
wheelchair — kursi roda
when — selagi
when — sewaktu
when — apabila
when — bila
when — jika
when — kalau
when — ketika
when [question, repeated action] — kapan
when [time we were] — waktu
when [i.e. when you have...] — kalau
when else — kapan lagi
whenever — manakala
where — mana
where [at] — di mana
where [from] — dari mana
where [to] — ke mana
where are you from? — asal Anda?
whereas — sedang
whereas — sedangkan
wherever — di mana-mana
wherever — mana pun juga
wherever (to) — ke mana-mana
whether — apa
whether — apakah

which — yang
which — yang mana
which — mana
which (of) — dari mana
which concerns — yang menyangkut
which just past — yang baru lalu
which way (it doesn't matter) — begitu saja
while — sedang
while — sedangkan
while — sekalian
while — selagi
while — selama
while — sementara
while (a) — sebentar
while (for a) — dulu
while [at the same time] — sambil
while ago (a) — tadi
white house — gedung putih
whitewash (to) — mengapur
who — siapa
who — yang
who knows! — entahlah
whole — segenap
whole (entire) — seluruh
whole (on the) — rata-rata
whole day — sehari penuh
whole day — sepanjang hari
whole day (the)[everyday] — sehari-harian
whole day (the)[one day] — seharian
whole morning — sepagian
whole night (the) — semalam-malaman
whole night (through the) — sepanjang malam
wholly — seluruhnya
wholly — keseluruhan

whom (with) – sama siapa
why? – ada apa?
why – kenapa
why – mengapa
why (that is) – maka itulah
why bother – mengapa pusing-pusing
wicked – jahat
wicked person – penjahat
wide – lapang
wide – lebar
widen (to) – memperlebar
widened (to be, was, will be) – diperlebar
widespread – pemerataan
wife – bini
wife – istri
wife (take a) – beristri
wild buffalo – banteng
wild pig – celeng
will – mau
will [future] – akan
will come (which) – yang akan datang
will do – jadi
will not – takkan (tak akan)
willing – rela
willing (to be) – hendak
willing (to be) – bersedia
willingness – kesediaan
win (to) – memperebutkan
win (to) – menggondol
win (to) – merebut
win (to)[i.e. a game] – menang
win the championship (to) – merebut kejuaraan
window – jendela
window [ticket, teller] – loket
window pane – kaca jendela
wing – sayap
winning (the) – perebutan

wipe out (to) – hapus
wire – kawat
wise – bijaksana
wish – ingin
wish – kepingin
wish – mau
wish (a) – keinginan
wish (to) – mau
wish (to) – hendak
wish (to) – menghendaki
wish (to) – menginginkan
wished (to be, was) – dikehendaki
with – sama
with – dengan
with – pada
with one another – satu sama lain
with respect to – terhadap
with this – dengan demikian
with whom – dengan siapa
withdraw – menarik
withdrawal – penarikan
withdrawn (to be, was) – dalam
within – dalam
within – di dalam
within [i.e. organization] – di lingkungan
without – tanpa
withstand – tahan
withstand (to) – menahan
witness – saksi
witness (to) – saksikan
witness (to) – menyaksikan
witnessed (to be, was) – disaksikan
woman – wanita
woman – perempuan (orang)
won (to be, was) – direbut
won [i.e. I won] – merebut

won by (to be, was) — dimenangkan
wonder — kekaguman
wonder (to) — bertanya-tanya
wonderful — hebat
woods — hutan
word — kata
word (a single) — sepatah pun
word (root) — akar kata
word (root) — asal kata
work — usaha
work — kerja
work — kerjaan
work — pekerjaan
work (come home from) — pulang kerja
work (to) — bekerja
work (to) — kerja
work experience — pengalaman kerja
work on/at (to) — garap (meng)
work on/at (to) — menggarap
work room — ruang kerja
work stoppage — pemberhentian buruh
work together — bekerja sama
work-meeting — rapat kerja
work-year — tahun kerja
worked on/at (to be, was) — digarap
worker — pekerja
worker [creative] — karyawan
workforce — tenaga kerja
working plan — rencana kerja
workman [skilled] — tukang
works [i.e. works of art] — karya
workshop — rapat kerja
world — dunia
world champion — juara dunia
world war — perang dunia

world-wide — sedunia
world-wide — sejagat
worn (to be, was) — dipakai
worn out — usang
worry — kuatir
worry (to) — kuatir
worry about (to) — kuatirkan
worse (to get) — memburuk
worsen (to) — memburukkan
worst [for wound] — parah
worth — seharga
worthwhile — berharga
would be good if (it) — sebaiknya
would you please — sudi kiranya
wound — luka-luka
wounded — luka (yang)
wounded [plural] — luka-luka (yang)
wrap (to) — membungkus
wrap up for somebody — membungkuskan
wrapped (to be, was) — dibungkus
wreckage — runtuhan
wrist — pergelangan tangan
write (to) — tulis
write (to) — karang
write (to) — mengarang
write (to) — menulis
write a letter (to) — tulis surat
write to each other (to) — berkirim-kiriman surat
writer — pengarang
writer — penulis
writing (the) — tulisan
writing of (the) — penulisan
writing table — meja tulis
written (to be, was) — ditulis
written [something] — tulisan
wrong — salah

wrong connection – salah sambung
wrong number – salah sambung

X

X-ray – sinar X

Y

yam – ubi
yard – halaman
yard – pekarangan
yawn (to) – menguap
year – tahun
year (a) – setahun
year (once a) – setahun sekali
year (per) – setahun
year (this same) – tahun ini juga
year (this very) – tahun ini juga
yearly – tahunan
years (for many) – bertahun-tahun
yell out (to) – meneriakkan
yes – ya
yes, that is so – memang
yesterday – kemarin
yet – tapi
yet – tetapi
yet – masih
yet – namun

yet – pun
yield – hasil
yield [i.e. financial] – penghasilan
you – Saudara
you [male] – Tuan
you – Anda
you [male] – Bapak
you – engkau
you – kamu
you [female] – Ibu
you [informal usage] – kau
you [plural] – Saudara-saudara
young – muda
young girl – gadis
young man (a) – pemuda
young person – pemuda
youngest – bungsu
youngest – paling kecil
youngest – paling muda
your – Saudara
your [male adult] – Tuan
your [posessive ending] – nya
your [familiar] – mu [kamu]
your [female adult] – Ibu
yours – Anda punya
yours – punya Anda
yourself – diri sendiri
youth (his) – remaja (nya)
youth affairs – kepemudaan
youth (a) – pemuda

Z

zoo – kebun binatang

AUTOMOBILE PARTS AND PHRASES
BAGIAN-BAGIAN MOBIL DAN UNGKAPANNYA

add air (to the tire) — tambah angin

battery — accu [*pronounced* aki]

battery — aki

brake — rem

brake shoe — rem (sepatu)

brake fluid — minyak rem

brake light — lampu rem

brake pedal — rem kaki

bumper — bemper

carburetor — karburator

change the tire — ganti ban

clutch — kopling

clutch pedal — pedal kopling

coil spring — per spiral

courtesy light — lampu dalam

dashboard light — lampu panel, dasbord

directional signal light — lampu sen - indikator

disc brake — rem jepit

distributor — delko

door — pintu

door handle — pembuka pintu

engine hood — kap mesin

engine oil — oli mesin

fanbelt — tali kipas

fender — sepakbor

gas pedal — pedal gas

gasoline filter — membran

gear shift — persneling

generator — dinamo amper

generator — generator

glove comparment — boks

grill — rambang mesin

hand brake — rem tangan

head light — lampu besar

horn — klakson

hub cap — dop

ignition lock — kunci kontak

inner tube — ban dalam

inside door lock — kunci dalam

inside light — lampu dalam

key — kunci

leaf spring — per daun

lincence plate — plat nomor

lug bolts — baut roda

manifold — manifold

mirror — kaca

mirror (rear view) — kaca spion

mirror (side) — kaca spion samping

muffler — saringan kenalpot

negative (−) — minus

oil dip-stick — *oil check*, ukuran oli

outside door lock — kunci pintu

parking light — lampu parkir

positive (+) — plus

put in the glove compartment — taruh di dalam laci mobil

radiator — radiator

radiator cap — tutup radiator

radiator hose — selang radiator

rear window (back window) — kaca belakang

rim (wheel) — pelek

seat — jok

shock absorber — sokbreker
spare tire — ban serep
spark plugs — busi
steering wheel — setir
stop the car — berhentikan mobil
tail light — lampu belakang
tail pipe — kenalpot
battery needs water — aki perlu air
break-light is out; doesn't work — lampu rem mati
break-light is out; doesn't work — lampu rem tidak menyala
breaks do not work — rem tidak bekerja
cables are loose — kabel-kabel terlepas
car is out of gas — mobil habis bensin
car won't start — mobil tidak bisa dihidupkan
engine needs oil — mesin perlu oli
fan belt is broken — tali kipas terputus/rusak
horn does not work — klakson tidak jalan/berbunyi
lights are out — lampu-lampu mati/putus
radiator hose is disconnected — selang radiator terputus
radiator hose is disconnected — selang radiator tidak sambung
radiator needs water — perlu air
steering wheel — kemudi
tire has a leak — ban bocor
tire is flat — ban kempes

tire needs air — ban perlu angin
turn signal doesn't work — lampu sen tidak jalan/menyala
this car uses gas without lead — mobil ini pakai bensin tanpa timah
tire — ban
tire valve — pentil ban
trunk lid or cover — tutup kap
wheel — roda
window — jendela
window — kaca
windshield — kaca depan
windshield wiper — pembersih kaca
wire — kabel

HOUSEHOLD ITEMS
BARANG-BARANG RUMAH TANGGA

bath tub — bak mandi
bed — tempat tidur
bolster — guling
bottle — botol
bowl — mangkuk
brush — sikat
ceiling — eternit
chair — kursi
circuit breaker — sakelar
clean (to) — pel
cleaning cloth — kain pel
closet — lemari
cup — cangkir
cupboard — lemari

dish — piring
electric switch — colokan
floor — lantai
fork — garpu
frying pan — penggorengan
fuse — sekering
garbage pail — tempat sampah
glass — gelas
kettle — periuk
kitchen — dapur
knife — pisau
lamp — lampu
mattress — kasur
mouse trap — perangkap tikus
napkin — serbet
pan [for cooking] — panci
pepper [for table] — merica
pepper [white] — lada
pill [medicine] — pel [also pil]
pillow — bantal
plate — piring
razor — pisau cukur
refrigerator — kulkas
refrigerator — lemari es
salt — garam
saucer — piring kecil
scissors — gunting
shoes — sepatu
soap — sabun
spoon — sendok
switch [electric] — tombol
table — meja
tablecloth — taplak meja
tea pot — poci
tea pot — teko
toilet — kamar kecil
towel — handuk [also anduk]
wall — dinding
waste basket — keranjang
  sampah

AT
THE RESTAURANT
DI RUMAH MAKAN

arrawroot cookies — sago [also
  sagu] kue kecil
asparagus soup with chicken —
  asparagus kuah
avocado (ice) — es alpokat
banana — pisang
banana (fried) — pisang
  goreng
beef — daging sapi
beef balls with broth — baso
  kuah
beef steak — steak daging
beer — bir
boiled chicken — ayam rebus
bread — roti
butter — mentega
cake — kue
carrots — wortel
cheese — keju
chicken — daging ayam
chicken & mushroom soup —
  ayam jamur kuah
chicken curry soup — gulai
  ayam
chicken (fried) — ayam goreng
chicken (roasted) — ayam
  panggang
chicken (skewer or
  barbecued) — sate ayam
chicken (sweeb-sour) — ayam
  asam manis
chicken noodle with beef
  balls — bakmi baso ayam
chicken noodle with won ton —
  bakmi pangsit ayam
chicken soup — sop [or sup]
  ayam

chicken steak — steak ayam
chicken with broccoli — ayam ca kailan
chicken with mushroom & cauliflower — ayam ca jamur
chicken with oyster sauce & chilly — ayam ca cabe
chili pepper — cabe
chinese omelette with ketchup — fu yung hai
coffee — kopi
cookies — kue-kue kecil
corn soup with chicken — jagung kuah
corn (boiled) — jagung rebus
crisp noodle, vegetables, chicken & shrimp — yee fu mie
cucumbers — ketimun
curd bean soup — tahu udang kuah
fresh orange juice with ice — es jeruk
fried chicken with oyster sauce — ayam goreng mentega
fried chicken's liver — hati ayam goreng mentega
fried frog's legs — kodok goreng
fried pigeon — burung dara goreng
fried prawn — udang besar goreng
fried floured shrimp — udang goreng tepung
fried sliced fish in flour batter — ikan goreng tepung
fried won ton — pangsit goreng
fruit — buah
fruit juice — sari buah

goat — daging kambing
goat curry soup — gulai kambing
goat (skewer or barbecued) — sate kambing
grapefruit [like a] — jeruk bali
hamburger — roti dengan daging
hot dog — hot dog
ice (fruits, milk) — es teler
ice cream — es krim
ice lemon tea — lemon es teh
lamb — daging domba
lettuce — selada
meat (spicy, coconut) — rendang daging
menu — daftar makanan
milk — susu
mixed vegetables & meat — cap cai
mixed vegetables & meat soup — cap cai kuah
noodle — mi
noodle with chicken & ketchup — bakmi saos tomat
noodle with mixed vegetables & meat — bakmi cap cai
noodle with sliced beef & vegetable — bakmi ca daging sapi
noodle with vegetables & meat in soup — bakmi masak
noodle, chicken, mushroom & cauliflower — bakmi ayam ca jamur
noodles (fried) — bakmi goreng
noodles with Chinese meatballs — bakmi bakso
orange juice — air jeruk
papaya — pepaya
peanuts — kacang tanah

pepper — lada
pepper (black) [for table] — merica
pineapple — nanas
pineapple — nenas
pork — daging babi
pork (roasted) — babi panggang
potatoes — kentang
rice (boiled) — nasi putih
rice (fried) — nasi goreng
rice [packed in leaf] — lontong
rice [sticky, rolled around meat] — lemper
rice [with meat, vegetables] — nasi rames
rice with chicken & ketchup — nasi saos tomat
rice with chicken & mushroom — nasi ayam ca jamur
rice with mixed vegetable & meat — nasi cap cai
rice with sliced beef & vegetable — nasi ca daging sapi
salt — garam
seasoning — rempah-rempah
shrimp spring roll — gohiong udang
shrimp steak — steak udang
shrimp with mushroom & cauliflower — udang ca jamur
shrimp with oyster sauce & chilli — udang ca cabe
sliced beef with broccoli — daging kailan
sliced beef with soy cause — daging kecap
sliced beef, oyster sauce & chilly — daging ca cabe

sliced chicken with soy sauce — ayam kecap
sliced fish with bean curd — ikan ca tahu
sliced fish with brocolli — ikan ca kailan
soda milk — soda susu
soft drink — minuman ringan
soup [special] — soto
soy sauce — kecap
special chicken noodle — bakmi ayam
sweet & sour chicken in red sauce — ayam saos tomat
sweet & sour shrimp — udang saos tomat
sweet & sour sliced beef — daging saos tomat
sweet & sour sliced fish — ikan asem manis
sweet potato — ubi
tapioca with fish — siomay
tea — teh
toast — roti panggang
waiter — pelayan
waiter [to call a] — bung
waiter [to call a] — mas
watermelon — semangka
won ton with broth — pangsit kuah

COLORS
WARNA

black — hitam
blue — biru
brown — coklat [*also* cokelat]
green — hijau
grey — abu-abu
orange — jingga

pink — merah muda
purple — ungu
red — merah
violet — ungu muda
white — putih
yellow — kuning

NUMBERS
ANGKA

1 — satu
2 — dua
3 — tiga
4 — empat
5 — lima
6 — enam
7 — tujuh
8 — delapan
9 — sembilan
10 — sepuluh
11 — sebelas
12 — dua belas
13 — tiga belas
20 — dua puluh
21 — dua puluh satu
22 — dua puluh dua
30 — tiga puluh
90 — sembilan puluh
100 — seratus
101 — seratus satu
123 — seratus dua puluh tiga
1,000 — seribu
1,321 — seribu tiga ratus dua
puluh satu
2,000 — dua ribu
1,000,000 — satu juta
1,000,000,000 — satu milyar
1/16 — seperenam belas
1/4 — seperempat
1/3 — sepertiga
1/2 — setengah
5/9 — lima persembilan
3/4 — tiga perempat

DAYS OF WEEK
NAMA HARI

Sunday — Minggu
Monday — Senin
Tuesday — Selasa
Wednesday — Rabu
Thursday — Kamis
Friday — Jumat
Saturday — Sabtu

MONTHS OF YEAR
NAMA BULAN

January — Januari
February — Februari
March — Maret
April — April
May — Mei
June — Juni
July — Juli
August — Agustus
September — September
October — Oktober
November — November
December — Desember

FAMILY RELATIONSHIP
HUBUNGAN KELUARGA

adopted daughter — anak
angkat perempuan
adopted son — anak angkat
laki-laki
aunt — bibi
brother (older) — kakak laki-
laki (abang)

brother (younger) — adik laki-laki

brother-in-law — ipar laki-laki

cousin — saudara sepupu laki-laki

cousin — saudara sepupu perempuan

daughter — anak perempuan

father — ayah, bapak

father-in-law — ayah mertua

father-in-law — bapak mertua

father-in-law — mertua laki-laki

grandchild — cucu

grandfather — kakek

grandmother — nenek

mother — ibu

mother-in-law — ibu mertua

nephew — keponakan laki-laki

niece — kemenakan perempuan

niece — keponakan perempuan

sister (older) — kakak perempuan

sister (younger) — adik perempuan

sister-in-law — ipar perempuan

son — anak laki-laki

uncle — paman

FRUITS
BUAH-BUAHAN

apple — apel

apple [kind of] — kedondong

banana — pisang

banana cooking — pisang nangka

banana cooking — pisang raja

banana cooking — pisang tanduk

banana eating — pisang ambon

banana eating — pisang emas

banana eating — pisang raja serai (sere)

coconut — kelapa

date — kurma

fig — buah ara

fruit (canned) — buah kaleng

fruit (fresh) — buah segar

grapefruit — gripfut

grapefruit [kind of] — jeruk bali

guava — jambu lambo

jack fruit — nangka

lemon — jeruk sitrun

lime — jeruk nipis

mango — mangga

orange — jeruk peras

orange (imported) — jeruk manis

papaya — pepaya

persimmon — kesemek

pineapple — nanas

raisin — kismis

raspberry — pramboos

rose apple — jambu

soursop (tart fruit) — sirsak [*also* sirsat]

tangerine — jeruk garut

wartermelon — semangka

FISH
IKAN

crab — kepiting

dried fish — ikan asin

fish (like sole) — kakap

fish of sea — ikan laut

frog legs – kaki kodok
gold fish – ikan mas
lobster – udang karang *or* udang raja
oyster – kerang
shrimp – udang
tuna – ikan tongkol

MEAT
DAGING

bacon – babi asap ['spek']
beef – daging sapi
chicken – ayam
duck – bebek
filet – lulur dalam
goat – daging kambing
goose – gangsa [*or* angsa]
ham – ham
lamb – daging kambing
liver, heart – hati
pork – daging babi
rib – iga
sausage – sosis
steak – bistik
tongue – lidah

VEGETABLES
SAYURAN

asparagus – asparagus
asparagus – asperjis
avocado – alpukat
beans (green) – buncis
beets – biet
cabbage – kol
carrots – wortel
cauliflower – blumkol
chives – prei
corn – jagung

corn (dwarf ears) – jagung muda (kecil)
cucumber – ketimun [*also* mentimun]
eggplant – terung
garlic – bawang putih
kidney beans – buncis merah
kidney beans – kacang merah
leeks – daun bawang
lettuce – selada
mushroom – jamur
onion – bawang
onion [large yellow] – bawang bombai
peas – ercis
peas – kacang kapri muda
peanuts – kacang
potato – kentang
pumpkin – labu merah (waluh)
radish – lobak
red cabbage – kol merah
spinach – bayam
split peas – kacang hijau (kering)
squash – labu siam
sweet potato – ubi
tomato – tomat
turnip – lobak
vegetables (canned) – sayuran kaleng
vegetables (fresh) – sayuran segar

SPICES
BUMBU

almonds for Java cooking – kemiri
bay leaf – daun salam
cardamon – kapol

cinnamon — kayu manis
clove — cengkih
curry — kari
fennel — adas pulasari
garlic — bawang putih
ginger — jahe
nutmeg — biji pala
parsley — peterseli
pepper — merica giling
pepper-corns — merica bulat
salt — garam
soy sauce — kecap
turmeric — kunyit
vanilla — panili
vinegar — cuka

MISCELLANEOUS FOOD
MACAM-MACAM MAKANAN

almonds — kenari besar
beer — bir
beverages — minuman
brazil nuts — kacang brasil
bread — roti
butter — mentega
cake — kue
candy — gula-gula
cashew nuts — kacang jambu monyet
cashew nuts — kacang mede
cheese — keju
chicken (fried) — ayam goreng
chocolate — coklat [*also* cokelat]
coconut oil — minyak kelapa
coffee — kopi
coffee (bitter)[black coffee] — kopi pahit

condensed milk — susu kental
cookies — kue kecil
cookies — kue kering
cornmeal — griesmeel
cornstarch — tepung maizena
drinks (canned or soft) — minuman ringan
egg, (chicken) — telor ayam [*also* telur]
egg, (duck or goose) — telor bebek
evaporated milk — susu encer
flour (rice) — tepung beras
flour (wheat) — tepung terigu
food coloring — zat warna
fry that chicken — goreng ayam itu
honey — madu
jam, jelly — jem, sele (selai)
juice — sari
macaroni — makaroni
margarine — mentega
milk — susu
milk (powdered) — susu bubuk
noodles [chinese] — mi(e) (bakmi)
nuts — kacang-kacangan
oatmeal — apermut
oil — minyak
oil (cooking) — minyak goreng
oil (cooking) — minyak masak
overcook (don't) — jangan hangus
overcook (don't) — jangan sampai hangus
overcooked — hangus
peanuts — kacang
peanuts — kacang tanah
pineapple juice — sari nanas
salad oil — minyak selada
seasoning — bumbu
soup — sup

spaghetti — spageti
starch — kanji
sticky rice and meat —
  lemper
sugar — gula
sugar (brown) — gula aren
sugar (brown) — gula jawa
sugar (brown) — gula merah
  (sumatera)

sweetened, condensed
  milk — susu manis
tapioca — sagu
tea — teh
toast — roti panggang
turkey — kalkun
water — air
water [drinking] — air minum
wine — anggur